TEXTES CHOISIS

SUR LA

THÉORIE DES OBLIGATIONS

EN DROIT ROMAIN

PARIS. — IMPRIMERIE DE E. DONNAUD
RUE CASSETTE, 9.

TEXTES CHOISIS

SUR LA

THÉORIE DES OBLIGATIONS

EN DROIT ROMAIN

CONFÉRENCE POUR LE DOCTORAT
PROFESSÉE DANS LE SECOND SEMESTRE DE L'ANNÉE SCOLAIRE 1863-1864
A LA FACULTÉ DE DROIT DE PARIS

PAR

PROSPER VERNET

AGRÉGÉ DE LA FACULTÉ.

PARIS
AUGUSTE DURAND, LIBRAIRE-ÉDITEUR
7, RUE DES GRÈS, 7

1865

INTRODUCTION

Chargé pendant le second semestre de cette année scolaire de la conférence de Pandectes pour les aspirants au doctorat, nous avons cru devoir choisir une matière dont les principes généraux eussent dans la science du droit une importance capitale. Notre choix s'est porté sur la matière des obligations.

Nous n'avons pas cru devoir séparer l'exposition des principes élémentaires de l'étude des véritables difficultés; nous n'avons pas cru non plus devoir entrer de plein pied dans l'exposition de ces difficultés, de telle sorte que les principes élémentaires ne se présentassent qu'accessoirement dans notre enseignement ; nous avons toujours commencé par les exposer ; l'examen des difficultés est venu ensuite. Nous inspirant de la nouvelle organisation de l'enseignement du droit romain dans les Facultés de l'Empire, nous avons pris pour base l'explication des Institutes de Justinien en la complétant par celle des principaux textes des Pandectes, du Code, des Institutes de Gaïus, des Règles d'Ulpien, des Sentences de Paul, etc.

C'est là ce que font tous les professeurs dans leurs cours

de licence. Chargé d'une conférence de Pandectes, nous avons approfondi avec plus d'étendue la matière étudiée, et le nombre des textes principaux s'est pour nous considérablement accru. Nous avons, ainsi qu'on le voit, tâché, dans l'intérêt des aspirants au doctorat, de réunir les avantages d'un enseignement élémentaire solide à ceux d'une étude approfondie des difficultés. C'est aussi dans leur intérêt que nous nous décidons à publier aujourd'hui sinon les leçons que nous leur avons faites, du moins le cadre de ces leçons.

Nous présentons au lecteur l'explication exégétique de quatre titres du livre III des Institutes de Justinien complétés, ainsi que nous l'avons dit plus haut ; ce sont le titre XIII, *De obligationibus ;* le titre XIV, *Quibus modis re contrahitur obligatio ;* le titre XV, *De verborum obligatione ;* et le titre XIX, *De inutilibus stipulationibus.*

AVERTISSEMENT.

Les textes des Institutes cités *in extenso* et traduits n'ont d'autre indication que leur numérotage. Les textes du Digeste ou du Code sont indiqués par leur numéro suivi de la rubrique du titre auquel ils sont empruntés, puis viennent entre parenthèse un nombre en chiffres romains et un nombre en chiffres arabes séparés par une virgule. Le premier de ces nombres indique le livre et le second le titre. Le signe D. signifie Digeste; le signe C. signifie Code de Justinien, et le Code Théodosien est indiqué par C. Th.

TEXTES CHOISIS

SUR LA

THÉORIE DES OBLIGATIONS

EN DROIT ROMAIN

INSTITUTES DE JUSTINIEN.

LIVRE III, TIT. XIII.

De obligationibus. | **Des obligations.**

La personne est tout être individuel ou collectif, qui peut devenir le sujet actif ou passif d'un droit. La chose, au contraire, est, dans le sens juridique de ce mot, tout ce qui peut être l'objet d'un droit. Les droits que les personnes peuvent avoir à l'occasion d'une chose sont ou réels ou personnels. Le droit est réel lorsqu'il est absolu, opposable à tous, et qu'il met la personne titulaire du droit en rapport direct avec la chose qui en est l'objet, sans l'intermédiaire d'un débiteur ; il est personnel lorsqu'il est purement relatif, opposable à une ou plusieurs personnes déterminées, et qu'il ne met le titulaire du droit qu'indirectement en rapport avec la chose qui en est l'objet. Le droit de propriété est le type et le faisceau de tous les droits réels ; il n'y a, au contraire, qu'un seul droit personnel : le droit de créance, dont nous avons à nous occuper spécialement.

L'obligation est le lien de droit par lequel le débiteur se

trouve astreint envers le créancier. Il y a là un rapport direct de personne à personne : le rapport avec la chose, objet du droit, est indirect. Le droit du créancier, *creditor*, est personnel et opposable au débiteur seul, *debitor*. Quant au mot *reus*, il s'appliquait, dans le langage des jurisconsultes, tant au créancier, *reus stipulandi*, qu'au débiteur, *reus promittendi*, *reus debendi*. L'obligation au point de vue actif était aussi appelée *nomen*.

Il n'est pas dans la nature de l'obligation de faire qu'une chose nous soit acquise. L'obligation ne transfère ni le *dominium*, ni aucun de ses démembrements ; elle n'enlève aucun droit réel sur une chose quelconque au débiteur, pour l'attribuer au créancier : elle se borne à établir entre deux ou plusieurs personnes déterminées un lien, un rapport de droit, par suite duquel l'une de ces personnes est astreinte envers l'autre et se trouve dans la nécessité de donner, *dare*, de faire, *facere*, ou de prester, *præstare*, une chose qui forme l'objet de l'obligation : c'est ce que nous dit le texte suivant :

L. 3, pr., D., *De oblig. et act.* (XLIV, 7).

PAULUS, lib. 2 Institutionum.	**PAUL, Institutes, livre 2.**
Obligationum substantia non in eo consistit, ut aliquod corpus nostrum aut servitutem nostram faciat, sed ut alium nobis obstringat ad dandum aliquid, vel faciendum, vel præstandum.	La nature des obligations ne consiste pas à nous donner un corps ou une servitude, mais bien à astreindre un autre à nous donner, nous faire, nous prester quelque chose.

Facere est l'expression la plus large : prise *lato sensu* elle comprend *dare* et *præstare* et s'applique même lorsque le fait qui forme l'objet de l'obligation consiste dans une abstention (1) ; mais, dans un sens plus restreint, *facere* ne comprend que l'obligation de faire ou de s'abstenir. L'obligation est *ad dandum*, lorsque le débiteur est tenu de transférer soit la propriété, soit un de ses démembrements (2).

(1) L. 218, D., *De verb. signif.* (L, 16) ; L. 73, pr., D., *De leg.* 1° (XXX) ; L. 60, pr., D., *De condition. et demonstr.* (XXXV, 1).

(2) L. 3, pr., D., *De usuf. et quemad.* (VII, 1).

Il semblerait que *facere* et *dare* doivent suffire ; néanmoins on ajoute *præstare* : il y a obligation *ad præstandum*, lorsque le débiteur est tenu de procurer la possession paisible et perpétuelle d'une chose sur laquelle il n'est tenu de transférer aucun droit (1).

Nunc transeamus ad obligationes. Obligatio est vinculum juris quo necessitate adstringimur alicujus solvendæ rei secundum nostræ civitatis jura.

Passons maintenant aux obligations. L'obligation est un lien de droit par la force duquel nous sommes contraints de payer une chose suivant le droit de notre cité.

Le mot obligation vient du verbe *ligare*. Il y a là, nous dit notre texte, un lien de droit, *vinculum juris* : ce lien, qui n'a rien de matériel, consiste dans les moyens mis à la disposition du créancier pour qu'il puisse obtenir l'accomplissement de la prestation qui lui est due. L'autorité publique intervient pour donner au créancier une action qui amènera la condamnation du débiteur, condamnation pour l'exécution de laquelle le magistrat interviendra encore. Il y a là, comme on le voit, une figure qui est poursuivie jusqu'au bout. En effet, le verbe *solvere* signifie exécuter l'obligation, et le mot *solutio* signifie même, *lato sensu*, tout mode d'extinction des obligations. L'obligation est créée; le débiteur est lié : il exécute, *solutus est*, il est délié.

Lorsque le créancier n'a pas d'action pour forcer le débiteur à l'exécution de son obligation, il n'y a pas d'obligation proprement dite (2). On dit alors que l'obligation est *naturelle*. Les obligations naturelles, quoique non munies d'une action au profit du créancier, ne sont pas dénuées de tout effet juridique ; elles en produisent de très-importants. Mais toutes les obligations naturelles ne doivent pas être mises au même rang. Il est nécessaire d'en faire plusieurs classes, les unes produisant un plus

(1) L. 11, § 1 et 2, D., *De action. empt. et vend.* (XIX, 1). Dans le § 2 de cette loi, le jurisconsulte compare l'obligation *ad præstandum* du vendeur à l'obligation *ad dandum* de l'acheteur.

(2) L. 10, D., *De verb. sign.* (L. 16); L. 108, D., *eod. tit.*; L. 16, § 4, D., *De fidej. et mandat.* (XLVI, 1).

grand nombre d'effets que les autres. Nous n'avons à nous occuper que des obligations proprement dites, c'est-à-dire munies d'une action au profit du créancier, et qui sont, par opposition aux obligations naturelles, appelées obligations civiles. Par opposition à l'obligation naturelle, on appelle civile toute obligation munie d'une action, que cette action vienne du droit civil ou du droit prétorien. Dans un sens plus étroit, comme va nous le montrer le paragraphe 1er de notre titre, on oppose l'obligation civile, c'est-à-dire celle qui est pourvue d'une action accordée par le droit civil, à l'obligation prétorienne pourvue d'une action découlant de l'édit.

1. Omnium autem obligationum summa divisio in duo genera deducitur; namque aut civiles sunt, aut prætoriæ. Civiles sunt, quæ aut legibus constitutæ, aut certe jure civili comprobatæ sunt. Prætoriæ sunt, quas prætor ex sua jurisdictione constituit, quæ etiam honorariæ vocantur.

Toutes les obligations se divisent avant tout en deux genres, car elles sont ou civiles ou prétoriennes. Sont civiles, celles qui ont été établies par les lois, ou du moins sanctionnées par le droit civil; sont prétoriennes celles que le préteur a établies en vertu de son pouvoir; on les nomme aussi honoraires.

Cette division des obligations n'est nullement basée sur leur efficacité: il n'est question ici que des obligations civiles *lato sensu*, c'est-à-dire, des obligations sanctionnées par une action. Cette action a-t-elle été introduite par une loi, un sénatus-consulte, une constitution, l'interprétation générale des prudents, ou l'usage, l'obligation est alors civile *stricto sensu :* elle est au contraire prétorienne, si c'est le droit honoraire qui a introduit l'action qui la sanctionne, ou en d'autres termes, si cette action découle soit de l'édit du préteur, soit même, dans certains cas, de l'édit des édiles curules.

2. Sequens divisio in quatuor species deducitur : aut enim ex contractu sunt, aut quasi ex contractu, aut ex maleficio, aut quasi ex maleficio.

Une seconde division partage les obligations en quatre espèces : en effet, elles naissent ou d'un contrat, ou comme d'un contrat, ou d'un délit, ou comme d'un délit.

Les obligations soit civiles, soit prétoriennes, tirent leur existence de différentes causes ou circonstances, dont le caractère et le nombre ne sont pas constatés par les textes avec certitude et précision. Modestin fait dériver les obligations d'un assez grand nombre de sources (1). Gaius les réduit à deux, le contrat et le délit (2) ; mais ailleurs le même jurisconsulte ajoute que les obligations naissent aussi *proprio quodam jure ex variis causarum figuris* (3). Cette locution obscure est expliquée imparfaitement par Gaius lui-même dans un autre texte, où il s'occupe de plusieurs obligations nées de circonstances qui ne constituent ni des contrats, ni des délits proprement dits, et qui cependant ne sont pas sans analogie, soit avec les uns, soit avec les autres ; d'où il conclut que dans ces diverses circonstances, on est tenu comme on le serait, tantôt par un contrat (*quasi ex contractu teneri videtur ; obligatur quidem quasi ex mutui datione*), tantôt par un délit (*ideo videtur quasi ex maleficio teneri*) (4). Ainsi, selon Gaius, les sources principales des obligations se réduisent à deux, le contrat et le délit, et les obligations forment dès lors deux classes, dans chacune desquelles viennent se ranger d'autres obligations dérivant de faits qui ne sont à proprement parler ni des contrats, ni des délits.De ces faits découlent des obligations, qu'il faut assimiler, soit aux obligations nées d'un contrat, soit aux obligations nées d'un délit, parce que ces deux classes d'obligations reçoivent en certains points des principes différents. De là sont venues les expressions habituelles chez les jurisconsultes, *obligatio nascitur quasi ex contractu, quasi ex maleficio*. Justinien, moins subtil, admet quatre classes d'obligations, au point de vue de leurs causes efficientes. Il reconnaît ainsi quatre sources d'obligations, le contrat, les circonstances dans lesquelles l'obligation naît comme d'un contrat (*quasi ex contractu*), le délit, et enfin les circonstances dans lesquelles l'obligation naît comme d'un délit (*quasi ex maleficio*).

(1) L. 52, D., *De oblig. et act.* (XLIV, 7).
(2) *Inst.*, *Comm.* III, § 88.
(3) L. 1, pr., D., *De oblig. et act.* (XLIV, 7).
(4) L. 5, D., *De oblig. et act.* (XLIV, 7).

Prius est ut de iis quæ ex contractu sunt dispiciamus. Harum æque quatuor sunt species, aut enim re contrahuntur, aut verbis, aut litteris, aut consensu, de quibus singulis dispiciamus.

Occupons-nous d'abord de celles qui naissent d'un contrat : il y en a également quatre espèces : car elles sont contractées soit par la chose (1), soit par paroles, soit par écrit, soit par le consentement. Traitons séparément de chacune de ces manières de contracter.

Les Institutes s'occupent d'abord des contrats. Le contrat est une espèce particulière de convention : en effet, le mot convention est un terme générique qui comprend le pacte et le contrat. C'est ce que nous dit le texte suivant :

L. 1, § 3, D., *De pactis* (II, 14).

Ulpianus. lib. 4, ad Edictum.

Conventionis verbum generale est, ad omnia pertinens, de quibus negotii contrahendi transigendique causa consentiunt qui inter se agunt : nam sicuti convenire dicuntur, qui ex diversis locis in unum ocum colliguntur et veniunt, ita et qui ex diversis animi motibus in unum consentiunt, id est, in unam sententiam decurrunt. Adeo autem conventionis nomen generale est, ut eleganter dicat Pedius, nullum esse contractum, nullam obligationem, quæ non habeat in se conventionem : sive re, sive verbis fiat; nam et stipulatio, quæ verbis fit, nisi habeat consensum, nulla est.

Ulpien. sur l'Édit, livre 4.

Le mot convention est général, et s'applique à tous les cas dans lesquels ceux qui ont affaire entre eux donnent leur consentement pour un acte ou une transaction : car de même qu'on emploie ce mot *convenire* pour désigner l'action de ceux qui, partis de divers endroits, se rassemblent et viennent dans un même lieu, de même aussi on l'applique à ceux qui partant de divers sentiments, arrivent à s'entendre, c'est-à-dire à exprimer une même volonté. Le mot convention est d'ailleurs si général, que Pedius a pu dire avec raison que tout contrat, toute obligation renferme une convention, qu'il y ait contrat formé par la chose ou par paroles : car la stipulation qui a lieu par paroles est nulle s'il n'y a consentement.

Le pacte est défini par Ulpien ainsi qu'il suit : *Est pactio duorum*

(1) *Re*, véritablement intraduisible dans notre langue, puisque *re* veut dire tantôt par une dation (transfert de propriété), tantôt par une tradition, tantôt par l'exécution d'un fait.

pluriumve in idem placitum consensus (1). Le contrat diffère du pacte en ce qu'il crée une obligation civile munie d'une action dérivant du droit civil. Le pacte est donc toute convention destinée à produire un effet juridique, à créer, éteindre, ou modifier un droit : il produit toujours une exception, appelée *exceptio pacti conventi*, laquelle n'est qu'un cas particulier de l'exception de dol, et sert à repousser celui qui agirait contre son adversaire au mépris d'un pacte. *Quid enim*, dit Ulpien, *tam congruum fidei humanæ quam ea quæ inter eos placuerunt servare* (2) ! Mais le pacte est impuissant à produire une obligation munie d'une action par le droit civil : il produit néanmoins des obligations naturelles; il produit même exceptionnellement des obligations munies d'une action par le préteur, et est alors appelé pacte prétorien (3). Enfin, les contrats de création récente, munis par les constitutions impériales d'actions dérivant du droit civil sont, par respect pour l'ancien droit, nommés pactes légitimes, *pacta legitima* : tels sont l'emphytéose à partir de Zénon et la donation à partir de Justinien.

Le contrat est la convention qui crée une obligation civile, dans le sens étroit de ce mot. Le principe général du droit français et de presque toutes les législations modernes est que toutes les conventions légalement faites sont la loi des parties, et sont toutes sanctionnées par des actions (art. 1134 C. N.). Le principe général du droit civil romain était tout opposé : il admettait que *solus consensus non obligat civiliter*. Pour que le pacte fût appelé contrat et produisît des obligations civiles, il fallait qu'au consentement des parties vînt s'ajouter ce qu'on appelait une *causa civilis obligationis*. C'est pourquoi Ulpien nous dit : « *Sed cum nulla* » *subest causa propter conventionem, hic constat non posse constitui* » *obligationem : igitur nuda pactio obligationem non parit, sed parit* » *exceptionem* (4). » Le pacte nu, *nuda pactio, nudum pactum*, c'est-à-dire le pacte qui n'a pas de *causa civilis obligationis* ne produit pas d'action; d'où la maxime si souvent citée par les juriscon-

(1) Loi 1, § 2. D., *De pactis* (II, 14).
(2) L. 1, pr., D., *De pactis* (II, 14).
(3) Exemple : le pacte de constitut. V. Inst., Lib. IV, tit. VI, § 9.
(4) L. 7, § 4, D., *De pactis* (II, 14).

sultes : *Ex pacto actio non oritur*. Dès l'instant que la *causa civilis obligationis* vient s'ajouter au consentement des parties, le pacte devient un contrat et produit des obligations civiles : « *Quæ (conventiones)*, nous dit Ulpien, *pariunt actiones, in suo nomi-* » *ne non stant, sed transeunt in proprium nomen contractus, ut emp-* » *tio venditio, locatio conductio, societas, commodatum, depositum et* » *cæteri similes contractus* (1). La *causa civilis obligationis* est donc le fait ou la réunion des faits qui aux yeux du droit civil sont nécessaires et suffisants pour que ce droit civil attache une action au droit du créancier. A ce point de vue les Romains divisent les contrats en quatre classes : 1° contrats *qui re perficiuntur* ; 2° contrats *qui verbis perficiuntur* ; 3° contrats *qui litteris perficiuntur ;* 4° contrats *qui consensu perficiuntur*. Dans les premiers la *causa civilis obligationis* consiste dans l'exécution d'un fait ou la tradition d'une chose ; et il est même un cas où elle consiste dans une *datio* (2). Dans le contrat *verbis*, la *causa civilis obligationis* consiste le plus ordinairement dans la formalité de la stipulation, c'est-à-dire dans une interrogation suivie d'une réponse : *Spondesne? Spondeo. Dabisne? Dabo. Facies? Faciam*. La stipulation, forme principale du contrat *verbis*, était, comme nous le verrons en commentant le titre *De verborum obligatione*, regardée comme le lieu commun de toutes les conventions : c'est à elle qu'on avait le plus ordinairement recours pour créer une obligation civile. Dans les contrats *litteris*, la *causa civilis obligationis* consistait dans la rédaction de certains écrits.

Mais en quoi consistait la *causa civilis obligationis* dans les contrats qu'on considérait comme parfaits *solo consensu?* Ces contrats étaient au nombre de quatre : l'*emptio-venditio* (vente), la *locatio-conductio* (louage), la *societas* (société), le *mandatum* (mandat). On avait admis que ces contrats seraient parfaits *solo consensu*, parce qu'ils étaient les plus habituels dans la pratique des affaires. Il y avait cependant encore ici une *causa civilis obligationis :* elle consistait dans la réunion de toutes les conditions

(1) L. 7, § 2, D., *De pactis* (II, 14).

(2) C'est le cas du *mutuum*, ou prêt de consommation, dont nous allons bientôt parler.

nécessaires pour que la convention intervenant entre les parties pût recevoir le nom d'*emptio-venditio*, de *locatio-conductio*, etc. Dans le cas de vente, par exemple, au fait du consentement, il fallait qu'il vînt s'ajouter cette condition d'une *merx* (chose vendue), dont l'une des parties s'obligeait à procurer à l'autre une possession paisible et perpétuelle, et d'un *pretium*, c'est-à-dire d'un équivalent en argent, dont l'autre partie s'obligeait à transférer la propriété. Si, au contraire, deux personnes avaient conclu un échange, l'une promettant un esclave et l'autre un cheval, il y aurait eu là un simple pacte (1). Dans les contrats parfaits *solo consensu*, la *causa civilis obligationis* était donc le *nomen contractus*. Aussi un romaniste du moyen âge a-t-il très-exactement défini le pacte nu : *nudum pactum, id est non vestitum causa vel nomine ad procreandam actionem efficaci* (2).

Toutes les fois que la convention intervenue entre les parties ne rentrait pas dans l'un des contrats parfaits *solo consensu*, sauf le cas assez rare des contrats *litteris*, il fallait avoir recours à la formalité de la stipulation. Néanmoins lorsque l'une des parties avait pour sa part exécuté la convention, elle avait le droit d'exiger l'exécution de l'obligation de la partie adverse, de telle sorte que tous les pactes synallagmatiques, c'est-à-dire intervenus dans le but de créer des obligations pour chacune des deux parties rentraient dans la classe des contrats *re*. Les jurisconsultes romains subdivisaient cette classe particulière de contrats *re* en quatre espèces : *do ut des, do ut facias, facio ut des, facio ut facias*. Une action applicable à tous ces contrats, contrats que l'on appelait innomés, l'action *præscriptis verbis*, dont nous nous occuperons plus tard, était accordée à celle des deux parties qui avait exécuté la convention.

Pourquoi, sauf des cas fort rares, les Romains exigaient-ils, pour qu'une action fût accordée au créancier, que la formalité de la stipulation eût été remplie, ou qu'il y eût eu exécution de la part de l'une des parties? On a cherché à expliquer ce principe historiquement : on a dit que les contrats *re* se seraient présentés

(1) L. 1, pr., D., *De rerum permutatione* (XIX, 4).
(2) *Thomasius*, *Dissertationum*, tome II, p. 141, *dissert.* 36, *Thes.* 1.

les premiers dans la société romaine; que primitivement tous les contrats appartenaient à cette classe; que, pour la vente elle-même, il fallait recourir à l'*æs et libram*, que les contrats *verbis* vinrent ensuite, et que ce fut par un progrès de la jurisprudence qu'on admit les quatre contrats parfaits *consensu*. Dans ce système, le principe rigoureux primitif a subi des modifications successives, mais a survécu comme principe général. Cette explication nous semble bien difficile à admettre. Les quatre contrats parfaits *solo consensu* sont si utiles dans la vie sociale et d'un usage si fréquent, qu'il nous paraît impossible, qu'on les ait ignorés à une certaine époque ou qu'on les ait soumis à des formalités aussi gênantes. Nous sommes porté à penser avec Toullier, que les Romains croyaient que les formalités de la stipulation ou à son défaut l'exécution de la part de l'une des parties étaient nécessaires pour qu'il fût bien certain que la promesse avait été faite avec réflexion et avec l'intention de s'obliger, *serio et deliberato animo*. « Si cette forma-» lité, dit Toullier, n'était pas employée, les lois regardaient » la convention comme frivole et refusaient une action pour » contraindre à l'exécution (1). » On peut ajouter que les Romains rédigeaient peu d'écrits probatoires (2), que la preuve testimoniale était toujours reçue, que les témoins auraient eu de la peine à se bien rappeler les termes d'une conversation, que le juge aurait été embarrassé pour savoir si les parties avaient eu l'intention de faire une convention sérieuse, et qu'il était dès lors rationnel de regarder comme seuls indices certains de cette intention des faits faciles à se rappeler, connus de tous, de telle sorte que lorsqu'ils avaient eu lieu, on ne pût dire qu'on n'avait pas entendu contracter une obligation sérieuse. Du reste, ces faits sont si peu compliqués, que nous sommes vraiment étonné que l'on ait à ce sujet accusé le droit romain de formalisme puéril et outré. C'est cependant là un grief souvent re-

(1) Toullier, tom. VI, n° 14.

(2) Ne pas confondre l'écrit probatoire ou *instrumentum*, dont nous parlons ici, qui ne fait que servir *ad probationem*, avec l'écrit qui sert de *causa civilis obligationis* dans le contrat *litteris*.

proché à cette législation. Le système de Toullier nous semble préférable au précédent, qui a du reste le tort d'aller chercher son explication dans des antiquités du droit romain restées fort obscures jusqu'à ce jour.

LIVRE III, TIT. XIV.

QUIBUS MODIS RE CONTRAHITUR OBLIGATIO.

DE QUELLES MANIÈRES UNE OBLIGATION SE CONTRACTE PAR LA CHOSE.

Nous savons déjà qu'il existe deux classes de contrats *re*, ceux qui ont reçu une dénomination particulière, et qui produisent des actions qui leur sont propres, et les contrats innomés, puisque, ainsi que nous venons de le voir, les pactes synallagmatiques produisent tous l'*actio præscriptis verbis*, au profit de celle des parties qui a exécuté la convention.

Les contrats nommés *qui re perficiuntur* sont au nombre de quatre : le *mutuum*, prêt de consommation, le *commodatum*, commodat ou prêt à usage, le *depositum*, dépôt, et le *pignus*, gage. Les Institutes en traitent dans cet ordre, que nous allons suivre :

Re contrahitur obligatio, veluti mutui datione. Mutui autem datio in iis rebus consistit, quæ pondere, numero, mensurave constant, veluti vino, oleo, frumento, pecunia numerata, ære, argento, auro : quas res, aut numerando, aut metiendo, aut adpendendo in hoc damus, ut accipientium fiant, et quandoque nobis non eædem res, sed aliæ ejusdem naturæ et qualitatis reddantur. Unde etiam mutuum appellatum est, quia ita a me tibi datur, ut ex meo tuum fiat. Et ex eo contractu nascitur actio quæ vocatur condictio.

L'obligation se contracte par la chose, par exemple dans la dation en *mutuum*. La dation en *mutuum* a lieu pour les choses qui s'apprécient au poids, au nombre ou à la mesure, comme le vin, l'huile, le froment, l'argent monnayé, le cuivre, l'argent, l'or : après avoir compté, mesuré ou pesé ces choses, nous en transférons la propriété à la personne qui les reçoit, pour que celle-ci nous rende non pas les mêmes choses, mais d'autres de même nature et qualité : de là ce contrat a reçu le nom de *mutuum*, parce que je vous transfère la propriété d'un objet pour qu'il devienne *ex meo tuum*, de mien vôtre. De ce contrat naît l'action appelée *condictio*.

Le *mutuum* est un contrat dans lequel l'une des parties transfère à l'autre la propriété d'une certaine quantité de choses à la charge d'en restituer pareille quantité de même qualité. Le *mutuum* n'est parfait que par la dation des choses prêtées, laquelle s'opère habituellement par la tradition, puisqu'il s'agit le plus souvent de choses *nec mancipi*. Dans toutes les législations possibles le *mutuum* ne sera forcément parfait que par le transfert de propriété qu'il nécessite : je ne puis être considéré comme emprunteur que lorsque j'ai reçu les choses empruntées, et je ne saurais être tenu de rendre que si j'ai reçu. C'est donc à tort que l'on dit souvent que sous ce rapport le droit français diffère du droit romain : c'est là une idée fausse contre laquelle il est bon de se prémunir : il est vrai qu'en droit français la promesse de prêter est obligatoire et procure une action au futur emprunteur; mais cette promesse ne saurait constituer le *mutuum* : le *mutuum* ne sera réellement formé que lorsque cette promesse aura été exécutée; alors seulement l'emprunteur sera tenu de rendre des choses de pareille espèce, en pareille quantité et qualité. Ce qu'il y a ici de spécial au droit romain n'a pas trait à la théorie du *mutuum*, mais à la promesse de prêt faite par simple pacte, laquelle ne procurera pas d'action pour obliger celui qui l'a faite à effectuer le prêt, ce qui tient à la théorie générale sur la *causa civilis obligationis* que nous avons déjà exposée : pour que cette promesse produisît une action, il faudrait que l'emprunteur eût stipulé du futur prêteur. Dans ce cas, il aurait l'action que produit la stipulation et il y aurait là une obligation civile formée *verbis*. La situation serait alors identique à celle que produit en droit français la simple promesse de prêt sans la formalité de la demande et de la réponse, formalité inconnue dans ce droit, où l'on admet que le seul consentement oblige civilement. Remarquons que si j'ai stipulé de vous que vous me prêteriez une certaine somme, et qu'au cas où vous n'exécuteriez pas cette obligation vous me payeriez une certaine somme à titre de clause pénale, j'aurai contre vous la *condictio certi*. Si au contraire je me suis borné à stipuler de vous que vous me prêteriez telle somme, j'aurai la *condictio incerti*, qui se bornera à me faire obtenir la somme représentative de l'intérêt que j'aurais à ce que le prêt fût effectué. C'est ce que nous dit le texte suivant :

L. 68, D., *De verb. oblig.* (XLV, 1).

PAULUS, lib. 2, ad Edictum.

Si pœnam stipulatus fuero, si mihi pecuniam non credidisses : certa est et utilis stipulatio. Quod si ita stipulatus fuero, pecuniam te mihi crediturum spondes ? incerta est stipulatio, quia id venit in stipulationem quod mea interest.

PAUL, sur l'Édit, livre 2.

Si j'ai stipulé une clause pénale, pour le cas ou vous ne me prêteriez pas une somme d'argent, la stipulation est d'une somme déterminée et valable. Mais si j'ai stipulé de vous en ces termes : me promettez-vous de me prêter telle somme d'argent? la stipulation est indéterminée, parce que son objet est l'intérêt que j'avais à l'exécution du prêt.

Pris à la lettre, le texte des Institutes semble dire qu'il n'y a que les choses qui se comptent, se pèsent ou se mesurent qui puissent faire l'objet d'un *mutuum : mutui autem datio in iis rebus consistit quœ pondere, numero mensurave constant, veluti*, etc. Il est vrai que le plus ordinairement, dans la pratique, ce sont les choses qui se comptent, se pèsent ou se mesurent qui font l'objet du *mutuum*, et c'est là, sans doute, l'idée exprimée dans le texte ; mais rien ne s'oppose à ce qu'il en soit autrement. Toute chose dans le commerce peut former l'objet d'un *mutuum*, si telle est l'intention des parties : il faut que l'intention du prêteur ait été de transférer la propriété à l'emprunteur et celle de l'emprunteur de l'acquérir, que les parties n'aient attaché aucune importance à l'individualité de la chose objet du contrat, qu'on ait considéré cette chose comme une quantité dans son espèce, que l'emprunteur se soit obligé à rendre à la place de cette chose une autre chose de la même espèce. Si, au contraire, les parties avaient attaché de l'importance à l'individualité de la chose, et que l'emprunteur dût restituer cette chose-là, et non une autre, fût-elle de la même espèce, il n'y aurait pas *mutuum*, mais bien *commodat*, et cela se comprend sans peine, puisqu'il ne pouvait y avoir ici le transfert de propriété, la *datio*, que nécessite le *mutuum*, le *dominium* ne pouvant en droit romain être transféré *ad tempus*. Les glossateurs ont donné aux choses qui forment l'objet d'un *mutuum* le nom de choses fongibles, du verbe déponent *fungi, fungor*, faire fonction de, remplacer, *quæ in suam speciem functionem recipiunt*, *quarum una alterius vice fungitur*, et ce qui rend les choses fongibles, c'est évidemment l'intention des parties, le fait qu'elles n'ont attaché aucune importance à leur individualité, qu'elles les ont considérées comme des quantités et non comme des corps certains. Cette idée si exacte était certainement celle des jurisconsultes romains ; elle n'est cependant présentée nulle part avec netteté dans les textes que nous a transmis Justinien. Le jurisconsulte Paul est le seul qui en parle, encore est-ce d'une manière assez obscure.

L. 2, § 1, D., *De rebus credit.* (XII, 1).

PAULUS, lib. 28, ad Edictum.

Mutui datio consistit in his rebus, quæ pondere, numero, mensura consistunt : quoniam eorum datione possumus in creditum ire, quia in genere suo functionem recipiunt per solutionem, quam specie, nam in cæteris rebus ideo in creditum ire non possumus, quia aliud pro alio invito creditori solvi non potest.

PAUL, sur l'Édit. livre 28.

La dation en *mutuum* a lieu pour les choses qui s'apprécient au poids, au nombre, à la mesure, parce que par leur dation nous pouvons acquérir la créance naissant du *mutuum*. En effet, à l'époque du payement ces choses, au lieu d'être considérées comme des corps certains, se remplacent par d'autres choses de même espèce; mais à l'occasion des autres objets, nous ne pouvons acquérir la créance naissant du *mutuum*, puisque on ne peut donner au créancier malgré lui une chose pour une autre.

Ainsi donc, il faut se garder de croire qu'il n'y a que les choses qui se comptent, se pèsent ou se mesurent qui puissent faire l'objet d'un *mutuum* : le texte de Paul que nous venons de citer et celui des Institutes se réfèrent à ce qui a lieu le plus ordinairement dans la pratique. Ce n'est ordinairement qu'à propos de semblables choses que les parties admettent que dans une même espèce toutes les choses se valent les unes les autres, *quarum una alterius vice fungitur.* Le terme de choses fongibles a donné lieu à une autre erreur fort commune, et contre laquelle il faut également se prémunir. Cette expression a fait croire que les choses fongibles se confondaient avec les choses *quæ primo usu consumuntur, quæ in abusu continentur*, et que, dès lors, il n'y avait que les choses qui se consomment par le premier usage qui puissent être l'objet d'un *mutuum*. Cette erreur singulière a même trouvé place dans l'art. 1892 du Code Napoléon :

Art. 1892. « Le prêt de consommation est un contrat par lequel » l'une des parties livre à l'autre une certaine quantité de choses » qui se consomment par l'usage à la charge par cette dernière » de lui en rendre autant de même espèce et qualité. »

De même, l'erreur consistant à n'admettre comme objet possible du *mutuum* que les choses qui se comptent, se pèsent ou se mesurent a trouvé place dans l'art. 1894 du même Code :

Art. 1894. « On ne peut pas donner, à titre de prêt de con» sommation, des choses qui, quoique de même espèce, diffèrent » dans l'individu, comme les animaux : alors c'est un prêt à » usage. »

Il est évident que tout dépend ici de l'intention des parties, et que rien ne s'oppose, pas même en droit français (le législateur ne pouvant rien changer à ce qui tient à la nature des choses), à ce qu'un cheval, par exemple, forme l'objet d'un *mutuum* : peu importe que les chevaux ne se ressemblent pas tous, que quoique de même espèce, ils diffèrent dans l'individu, si les parties ont entendu ne tenir aucun compte de cette différence, si le prêteur a voulu transférer à l'emprunteur qui l'acceptait la propriété d'un cheval à condition qu'on lui en rendrait un autre de même qualité. Dans la théorie de l'usufruit, pour savoir quelles choses peuvent être l'objet de ce droit réel, on oppose les choses qui se consomment par le premier usage à celles qui peuvent être l'objet d'un usage réitéré pendant plus ou moins longtemps : on s'occupe là de la nature même des choses et non de l'intention des parties. Dans la théorie du contrat de *mutuum*, on ne s'occupe pas de la nature des choses, mais bien de l'intention des contractants et on oppose des quantités aux corps certains (1).

Nous répétons que pour qu'il y ait *mutuum*, il faut nécessairement que l'emprunteur ait été rendu propriétaire des choses prêtées. Le texte des Institutes nous le déclare à trois reprises différentes, et le jurisconsulte Paul dit très-énergiquement : » *Appellata* » *est autem mutui datio ab eo quod de meo tuum fit, et ideo si non fiat* » *tuum, non nascitur obligatio* (2). » Ainsi que nous l'avons vu, c'est de ce principe que résulte tout ce que nous venons de dire sur les choses qui peuvent faire l'objet d'un *mutuum*. Il en résulte également que si le prêteur n'est pas propriétaire des choses prêtées ou que si, en ayant le *dominium*, il ne peut pas les aliéner, il ne pourra y avoir *mutuum* : c'est ainsi que le pupille ne peut, sans l'autorisation de son tuteur, faire un *mutuum;* n'ayant pas rendu l'emprunteur propriétaire, il n'a pu devenir créancier, quoiqu'en principe général, lorsque le pupille qui a dépassé *l'infantia* fait un acte juridique *sine tutoris auctoritate*, la règle soit que les effets à lui favorables se produisent, tandis que les autres ne se produisent pas. Ici il ne devient pas créancier, parce qu'il n'a pas rendu l'emprunteur propriétaire. En conséquence, tant que les choses que le pupille a voulu prêter n'ont pas été consommées, il n'aura d'autre action que la revendication. Si, au contraire, les choses ont été consommées, il faudra distinguer si l'emprunteur les a consommées de bonne ou de mauvaise foi. Dans le premier cas, le pupille aura contre l'emprunteur la *condictio*, dans le second l'*actio ad exhibendum*.

Nous verrons tout à l'heure que le dépôt est un contrat dans lequel l'une des parties confie à l'autre une chose sur laquelle celle-ci s'engage à veiller gratuitement. Le dépositaire n'ac-

(1) Dans le langage des jurisconsultes romains, *genus* signifie genre, espèce, et *species* signifie au contraire une chose déterminée quant à l'individu. Cette observation est importante. parce que la signification habituelle du mot espèce dans la langue française pourrait ici faire commettre des erreurs fréquentes.

(2) L 2, § 2, D.. *De rebus creditis* (XII, 1).

quiert donc pas la propriété de la chose déposée, il n'en acquiert même pas la possession : il possède pour le compte du déposant et n'a que la *nuda detentio.* Conformément aux principes élémentaires sur l'acquisition de la possession et de la propriété par la possession, les Romains avaient admis que si le déposant et le dépositaire convenaient que la somme d'argent, objet du dépôt, pourrait être employée par le dépositaire pour ses besoins, ce pacte emportait translation de propriété au profit du dépositaire, et convertissait dès lors le contrat de dépôt en *mutuum* : c'est ce que nous apprennent Paul et Ulpien :

PAULI Sent., lib. II, tit. XII, § 9.

Si pecuniam deposuero, eaque uti tibi permisero, mutua magis videtur quam deposita, ac per hoc periculo tuo erit.

PAUL, Sent., livre II, tit. XII, § 9.

Si je vous ai confié en dépôt une somme d'argent, et que je vous aie permis de vous en servir, cette somme paraît plutôt prêtée que déposée, et elle sera par là même à vos risques.

L. 9, § 9, D., *De rebus creditis* (XII, 1).

ULPIANUS, lib. 26, ad Edictum.

Deposui apud te decem, postea permisi tibi uti. Nerva, Proculus, etiam antequam moveantur, condicere, quasi mutua, tibi hæc posse aiunt. Et est verum, ut et Marcello videtur, animo enim cœpit possidere: ergo transit periculum ad eum qui mutuum rogavit, et poterit ei condici.

ULPIEN, sur l'Edit, livre 26.

J'ai déposé chez vous dix, plus tard je vous ai permis d'en user. Nerva, Proculus disent qu'on peut agir contre vous à l'occasion de ces dix, même avant que vous en ayez fait usage, par condiction comme pour des choses prêtées ; et cela est vrai, comme le dit Marcellus, le dépositaire a, en effet, commencé à posséder à titre de propriétaire : en conséquence les risques passent à celui qui s'est fait prêter, et on pourra agir contre lui par condiction.

Ainsi, la convention suffit pour transformer le dépôt en *mutuum*, dans l'espèce que nous examinons, car par le changement d'intention, la simple détention qu'avait le dépositaire se change en une possession véritable, (*animo enim cœpit possidere*) (1), ce qui entraîne la translation de la propriété : aucun acte d'appréhension des écus déposés n'est nécessaire pour que la conversion du dépôt en *mutuum* s'opère (*etiam antequam moveantur*) (2). Mais si, au moment du dépôt, les parties y ont joint éventuellement un contrat de *mutuum* en convenant que le dépositaire pourrait, quand il le voudrait, se servir de l'argent déposé et cesser ainsi d'être dépositaire pour devenir emprunteur, il faudra, dans ce cas, un acte d'appréhension du dépositaire sur les écus déposés pour que la conversion du dépôt en *mutuum* ait lieu : c'est ce que dit Ulpien dans les deux textes suivants :

L. 10, D., *De reb. cred.* (XII, I).

ULPIANUS, lib. 2, ad Edictum.	**ULPIEN, sur l'Édit, livre 2.**
Quod si ab initio, cum deponerem, uti tibi, si voles, permisero, creditam non esse, antequam mota sit, quoniam debitum iri non est certum.	Que si, dès le début, au moment du dépôt, je vous ai permis d'user des écus, si vous le vouliez, il n'y aurait pas *mutuum* avant que vous ne les ayez déplacés, parce qu'il n'est pas certain qu'il y aura dette.

(1) Voir Inst., lib. II, tit. 1, § 44.

(2) Paul dans la loi 29, § 1, D., *Depositi vel contra* (XVI, 3), tirée du livre II de ses Sentences, décide que le contrat de dépôt persiste, qu'il n'est pas converti en *mutuum*, et que les intérêts seront dus *ex mora*, malgré l'usage que du consentement du déposant le dépositaire aurait fait des écus déposés. Il y aurait donc antinomie entre deux passages tirés tous les deux du même livre, et probablement du même titre des Sentences de Paul. Cette antinomie disparaît si on admet la correction proposée par M. Huschke dans la loi 29, § 1, D., *Depositi vel contra* (XVI, 3) consistant à lire *impermissu meo*, au lieu de *ex permissu meo*, correction qui s'appuie d'une manière ingénieuse sur la loi 3, C., *Depositi vel contra* (IV, 34). M. Pellat. n'admet pas cette correction. Voir ses *Textes choisis des Pandectes*, pages 69 et 70. Notre savant doyen préfère avec raison faire disparaître l'antinomie, en disant que la persistance du contrat de dépôt, ou sa conversion en *mutuum* dépendaient de l'intention des parties, selon que le déposant avait dit : Servez-vous de cet argent, mais il continuera à y avoir dépôt ; ou bien : Servez-vous-en, mais à titre d'argent prêté. Voir même ouvrage, page 72.

L. 1, § 34, D., *Depositi vel contra* (XVI,3).

ULPIANUS, lib. 50, ad Edictum.	ULPIEN, sur l'Édit, livre 50.
Si pecunia apud te ab initio hac lege deposita sit, ut, si voluisses, utereris, priusquam utaris, depositi teneberis.	Si l'argent a été déposé chez vous dès le principe avec cette condition, que si vous vouliez, vous vous en serviriez, avant cet usage vous serez tenu comme dépositaire.

Ici la conversion du dépôt en *mutuum* est subordonnée à la volonté du dépositaire (*si voles, si voluisses*) : il faut donc qu'il manifeste sa volonté par un acte spécial de prise de possession, par exemple, en décachetant le sac, en prenant les écus, en s'en servant. C'est de ce moment que, devenu propriétaire des écus, il en sera débiteur à titre de *credita pecunia :* jusque-là le contrat de dépôt subsistera et le dépositaire sera tenu de l'*actio depositi* (*priusquam utaris, depositi teneberis*), alors seulement le contrat de *mutuum* commencera à exister, et le dépositaire sera tenu de la *conditio certi* (*creditam non esse antequam mota sit*) (1).

Il faut, d'après la rigueur des anciens principes, pour qu'il y ait *mutuum*, que le créancier ait eu la propriété des choses prêtées et que ce soit de lui que cette propriété ait été transférée au débiteur. Cette rigueur est une conséquence de la règle : *nihil nobis adquiritur per extraneam et liberam personam.* Dans le cas que nous venons d'examiner, cette règle n'est nullement violée, puisque mon argent se trouve *in specie* chez le dépositaire, qui en devient propriétaire par la tradition consensuelle, résultant de ce que je lui permets de se servir de cet argent comme il l'entendra. On peut dire ici avec exactitude : *nummi qui mei erant tui facti sunt ;* mais dans d'autres cas, on s'écarte de la règle dans l'opinion de certains jurisconsultes à l'aide d'une fiction de traditions. Nous avons à exposer trois cas dans lesquels Ulpien, à l'aide d'une

(1) La raison qu'ajoute Ulpien : *quoniam debitum iri non est certum,* fait allusion à la définition que donnaient les jurisconsultes de la *credita pecunia : Pecuniam creditam dicimus.... omnem quam tunc cum contrahitur obligatio certum est debitum iri* (Gaius, *Inst.*, III, § 124).

fiction de traditions, arrive à décider que la *condictio* résultant du *mutuum* peut être acquise *per extraneam personam* :

1er *cas*. Un créancier charge son débiteur de payer la somme due entre les mains d'une personne qui désire l'emprunter : le débiteur exécute le payement conformément à l'ordre du créancier, et quoiqu'ici les écus comptés à l'emprunteur ne soient pas ceux du prêteur, mais ceux de son débiteur, Ulpien décide qu'il y aura *mutuum* et que la *condictio certi* appartiendra au créancier qui a donné l'ordre de payer. Dans la rigueur des principes, il eût fallu que le débiteur payât entre les mains de son créancier, lequel eût immédiatement fait tradition des écus à l'emprunteur : *brevitatis causa*, il y aura une seule tradition du débiteur à l'emprunteur, laquelle produira les mêmes effets que s'il y en avait eu deux.

2e *cas*. Un créancier convient avec son débiteur que celui-ci gardera à titre de prêt l'argent qu'il doit à un autre titre, par exemple, par suite d'un mandat. Ici encore les écus que celui-ci garde en *mutuum* n'étaient pas ceux du créancier, ils appartenaient déjà à l'emprunteur ; mais on décide que la convention intervenue entre ces deux personnes doit être considérée comme équivalant à une tradition faite par le débiteur à son créancier, et à une retradition faite par ce dernier à son débiteur. Ces deux décisions nous sont données par Ulpien dans le texte suivant :

L. 15, D., *De reb. cred.* (XII,1).

ULPIANUS, lib 31, ad Edictum.

Singularia quædam recepta sunt circa pecuniam creditam : nam si tibi debitorem meum jussero dare pecuniam, obligaris mihi, quamvis meos nummos non acceperis. Quod igitur in duabus personis recipitur, hoc et in eadem persona recipiendum est : ut, cum ex causa mandati pecuniam mihi debeas, et convenerit, ut crediti nomine eam retineas,

ULPIEN, sur l'Édit, livre 31.

Certains principes particuliers ont été admis relativement à l'argent prêté. Car, si j'ai donné ordre à mon débiteur de vous transférer la propriété d'une somme d'argent, vous serez obligé envers moi, bien que vous n'ayez pas reçu mes propres écus. Ce qu'on admet pour deux personnes est également admissible vis-à-vis d'une seule ; par exemple,

videatur mihi data pecunia, et a me ad te profecta.

si vous me devez une somme à raison d'un mandat, et que nous convenions que vous la retiendrez à titre de prêt, cette somme serait censée avoir été remise par vous à moi, et être passée aussitôt de moi à vous.

3e *cas.* Je remets à quelqu'un une chose pour qu'il la vende et qu'il conserve à titre de prêt le prix qu'il en retirera. Ici également les écus reçus par l'emprunteur n'ont jamais appartenu au prêteur : on sous-entend encore des traditions. Voici le texte dans lequel Ulpien voit dans l'opération que nous venons de raconter un *mutuum.*

L. 11, pr., D., *De reb. cred.* (XII, 1).

ULPIANUS, lib. 26, ad Edictum.

Rogasti me, ut tibi pecuniam crederem, ego, cum non haberem, lancem tibi dedi, vel massam auri, ut eam venderes, et nummis契utereris : si vendideris, puto mutuam pecuniam factam. Quod si lancem, vel massam sine tua culpa perdideris, priusquam venderes, utrum mihi, an tibi perierit, quæstionis est? Mihi videtur Nervæ distinctio verissima, existimantis, multum interesse, venalem habui hanc lancem, vel massam, necne; ut si venalem habui, mihi perierit, quemadmodum si alii dedissem vendendam ; quod si non fui proposito hoc, ut venderem, sed hæc causa fuit vendendi, ut tu utereris, tibi eam periisse ; et maxime si sine usuris credidi.

ULPIEN, sur l'Édit., liv. 26.

Vous m'avez prié de vous prêter de l'argent : moi n'en ayant pas, je vous ai donné un plat ou un lingot d'or pour que vous le vendiez et vous serviez des écus en provenant. Si vous avez vendu, je pense qu'il y a *mutuum*. Que si vous avez perdu ce plat ou ce lingot sans votre faute, avant de le vendre, on se demande s'il a péri pour vous ou pour moi? Je trouve fort exacte la distinction de Nerva, qui pense qu'il importe beaucoup de savoir si ce vase ou ce lingot était ou n'était pas entre mes mains une chose destinée à être vendue. Si j'avais l'intention de le vendre, il aura péri pour moi comme si je l'eusse donné à vendre à toute autre personne. Si je n'étais pas dans l'intention de le vendre, et que je n'ai consenti à vendre que pour vous mettre en mesure d'user du prix, la chose a péri pour vous, surtout si je vous ai prêté sans stipuler des intérêts.

Voici maintenant un texte d'Africain dans lequel ce jurisconsulte admet qu'il y a *mutuum* dans le cas où le déposant a permis au dépositaire de se servir de l'argent déposé, ce qui est conforme à tous les principes, et aussi dans le cas où un créancier a donné l'ordre à son débiteur de payer entre les mains de l'emprunteur, ce qui, dit-il, *benigne receptum est ;* mais en ce qui touche les deux dernières espèces traitées par Ulpien, Africain donne une décision opposée et déclare qu'il n'y a pas *mutuum*.

L. 34, pr., D., *Mandati vel contra* (XVII,1).

AFRICANUS, lib. 8, Quæstionum.

Qui negotia Lucii Titii procurabat, is, cum a debitoribus ejus pecuniam exegisset, epistolam ad eum emisit, qua significaret, certam summam ex administratione apud se esse, eamque creditam sibi se debiturum cum usuris semissibus. Quæsitum est an ex ea causa credita pecunia peti possit? Et an usuræ peti possint? Respondit, non esse creditam : alioquin dicendum, ex omni contractu, nuda pactione, pecuniam creditam fieri posse. Nec huic simile esse, quod si pecuniam apud te depositam convenerit, ut creditam habeas, credita fiat : quia tunc nummi, qui mei erant tui fiunt. Item quod si a debitore meo jussero te accipere pecuniam, credita fiat : id enim benigne receptum est. His argumentum esse, eum, qui, cum mutuam pecuniam dare vellet, argentum vendendum dedisset, nihilo magis pecuniam creditam recte petiturum : et tamen pecuniam ex argento redactam, periculo ejus fore, qui accepisset argentum. Et in proposito igitur dicendum, actione mandati obligatum fore procuratorem, ut, quamvis

AFRICAIN, Questions, livre 8.

Celui qui administrait les affaires de Lucius Titius, ayant reçu de l'argent des débiteurs de ce dernier, lui écrivit une lettre par laquelle il déclarait avoir chez lui une certaine somme d'argent provenant de son administration et disait qu'il la lui devrait comme argent prêté avec intérêts à six pour cent. Il a été demandé si, en vertu de cette lettre, la somme pourrait être réclamée comme argent prêté, et si on pourrait demander les intérêts. Le jurisconsulte a répondu qu'il n'y a pas argent prêté : autrement il faudrait dire que de tout contrat, à l'aide d'un pacte, il pourra résulter un prêt. Et il ne se passe rien de semblable à ceci, lorsque le prêt résulte de la convention par laquelle vous gardez comme prêté l'argent que j'ai déposé chez vous, parce qu'alors les écus qui étaient miens deviennent vôtres. De même lorsque le prêt résulte de ce que je vous ai autorisé à recevoir de l'argent de mon débiteur; car c'est là une décision admise par faveur. A l'appui de la décision du jurisconsulte, on peut argumenter

ipsius periculo nummi fuerint, tamen usuras, de quibus convenerit, præstare debeat.

du cas où voulant prêter de l'argent à une personne, je lui ai donné à vendre de l'argenterie, cas auquel je ne puis pas davantage pour cela réclamer l'argent comme prêté : et cependant la somme provenant de l'argenterie sera aux risques de celui qui a reçu cette argenterie. Il faut donc, dans la question proposée, décider que l'administrateur bien que les écus aient été à ses risques. sera tenu par l'action de mandat, de telle sorte qu'il sera obligé de fournir les intérêts convenus.

C'est l'opinion d'Ulpien qui a prévalu et qui doit être suivie dans le droit de Justinien, ainsi que le prouve une constitution de Dioclétien et Maximien, qui forme la loi 8, C., SI CERTUM PETATUR (IV,2).

Du *mutuum*, avons-nous dit, naît l'obligation de restituer des choses de la même espèce en pareille quantité et qualité. Si une personne transfère à une autre la propriété de certaines choses pour qu'il lui soit rendu des choses d'une autre espèce, il n'y aura pas *mutuum*, mais bien échange et *actio prescriptis verbis*.

L. 2, pr., D., *De reb. cred.* (XII,I).

PAULUS, lib. 28, ad Edictum.

Mutuum damus, recepturi non eamdem speciem quam dedimus (alioquin commodatum erit, aut depositum), sed idem genus : nam si aliud genus, veluti, ut pro tritico vinum recipiamus, non erit mutuum.

PAUL, sur l'Édit, livre 28.

Nous donnons en *mutuum*, pour recevoir, non pas les mêmes objets, (autrement il y aurait commodat ou dépôt), mais des objets de même espèce : car si nous recevons des objets d'une autre espèce, comme du vin pour du blé, il n'y aura pas *mutuum*.

L'obligation de restituer est indépendante du profit que l'emprunteur a pu retirer de l'acquisition des choses prêtées : en d'autres termes, les choses prêtées sont aux risques de l'emprunteur. Si, à l'époque fixée pour l'exécution de son obligation, les choses de même qualité et de même espèce que celles qu'il a reçues en *mutuum* sont d'un prix moins élevé qu'elles ne l'étaient à l'époque du contrat, il en profitera, de même qu'il eût supporté la perte qu'eût amenée l'événement inverse. Si l'emprunteur venait à perdre les choses qui lui ont été prêtées, il n'en resterait pas moins débiteur ; car il doit des choses *in genere, et genera non pereunt*. Il pourrait cependant en être autrement, mais il faudrait pour cela que les parties fussent expressément convenues que les risques seraient à la charge du créancier. La règle à cet égard n'était donc que de la nature du *mutuum* et non de son essence.

A ce propos, il est bon d'indiquer ici que dans tout contrat on distingue les choses essentielles, naturelles et accidentelles. Les choses essentielles à tout contrat, sont celles sans lesquelles le contrat ne peut exister, comme le consentement des parties ou la *causa civilis obligationis*. Les choses essentielles à un contrat spécial, comme le *mutuum* par exemple, sont les choses sans lesquelles le contrat ne peut exister, de telle sorte qu'une d'elles venant à manquer, le contrat doit changer de nom : exemple, le transfert de propriété dans le *mutuum* ou encore l'obligation de la part de l'emprunteur de rendre des choses de la même espèce et non d'une autre espèce. Les Romains appelaient l'ensemble des choses essentielles à un contrat : *substantia*.

Les choses naturelles sont, dans un contrat, celles qui y sont sous-entendues, de telle sorte qu'elles ne peuvent être écartées que par une clause expresse ; c'est ainsi que nous venons de voir que les risques des choses prêtées sont naturellement à la charge de l'emprunteur, et qu'il faudrait une clause expresse pour les mettre à la charge du prêteur. Les Romains disent comme nous que ces choses sont de la nature du contrat, *natura contractus*. Néanmoins ils confondent souvent *natura et substantia*. Leur terminologie à cet égard n'est pas très-nette.

Enfin sont appelées accidentelles toutes les clauses qu'on doit expressément ajouter à un contrat, et qui n'y sont jamais suppléées. Papinien les appelle *adminicula* (1).

(1) Loi 72, D., *De contrahenda emptione* (XVIII. 1.)

Les contrats sont unilatéraux ou synallagmatiques. Le contrat est unilatéral lorsqu'il ne crée d'obligation que pour l'une des parties : il est au contraire synallagmatique ou bilatéral lorsqu'il en naît des obligations réciproques pour chacune des parties. Les contrats unilatéraux produisent au profit du créancier une action appelée *condictio*, laquelle, selon la nature de l'objet dû, est appelée tantôt *condictio certi*, tantôt *condictio incerti*. Par suite du *mutuum*, la *condictio* appartiendra au prêteur contre l'emprunteur, mais elle n'est pas, comme on vient de le voir, spéciale à ce contrat : elle naît également des autres contrats unilatéraux, c'est-à-dire de la stipulation et du contrat *litteris* : elle résulte aussi des événements desquels l'obligation naît *quasi ex contractu* ou *ex delicto* sans que, par suite de cet événement, le créancier puisse jamais se trouver débiteur. C'est ainsi qu'elle résulte, par exemple, du legs *per damnationem*, du payement de l'indu et du *furtum*. On l'avait même étendue à tous les cas où une personne s'était enrichie aux dépens d'une autre sans que celle-ci eût entendu lui faire une donation (1).

Les jurisconsultes modernes reconnaissent des contrats synallagmatiques parfaits et des contrats synallagmatiques imparfaits : les contrats synallagmatiques parfaits donnent lieu à des obligations réciproques pour chacune des parties, obligations nées au moment même de la perfection du contrat : en droit romain ces contrats produisent action au profit de chacune des parties : c'est ainsi que de l'*emptio-venditio* (vente) naissent l'*actio empti* et l'*actio venditi*, que de la *locatio-conductio* (louage) naissent l'*actio locati* et l'*actio conducti*, enfin que du contrat de société naît pour chacune des parties l'*actio pro socio*.

Le contrat synallagmatique imparfait est celui dans lequel il n'y a *ab initio* d'obligation produite et résultant directement du contrat que pour l'une des parties, mais dans lequel il peut arriver que des événements postérieurs se rattachant indirectement au contrat, parce qu'ils ne seraient pas arrivés si le contrat n'eût pas existé, créent des obligations pour l'autre partie. A vrai dire, ces contrats sont unilatéraux : aussi sont-ils traités comme tels dans

(1) Loi 32, D., *De creb. red.* (XII, 1).

les législations modernes ; mais en droit romain, ils étaient considérés comme synallagmatiques : ils ne produisaient pas de *condictio* et donnaient lieu à deux actions, l'une actuelle et l'autre éventuelle, la première accordée à celui qui était créancier immédiatement, la seconde naissant des événements qui rendaient l'autre partie créancière à son tour : ces deux actions portaient chacune le même nom, mais la première était dite *directa* et la seconde *contraria*. Ces contrats étaient au nombre de quatre : le *commodatum*, d'où les actions *commodati directa* et *commodati contraria ;* le *depositum*, d'où les actions *depositi directa* et *depositi contraria;* le *pignus*, d'où les actions *pigneratitia directa*, et *pigneratitia contraria*, enfin le *mandatum*, d'où les actions *mandati directa* et *mandati contraria*. (1)

Il est important de savoir que ces contrats n'étaient pas considérés à Rome comme unilatéraux, parce que l'action qui résulte des contrats unilatéraux, la *condictio*, est *stricti juris*, et qu'en raison des pouvoirs restreints du juge de cette action, le contrat d'où elle naît s'interprète strictement, ce qui la plupart du temps est favorable au débiteur, tandis que les actions nées des contrats synallagmatiques sont *bonæ fidei*. Le juge de ces actions reçoit du préteur dans la formule le pouvoir de prononcer entre les parties *ex æquo et bono :* il suit de là que les contrats synallagmatiques, dans lesquels il faut faire entrer même ceux qui ne le sont qu'imparfaitement, seront interprétés plus largement que les contrats unilatéraux. Le juge des actions, nées de ces contrats de bonne foi, doit tenir compte de l'équité et de l'usage : *ea quæ sunt moris et consuetudinis in bonæ fidei judiciis debent venire* (2).

Le *mutuum* était donc considéré à Rome comme un contrat unilatéral : certains jurisconsultes modernes le considèrent

(1) Il y aussi des opérations juridiques desquelles naissent immédiatement *quasi ex contractu* des obligations pour une personne, et desquelles peuvent éventuellement naître *ex post facto* des obligations pour l'autre partie. C'est ce qui arrive dans la tutelle et dans la gestion d'affaires : d'où les actions *tutelæ directa* et *tutelæ contraria*, *negotiorum gestorum directa* et *negotiorum gestorum contraria*.

(2) L. 31, § 20, D., *De ædilit. edic.* (XXI, 1.). Comp. C. Nap., art 1134, 1159, 1160.

comme synallagmatique, et tel paraît avoir été le sentiment des rédacteurs du Code Napoléon. Nous trouvons, en effet, dans le chapitre de ce Code qui traite du prêt de consommation ou *mutuum* une section intitulée : *Des obligations du prêteur,* et une section intitulée : *Des engagements de l'emprunteur*, et nous lisons ce qui suit dans les articles 1898 et 1891 :

Art. 1898. « Dans le prêt de consommation, le prêteur est tenu » de la responsabilité établie par l'art. 1891 pour le prêt à » usage. »

Art. 1891. « Lorsque la chose prêtée a des défauts tels qu'elle » puisse causer du préjudice à celui qui s'en sert, le prêteur est » responsable, s'il connaissait les défauts et n'en a pas averti » l'emprunteur. »

En droit romain, si nous supposons que les choses prêtées soient vicieuses et n'aient été d'aucune utilité à l'emprunteur, l'exception de dol le protégera contre la *condictio* du créancier ; mais il peut arriver que non-seulement les choses prêtées n'aient procuré aucune utilité à l'emprunteur, mais encore qu'elles lui aient occasionné des pertes. On lui a, par exemple, prêté du vin aigri ou moisi, et il l'a mélangé avec du bon vin, qui s'est gâté par ce contact. Dans ce cas, l'exception de dol ne lui suffit pas; en conséquence on lui accorde, selon les cas, *l'actio de dolo* ou une *actio in factum.* En effet, il y a ici de la part du prêteur une obligation, qui ne naît nullement du contrat, mais de son dol ou de sa faute.

La théorie du *mutuum* ne serait pas complète, si l'on ne recherchait d'après quels principes des intérêts (*usuræ*) peuvent être dus par l'emprunteur au prêteur. Les intérêts peuvent être ou moratoires, c'est-à-dire dus par un débiteur à raison de sa mise en demeure et depuis cette mise en demeure, ou conventionnels, c'est-à-dire dus par le débiteur en vertu soit d'un pacte, soit d'une stipulation. En ce qui touche les intérêts moratoires, il n'en est jamais dû en matière de *mutuum;* car tel est à Rome le principe qui régit les contrats *stricti juris.* Le contraire est néanmoins soutenu, et certains interprètes pensent que le débiteur poursuivi par une action *stricti juris* devait les intérêts moratoires à partir de la *litis contestatio*. Pour bien discuter ce point controversé, il faut examiner dans quels cas un débiteur devait, indépendamment de la chose objet principal de son obligation, les fruits naturels ou industriels de cette chose, les fruits *ex ipsa re venientes*. En effet, toute la doctrine de nos adversaires consiste à soumettre aux mêmes règles les fruits *ex ipsa re venientes* et les intérêts. Voyons donc dans quels cas les fruits étaient dus. Dans les contrats *bonæ fidei* l'assimilation entre les fruits et les intérêts était admise : ils étaient dus les uns et les autres *ex mora* (1). Dans ce cas, le taux des intérêts était fixé par les usages du pays dans lequel le contrat avait eu lieu. Dans les actions *stricti juris* il fallait, quant aux fruits, distinguer entre le cas où le créancier venait *condicere quod suum fuit*, et le cas où il venait *condicere quod suum non fuit*. Dans le premier cas, les fruits étaient dus *ex mora* (2). Dans le second cas, le créancier n'avait pas droit aux fruits *ex mora ;* mais il y avait droit *ex litis contestatione*, parce que les jurisconsultes pensaient qu'il était équitable de mettre le créancier dans la même situation que si justice avait pu lui être rendue immédiatement après la *litis contestatio*. C'est ce qui résulte du texte suivant :

L. 38, § 7, D., *De usuris et fruct.* (XXII, 1).

PAULUS, lib. 6, ad Plautium.

Si actionem habeam ad id consequendum, quod meum non fuit, veluti ex stipulatu, fructus non consequar, etiam si mora facta sit. Quod si acceptum est judicium, tunc Sabinus et Cassius ex æquitate fructus quoque post acceptum judicium præstandos putant, ut causa restituatur : quod puto recte dici.

PAUL, sur Plautius, livre 6.

Si j'ai une action pour réclamer ce qui ne m'a jamais appartenu, par exemple, en vertu d'une stipulation, je n'obtiendrai pas les fruits, alors même qu'il y aurait eu demeure. Que si la formule a été délivrée, alors Sabinus et Cassius pensent qu'il est équitable que les fruits soient prestés à partir de la délivrance de la formule, de sorte que les parties soient mises dans le même état que

(1) L. 32, § 2, D., *De usuris et fruct.* (XXII, 1.)
(2) L. 38, §§ 1, 2, 3, D., *De usuris et fruct.* (XXII, 1).

si justice leur avait été rendue immédiatement. J'approuve cette opinion.

Nous pensons que les règles que nous venons d'exposer n'étaient applicables, lorsque l'action était *stricti juris*, qu'aux fruits *ex ipsa re venientes*, et que des intérêts moratoires n'étaient jamais dus même *lite contestata*. L'assimilation des fruits et des intérêts n'est vraie que dans les *actiones bonæ fidei*. Les interprètes qui admettent cette assimilation en ce qui touche les *actiones stricti juris*, s'appuient sur les lois 34 et 35 D., DE USURIS ET FRUCT. (XXII, 1). Voici d'abord le texte de la loi 34 :

L. 34, D., *De usuris et fruct*. (XXII, 1.)

ULPIANUS, lib. 15, ad Edictum.

Usuræ vicem fructuum obtinent : et merito non debent a fructibus separari : et ita in legatis, et fideicommissis, et in tutelæ actione et in cæteris judiciis bonæ fidei servatur. Hoc idem (igitur) in cæteris obventionibus dicemus.

ULPIEN, sur l'Edit, livre 15.

Les intérêts tiennent la place des fruits, et doivent dès lors recevoir les mêmes principes ; il en est ainsi en matière de legs, de fidéicommis, dans l'action de tutelle et dans les autres actions de bonne foi. Cette règle doit être appliquée aux autres fruits civils.

Si l'assimilation des fruits et des intérêts eût été la règle et dans les actions de bonne foi et dans les actions *stricti juris*, Ulpien eût-il dit : *et in cæteris judiciis bonæ fidei servatur ?* Mais, répond-on, le legs, lorsqu'il produit un droit de créance, engendre une *condictio*, et Ulpien applique la maxime *usuræ vicem fructuum obtinent* aux legs, puisqu'il nous dit *et ita in legatis*. Nous répondons, qu'il y avait dans le texte primitif d'Ulpien, *et ita in legatis sinendi modo*. En effet, Gaius nous apprend dans ses institutes que le créancier *ex legato* ne pouvait pas, en principe, exiger des intérêts, ce qui est parfaitement conforme à notre doctrine ; mais il nous apprend en même temps qu'exceptionnellement le *legatum sinendi modo* était traité, en ce qui touche les intérêts, comme les fidéicommis dans lesquels les intérêts étaient dus *ex mora*. Il est dès lors certain que les compilateurs bysantins ont supprimé dans le texte d'Ulpien les mots *sinendi modo*. Justinien, en effet, ne reconnaît plus qu'une seule espèce de legs, et comme il veut que tout légataire ait désormais autant d'avantage qu'il en avait autrefois dans le legs le plus favorisé, il a, au point de vue des intérêts, assimilé tous les legs au legs *sinendi modo*. Voici le passage de Gaius auquel nous venons de faire allusion :

GAII Institutionum comm. II, § 280.	**GAIUS, Institutes, Comm. II, § 280.**
Fideicommissorum usuræ et fructus debentur, si modo moram solutionis fecerit qui fideicommissum debebit ; legatorum vero usuræ non debentur, idque rescripto divi Hadriani significatur. Scio tamen Juliano placuisse in eo legato quod sinendi modo relinquitur, idem juris esse quod in fideicommissis : quam sententiam et his temporibus magis obtinere video.	Les intérêts et les fruits des fidéicommis sont dus toutes les fois que le débiteur du fidéicommis a été en retard de payer, mais les intérêts des sommes léguées ne sont pas dus, ce que décide expressément un rescript de feu l'empereur Adrien. Je sais cependant que Julien décidait que le principe qui régit les fidéicommis devait aussi être appliqué au legs *sinendi modo* ; c'est cette opinion que je vois être la plus accréditée aujourd'hui.

Ce passage de Gaius suffit pour repousser victorieusement le premier argument de nos adversaires. Passons à l'argument qu'ils tirent de la loi 35, D., DE USURIS ET FRUCT. (XII, 1). Ce texte est emprunté à Paul, *lib.* 57, *ad Edictum;* il ne contient que les quatre mots suivants : *Lite contestata usuræ currunt*, posant ainsi, dit-on, un principe général, puisqu'il ne distingue pas entre les diverses classes d'actions.

Ce texte ne peut s'expliquer que si on le réunit à la loi 18, D., DE NOVATIONIBUS ET DELEGATION. (XLVI, 2), laquelle est aussi tirée de Paul, *lib.* 57, *ad Edictum*. Elle est ainsi conçue : *Novatione legitime facta, liberantur hypothecæ et pignus, usuræ non currunt*. Il est évident que le jurisconsulte ajoutait : *lite contestata usuræ currunt*. Il comparait, comme il le fait ailleurs (1),

(1) L. 29. D., *De novationibus et deleg.* (XLVI, 2).

la novation volontaire avec les effets de la *litis contestatio*. S'il y a novation volontaire, disait-il, les intérêts qui étaient en train de courir, par exemple, en vertu d'une stipulation, cessent de courir. Au contraire la *litis contestatio* n'arrête pas le cours des intérêts. Telle était certainement l'idée du jurisconsulte, et dès lors le texte qui nous était opposé ne prouve rien contre nous. Bien plus, il existe un texte de Pomponius que l'opinion adverse ne peut expliquer.

L. 121, D., *De verborum signif.* (L, 16).

POMPONIUS, **lib. 6, ad Quintum Mucium.**	**POMPONIUS,** **sur Quintus Mucius, livre 6.**
Usura pecuniæ quam percipimus, in fructu non est ; quia non ex ipso corpore, sed ex alia causa est, id est, nova obligatione.	Les intérêts d'une somme que nous percevons ne sont pas des fruits, parce qu'ils ne sont pas produits par la chose due, mais au contraire forment l'objet d'une autre obligation.

Si les intérêts sont, comme on le prétend, toujours assimilés aux fruits, que signifie le texte de Pomponius, à quel cas s'applique-t-il ?

D'après les textes, la décision, qui dans les actions de droit strict attribue au créancier les fruits du jour de la *litis contestatio*, est basée sur l'équité (1). Les lenteurs nécessaires de la justice, et la résistance mal fondée qui a été opposée à la demande, ne doivent pas nuire au créancier ; celui-ci doit être placé dans la même situation que si on avait pu lui rendre justice au moment même de la *litis contestatio*. Cette raison ne s'applique pas aux intérêts d'une somme d'argent. La chose que je viens *condicere* a produit chez le débiteur des fruits qu'elle eût également produits chez moi, c'est certain et évident. Tout au contraire pour la somme d'argent, rien ne prouve qu'elle eût entre mes mains produit des intérêts. Il eût fallu un

(1) Voir *supra* L. 38, § 7, D., *De usuris et fructibus* (XXII, 1).

certain temps pour trouver à la placer, et surtout pour trouver à la placer sûrement dans un pays où les hypothèques générales sur biens présents et à venir étaient fréquentes et occultes. « J'aurais retiré de cette somme des intérêts, dit le créancier. — » Ce n'est pas sûr, répond le débiteur, vous n'auriez pu la placer » sans courir les risques de l'insolvabilité de l'emprunteur, et » vous qui prétendez que vous auriez gagné des intérêts, vous » auriez peut-être perdu intérêts et capital. » Il est vrai que dans les contrats *bonæ fidei* les intérêts étaient dus *ex mora*, mais c'était parce que les parties étaient censées s'être référées à l'usage des lieux, et que *ea quæ sunt moris et consuetudinis in bonæ fidei judiciis debent venire* (1). Aussi le taux de ces intérêts était-il fixé *ex more regionis.*

Il faut donc décider que dans les contrats *stricti juris* et spécialement dans le *mutuum* les intérêts n'étaient dus au créancier ni *ex mora,* ni *ex litis contestatione* (2).

Passons aux intérêts conventionnels. Les principes applicables au *mutuum* sont ici certains et hors de toute controverse. L'emprunteur ne peut devoir des intérêts qu'en vertu d'une stipulation; par suite d'un simple pacte il ne les devrait que naturellement. Dans quelques cas exceptionnels, le pacte par lequel les intérêts auraient été promis produit action. Ces cas exceptionnels sont les prêts faits par les villes, les prêts de denrées, le *nauticum fœnus* et plus généralement tout prêt dans lequel les sommes prêtées sont aux risques du créancier. Le principe général, qui en cette matière régit le *mutuum*, n'est que l'application de la théorie générale des pactes adjoints (*pacta adjecta*) à un contrat *stricti juris*. Nous saisissons cette occasion d'exposer, à titre d'épisode et sauf à revenir ensuite à la matière du *mutuum*, la théorie des *pacta adjecta* ou *in continenti*, ou *ex post facto* à un contrat, soit *bonæ fidei*, soit *stricti juris.*

(1) L. 31, § 20, D., *De ædilitio edicto* (XXI, 1).

(2) Au point de vue qui vient de nous occuper, les *obventiones* ou autres fruits civils, tels que les loyers d'une maison, d'un navire, etc., doivent être assimilés aux fruits *ex ipsa re venientes,* et non aux intérêts (*usuræ*). Les *usuræ* sont ici opposées à toute autre espèce de fruits.

Ainsi que nous venons de le dire, un pacte peut avoir été ajouté à un contrat *ex post facto* ou *in continenti*.

Les pactes ajoutés *ex post facto* ne produisent pas d'action, qu'ils aient été ajoutés à un contrat *bonæ fidei*, ou à un contrat *stricti juris;* tel est le principe général. Néanmoins les contrats parfaits *solo consensu*, lesquels sont *bonæ fidei*, présentent à cet égard une singularité : les obligations qui naissent de ces contrats peuvent s'éteindre *solo consensu*; c'est là un mode d'extinction qui leur est spécial. Ce mode d'extinction ne peut intervenir utilement qu'autant que le contrat n'a été exécuté par aucune des parties (*rebus adhuc integris*), et la convention par laquelle il s'opère doit porter sur toutes les obligations nées du contrat, en un mot sur le contrat tout entier.

Just. Institutionum lib. III, *tit.* XXIX.

§ 4. Hoc amplius, eæ obligationes quæ consensu contrahuntur, contraria voluntate dissolvuntur; nam si Titius et Seius inter se consenserint, ut fundum Tusculanum emptum Seius haberet centum aureorum, deinde re nondum secuta, id est, neque pretio soluto neque fundo tradito, placuerit inter eos ut discederetur ab ea emptione et venditione, invicem liberantur. Idem est in conductione et locatione, et in omnibus contractibus, qui ex consensu descendunt.

Bien plus, les obligations qui se contractent par le consentement, se dissolvent par une volonté contraire; car s'il a été convenu entre Titius et Seius que Seius achète le fonds Tusculan, moyennant cent pièces d'or, et qu'ensuite les choses étant encore entières, c'est-à-dire le prix n'ayant pas été payé et le fonds n'ayant pas été livré, il soit convenu entre eux qu'ils abandonnent la vente précédemment contractée, ils sont tous les deux libérés de leurs obligations. Il en est de même dans le louage et dans tous les contrats qui se forment par le seul consentement.

De même que le contrat peut être supprimé, *rebus adhuc integris*, *solo consensu*, de même il pourra être renouvelé, c'est-à-dire effacé et remplacé par un autre contrat également formé *solo consensu*.

L. 7, § 6, D., *De pactis* (II, 14).

ULPIANUS, lib. 4, ad Edictum.

Adeo autem bonæ fidei judiciis exceptiones postea factæ, quæ ex eodem sunt contractu, insunt, ut constet, in emptione cæterisque bonæ fidei judiciis, re nondum secuta posse abiri ab emptione. Si igitur in totum potest, cur non et pars ejus pactione mutari potest? Et hæc ita Pomponius, libro sexto ad Edictum scribit. Quod cum est (etiam) ex parte agentis pactio locum habet, ut et ad actionem proficiat, nondum re secuta, eadem ratione: nam si potest tota res tolli, cur non et reformari: ut quodammodo quasi renovatus contractus videatur? Quod non insubtiliter dici potest. Unde illud æque non reprobo, quod Pomponius libris Lectionum probat: posse in parte recedi pacto ab emptione: quasi repetita partis emptione. Sed cum duo heredes emptori exstiterunt, venditor cum altero pactus est, ut ab emptione recederetur: ait Julianus valere pactionem, et dissolvi pro parte emptionem, quoniam et ex alio contractu paciscendo alter ex heredibus adquirere sibi potuit exceptionem. Utrumque itaque recte placet, et quod Julianus et quod Pomponius.

ULPIEN, sur l'Edit, livre 4.

Les pactes intervenus après coup font tellement partie du contrat dans les actions de bonne foi, qu'il est constant que les choses étant entières, on peut de cette façon anéantir la vente ou tout autre contrat de bonne foi. Si donc on peut s'en départir pour le tout, pourquoi ne le pourrait-on pas pour partie? Et c'est ce que dit Pomponius, dans son livre sixième sur l'Édit. Puisqu'il en est ainsi et par la même raison, le pacte intervenu toutes choses entières, vaudra au point de produire une action: car, si le contrat peut être supprimé en entier, pourquoi ne pourrait-il pas être modifié, de telle sorte qu'il paraisse y avoir un contrat renouvelé? Ceci peut être dit sans subtilité. C'est pourquoi j'approuve également ce que Pomponius dit dans ses livres de leçons, à savoir, que l'on peut par un pacte s'éloigner pour partie de la vente, de telle sorte qu'elle soit répétée pour l'autre partie. Mais lorsque l'acheteur est mort laissant deux héritiers, et que le vendeur est convenu avec l'un d'eux de se départir de la vente, Julien dit que le pacte est valable et que la vente est dissoute en partie, parce que dans tout autre contrat l'héritier aurait pu par un pacte acquérir pour lui une exception. J'approuve ce que dit Julien et ce que dit Pomponius.

On peut donc dans les contrats dont nous nous occupons se servir d'un pacte *ex post facto*, mais intervenu *rebus adhuc inte-*

gris, pour substituer au contrat primitif un nouveau contrat. Voyons quelles sont les conditions nécessaires pour que ce renouvellement du contrat puisse avoir lieu. Le renouvellement du contrat par un pacte ne se produit qu'autant que ce pacte vient modifier la *substantia contractus*, c'est-à-dire les conditions essentielles à l'existence du contrat dont il s'agit. Si, au contraire, le pacte intervenu *ex post facto*, même *rebus adhuc integris*, ne touche qu'à ce qui est de la nature du contrat ou à une clause accidentelle, en un mot à ce que Papinien appelle, ainsi que nous le verrons tout à l'heure, des *adminicula*, le renouvellement du contrat ne s'opère pas : ce pacte ne fait pas partie du contrat; il ne produit pas d'action et n'a de force qu'*exceptionis ope*.

Prenons pour exemple le contrat de vente. Un pacte intervenu *ex post facto, rebus adhuc integris*, vient modifier le prix en l'augmentant ou en le diminuant, ou bien ce pacte vient substituer à la chose vendue primitivement une autre chose vendue, ou bien encore il vient dire qu'il n'y a qu'une partie de la chose qui sera vendue pour un prix moindre; dans tous ces cas, on touche aux choses essentielles à l'existence du contrat de vente, à la *substantia contractus*; dès lors on dira que les parties se sont éloignées du premier contrat pour en former un second *solo consensu*. Mais si le pacte s'attaquait seulement à une obligation qui n'est que de la nature de ce contrat, par exemple à l'obligation de garantir, ce pacte suivrait les règles ordinaires, et en conséquence il ne produirait pas d'action, et la partie au profit de laquelle il est intervenu ne pourrait en argumenter que par voie d'exception, si elle était défenderesse.

L. 72, pr., D., *De contrah. empt.* (XVIII, 1).

PAPINIANUS, lib. 10 Quæstionum.	**PAPINIEN**, livre 10 des Questions.
Pacta, quæ postea facta detrahunt aliquid emptioni, contineri contractu videntur : quæ vero adjiciunt, credimus (hoc) non inesse. Quod locum habet in his quæ adminicula sunt emptionis, veluti *ne*	Les pactes intervenus après coup, qui enlèvent quelque chose à la vente, sont considérés comme parties intégrantes du contrat; ceux, au contraire, qui y ajoutent n'en font point partie, ce qui a lieu pour ceux qui

cautio duplæ præstetur, aut, *ut cum fidejussore cautio duplæ præstetur:* sed quo casu agente emptore non valet pactum, idem vires habebit jure exceptionis agente venditore. Anidem dici possit, aucto postea vel diminuto pretio, non immerito quæsitum est; quoniam emptionis substantia constitit ex pretio. Paulus notat, si omnibus integris manentibus, de augendo vel diminuendo pretio rursum convenit, recessum a priore contractu. et nova emptio intercessisse videtur.

touchent aux adminicules de la vente; par exemple, *que le vendeur ne sera pas tenu de fournir la promesse du double*, ou *que le vendeur sera tenu de fournir la promesse du double avec un fidéjusseur*. Mais au cas où le pacte ne produit pas une action au profit de l'acheteur, il produit au profit de cet acheteur une exception pour repousser l'action du vendeur. La même chose peut-elle être dite, lorsque le pacte intervenu après coup a augmenté ou diminué le prix? C'est là une question sérieuse, parce que le prix est de l'essence de la vente. Paul ajoute en note : Si, toutes choses étant encore entières, on est convenu postérieurement au contrat d'une augmentation ou d'une diminution de prix, les parties sont considérées comme s'étant départies du premier contrat et comme ayant formé une nouvelle vente.

Le pacte intervenu *ex post facto*, *rebus adhuc integris*, à l'occasion d'un contrat parfait *solo consensu*, produit donc une exception, s'il a trait à des *adminicula*, et un nouveau contrat, s'il porte sur la *substantia contractus*. Mais que décider si l'une des parties ayant exécuté son obligation, un pacte intervient disant que l'autre partie ne sera pas tenue d'exécuter à son tour le contrat, mais au contraire devra rendre ce qu'elle a reçu, de telle sorte que le contrat soit anéanti? La réponse à cette question se trouve dans le texte suivant :

L. 58, *De pactis* (II, 14).

NERATIUS, lib. 3 membranarum.

Ab emptione-venditione, locatione-conductione, cæterisque similibus obligationibus, quin integris omnibus

NERATIUS, livre 3 de ses parchemins.

Il n'est pas douteux que ceux qui se sont obligés ne puissent, toutes choses étant entières, se départir

consensu eorum, qui inter se obligati sint, recedi possit, dubium non est. Aristoni hoc amplius videbatur : si ea, quæ me ex empto præstare tibi oporteret, præstitissem, et cum tu mihi pretium deberes, convenisset mihi tecum, ut rursus præstitis mihi a te in re vendita omnibus, quæ ego tibi præstitissem, pretium mihi non dares; tuque mihi ea præstitisses : pretium te debere desinere: quia bonæ fidei, ad quam, omnia hæc rediguntur, interpretatio hanc quoque conventionem admittit. Nec quicquam interest, utrum integris omnibus in quæ obligati essemus, conveniret, ut ab eo negotio discederetur : an in integrum restitutis his, quæ ego tibi præstitissem, consentiremus, ne quid tu mihi eo nomine præstares. Illud plane conventione, quæ pertinet ad resolvendum id quod actum est, perfici non potest, ut tu, quod jam ego tibi præstiti, contra præstare mihi cogaris : quia eo modo non tam hoc agitur, ut a pristino negotio discedamus, quam ut novæ quædam obligationes inter nos constituantur.

d'un commun accord de la vente, du louage et de tous autres contrats semblables. Ariston admettait en outre ce qui suit : Je vous ai remis tout ce que je devais vous fournir en exécution de la vente, vous me devez encore le prix; nous convenons alors que vous me rendrez ce que je vous ai remis et que vous ne me donnerez pas le prix; vous avez exécuté ce pacte; vous ne me devez plus le prix, parce que l'interprétation de bonne foi à laquelle tous ces contrats doivent être ramenés, admet aussi cette convention. Et qu'importe que, les choses étant entières, nous soyons convenus de nous départir du contrat, ou qu'au contraire cette convention soit intervenue après que vous m'avez rendu ce que je vous avais prêté? Mais ce que l'on ne peut pas faire par une convention ayant pour but de résoudre le contrat, c'est que vous soyez obligé de me rendre ce que je vous ai remis, parce que de cette manière notre intention n'est pas tant de dissoudre le premier contrat que de créer entre nous de nouvelles obligations.

Ainsi donc, on ne peut dissoudre un contrat parfait *solo consensu* par un consentement contraire, ou lui substituer un nouveau contrat à l'aide d'un pacte touchant à la *substantia contractus* que *rebus adhuc integris*, ou *rebus in integrum restitutis : rebus adhuc integris*, c'est-à-dire alors qu'aucune des parties n'a exécuté ses obligations; *rebus in integrum restitutis*, c'est-à-dire après que celle des parties qui avait exécuté le contrat a reçu de l'autre restitution de ce qu'elle avait donné.

Les pactes adjoints intervenus *ex post facto* dans l'intention de diminuer l'obligation de l'une des parties, n'atteignaient pas leur but *ipso jure;* l'obligation n'était diminuée que *exceptionis ope*, même dans les contrats *bonæ fidei*. L'*exceptio pacti conventi*, qui naissait de ces pactes, n'étant autre chose qu'un cas particulier de l'*exceptio doli mali*, ou en d'autres termes, une *exceptio doli in factum scripta*, était sous-entendue dans les actions de bonne foi. Il y a cependant un grand intérêt à savoir que le pacte adjoint *ex post facto* ne diminue l'obligation née d'un contrat *bonæ fidei* que *exceptionis ope*, car pour être sous-entendue l'exception n'en existe pas moins. Et comme aux yeux du droit civil, l'obligation n'est pas diminuée, un simple pacte contraire au premier suffirait pour rendre à cette obligation toute son étendue primitive. Au contraire, si l'obligation était diminuée *ipso jure*, un simple pacte ne suffirait pas pour la ramener à son premier état; il faudrait un nouveau contrat. De même si l'obligation née d'un contrat *stricti juris* avait été diminuée par un pacte intervenu *ex post facto*, le débiteur devrait employer l'*exceptio pacti conventi*; et si un pacte postérieur contraire au premier avait redonné à l'obligation son étendue primitive, le créancier répondrait à l'*exceptio pacti conventi* par la *replicatio pacti conventi*. La théorie est donc semblable dans les deux cas avec cette différence toutefois que l'*exceptio* et la *replicatio* sous-entendues dans les *actiones bonæ fidei* doivent être insérées dans la formule d'une action *stricti juris* (1).

Si le pacte a été adjoint *in continenti* et qu'il soit intervenu *ad minuendam obligationem*, ce pacte diminuera l'obligation *ipso jure* dans les contrats *bonæ fidei*. En était-il de même dans les contrats *stricti juris*? La loi 40, D., DE REBUS CRED. (XII, 1) présente sur ce point une discussion entre Paul et Ulpien, en présence de Papinien, préfet du prétoire, dont ils étaient les assesseurs. Paul décide que l'obligation est diminuée *ipso jure*, Ulpien pense au contraire qu'elle n'est diminuée que *exceptionis ope*. L'opinion de Paul semble l'avoir emporté (2).

(1) Gaius, comm. IV, § 126.

(2) Voir Ulpien. L. 11, § 1, D., *De rebus cred.* (XII, 1). — On peut cependant dire que dans l'espèce de ce texte on aurait pu admettre l'opinion du jurisconsulte sans décider que le pacte adjoint *in continenti* à un contrat *stricti juris* diminue *ipso jure* l'obligation. En effet, pourrait-on dire, je

Si le pacte adjoint *in continenti* est intervenu *ad augendam obligationem*, il fait partie du contrat et produit l'action de ce contrat, lorsqu'il s'agit d'un contrat *bonæ fidei*. Sur ce point pas de difficulté (1). Une seule observation est nécessaire : on rencontre souvent dans les contrats parfaits *solo consensu* des pactes ayant pour but, quoiqu'ils soient adjoints *in continenti*, d'entraîner la résolution du contrat au cas où tel événement se réaliserait. Quelques jurisconsultes admettaient que la résolution étant accomplie, la retranslation de la propriété avait lieu de plein droit sans qu'il fût besoin d'une nouvelle tradition. En conséquence, ces jurisconsultes accordaient l'action réelle en vertu des pactes qui nous occupent (2) : ce n'était pas là, ainsi que nous le verrons plus tard, l'opinion générale. Étant donc admis que ces pactes ne produisent qu'une action personnelle, cette action sera-t-elle celle du contrat ? Oui, disent les Sabiniens. Les Proculiens, au contraire, n'admettaient pas l'action du contrat, disant que cette action faite pour forcer à l'exécution du contrat ne pouvait pas servir à le faire *désexécuter* (3), et ils accordaient l'action *præscriptis verbis*, action dont les Sabiniens n'admettaient pas l'existence. L'empereur Alexandre Sévère trancha la difficulté, il donna le choix entre l'action du contrat et l'action *præscriptis verbis* (4).

Que faut-il décider touchant les effets d'un pacte adjoint *in continenti ad augendam obligationem* à un contrat *stricti juris?* S'agit-il du *mutuum*, il est certain que, sauf les cas exceptionnels cités *supra*, le pacte adjoint *in continenti ad augendam obligationem* ne produit pas d'action (5). Faut-il étendre ce principe aux autres

vous prête dix à la condition que vous me rendrez neuf; vous ne me devez que neuf, parce qu'il y a *mutuum* de neuf et donation de un.

(1) L. 7, § 5, D., *De pactis* (II, 14).

(2) L. 41, pr., D., De *rei vind.* (VI, 1); L. 4, § 3, D., *De in diem addict.* (XVIII, 2); L. 29, D., *De mortis causa donat.* (XXXIX, 6).

(3) *Désexécuter*, barbarisme que nous employons à dessein pour bien faire comprendre notre idée.

(4) L. 2, C., *De pactis inter empt. et vendit. comp.* (IV, 54).

(5) L. 11, § 1, D., *De rebus creditis* (XII, 1); L. 17, pr., D., *De pactis* (II, 14).

contrats *stricti juris*, à la stipulation, par exemple? ou faut-il au contraire dire que dans la stipulation le pacte adjoint *in continenti* fait partie du contrat, *stipulationi inest*, et produit l'action de ce contrat? Les avis à cet égard sont partagés. Nous adoptons sans hésitation la première de ces décisions. L'opinion adverse est aujourd'hui plus généralement suivie. Le principe que le pacte *in continenti* ne produit pas d'action n'était vrai, dit-on, dans le dernier état du droit classique qu'à l'égard du *mutuum*; en matière de stipulation un pareil pacte était productif d'action. Le nombre et la haute réputation scientifique de nos adversaires ne doit pas faire croire au lecteur que notre système est aventureux et novateur. Tout au contraire, ce sont nos honorables et savants contradicteurs qui innovent, et c'est nous qui persistons dans la doctrine suivie par les anciens interprètes du droit romain (1).

Nous admettons ici une différence fondamentale entre les contrats *bonæ fidei* et les contrats *stricti juris*. Dans les premiers, le pacte *in continenti* est sanctionné par l'action même du contrat; dans les seconds, il ne produit aucune action. Ce qui prouve cette différence profonde entre les deux classes de contrats, c'est qu'Ulpien nous dit : « *interdum format ipsam actionem* (*nuda* « *pactio*), *ut in bonæ fidei judiciis; solemus enim dicere pacta* « *conventa inesse bonæ fidei judiciis* (2). » Pourquoi le jurisconsulte restreint-il sa proposition aux contrats de bonne foi? Si le système que nous combattons était vrai, Ulpien aurait dû dire : *in omnibus contractibus excepta mutui datione*, ou bien *in omnibus judiciis excepta condictione quæ ex mutui datione oritur*. En effet, dans le système adverse, le principe qui nous est présenté par Ulpien comme particulier aux contrats de bonne foi, devient tout à fait général, sauf l'exception admise en ce qui touche le *mutuum*, laquelle admet elle-même d'assez nombreuses exceptions.

Dans la stipulation le débiteur était très-souvent à Rome un donateur, il promettait *animo donandi*; ne serait-il pas extraor-

(1) Voir Pothier, *Pandectæ in novum ordinem, ad titulum* DE PACTIS, n° 38 à 40.

(2) L. 7. § 5. *De pactis* (II. 14).

dinaire que le pacte adjoint à sa promesse produisît une action permettant au donataire d'exiger des intérêts de la somme promise, tandis que le pacte adjoint au *mutuum* ne permettrait pas d'exiger ces mêmes intérêts? Comment comprendre qu'un donateur fût plus rigoureusement traité qu'un emprunteur?

Très-souvent aussi on ajoutait une stipulation au *mutuum*, ce qui avait lieu dans la pratique romaine sans aucune intention de nover l'obligation née du *mutuum*. Dans le système de nos adversaires, la stipulation ainsi ajoutée au *mutuum* aurait dû rendre productif d'action tout pacte intervenu *in continenti ad augendam obligationem*, et cependant nous trouvons partout dans les textes : 1° un *mutuum*, 2° une stipulation de la somme prêtée, 3° une seconde stipulation ayant trait aux intérêts (1).

Voyons maintenant les arguments de l'opinion adverse.

On prétend d'abord que la raison pour laquelle le pacte adjoint *in continenti ad augendam obligationem* ne produit pas d'action dans le *mutuum* est spéciale à ce contrat. Paul la donne en ces termes : *re enim non potest obligatio contrahi, nisi quatenus datum sit* (2). Or, cette raison est au contraire très-générale; elle est

(1) L. 40, D., *De rebus cred.* (XII, 1); L. 126, § 2, D., *De verb. oblig.* (XLV, 1). — Pourquoi dans la pratique romaine ajoutait-on au *mutuum* une stipulation du capital prêté? On agissait ainsi pour éviter au créancier la nécessité de prouver qu'il avait transféré la propriété des écus prêtés. D'après les principes rigoureux, le créancier eût été obligé de faire cette preuve toujours difficile, puisqu'il était de l'essence du *mutuum* qu'il y eût *datio* (*ex meo tuum*). Il est vrai que l'*exceptio non numeratæ pecuniæ*, dont usait le débiteur, remettait la preuve à la charge du créancier, mais seulement la preuve de la *numeratio nummorum* bien plus facile à faire que celle de la *datio*. Ainsi donc le créancier remplace la preuve de la *datio* par celle de la stipulation et de la *numeratio nummorum*, et, cette double preuve faite, il obtient condamnation. Il serait cependant contraire à l'équité que le défendeur fût condamné, parce qu'il y a eu stipulation et *numeratio nummorum*, s'il n'est pas devenu propriétaire des écus qu'on lui a comptés. S'il en est ainsi, il négligera l'*exceptio non numeratæ pecuniæ* et opposera l'*exceptio doli*; il perdra en agissant de la sorte l'avantage de mettre la preuve à la charge de son adversaire, mais il évitera la condamnation, s'il parvient à prouver qu'il n'est pas devenu propriétaire des écus prêtés.

(2) L. 17, pr., D., *De pactis* (II, 14).

tirée des entrailles mêmes de la théorie de la *causa civilis obligationis*. Le principe général est, en effet, que le seul consentement n'oblige pas civilement. Il n'y a contrat et obligation civile, c'est-à-dire sanctionnée par une action, qu'autant qu'au fait de la convention vient s'ajouter une *causa civilis obligationis*. Or, dans le *mutuum* la *causa civilis obligationis* est la *datio*; donc l'obligation civile ne peut naître que dans la mesure de cette *datio*. Mais semblablement dans la stipulation la *causa civilis obligationis* consiste dans la forme d'une demande et d'une réponse concordantes; et de même que Paul nous a dit: *re enim non potest obligatio contrahi, nisi quatenus datum sit*, l'on pourrait dire avec tout autant de vérité : *verbis enim non potest obligatio contrahi, nisi quatenus promissum sit*. Si dans les contrats de bonne foi la théorie de la *causa civilis obligationis* ne s'oppose pas à ce que le pacte *in continenti* intervenu *ad augendam obligationem*, produise l'action du contrat, c'est, d'une part, que certains de ces contrats étant parfaits *solo consensu*, il est dès lors naturel que les pactes adjoints *in continenti* en fassent partie intégrante, et d'autre part, c'est que même dans ceux qui se forment *re*, l'action du contrat donne au juge le pouvoir et lui impose le devoir de rechercher *quidquid ob eam rem Numerium Negidium ex bona fide ejus Aulo Agerio dare facere oportet*. C'est pourquoi dans le dépôt irrégulier, dont nous parlerons plus tard, lequel consistait dans le dépôt d'une somme, qui devait être rendue à première réquisition, mais sans que le dépositaire fût tenu de rendre *eosdem nummos*, un simple pacte intervenu *in continenti* suffisait, de l'avis de Paul lui-même, pour que le déposant pût exiger des intérêts (1). On aurait pu cependant dire ici : *re non potest obligatio contrahi nisi quatenus datum sit*. On ne le dit pas, parce que le déposant agira par l'*actio depositi directa* et à cause de la rédaction de l'*intentio* de cette action qui est *bonæ fidei*. Lorsque Paul s'exprime ainsi à propos du *mutuum*, il n'entend donc pas exprimer une règle spéciale aux contrats *re*, puisqu'il refuse d'appliquer cette règle au dépôt irrégulier (2), mais bien une conséquence de la théorie générale de la *causa*

(1) L. 24 et L. 26, § 1, D., *Depositi vel contr*. (XVI, 3).
(2) L. 26, § 1, D., *Depositi vel contr*. (XVI, 3).

civilis obligationis; entendue ainsi, la raison donnée par Paul doit être étendue à tous les contrats *stricti juris*.

Nos adversaires tirent leur second argument du texte suivant :

L. 1, § 3, D., *De verb. oblig.* (XLV, 1).

ULPIANUS, lib. 48, ad edictum.

Si quis simpliciter interrogatus responderet, *si illud factum erit, dabo*, non obligari eum constat. Aut si ita interrogatus, *intra calendas quintas*, responderit, *dabo idibus*, æque non obligatur. Non enim sic respondit, ut interrogatus est. Et versa vice si interrogatus (fuerit) sub conditione, responderit pure : dicendum erit eum non obligari. Cum adjicit aliquid vel detrahit obligationi, semper probandum est vitiatam esse obligationem : nisi stipulatori diversitas responsionis illico placuerit : tunc enim alia stipulatio contracta esse videtur.

ULPIEN, sur l'édit, livre 48.

Si quelqu'un interrogé simplement a répondu, *je donnerai si telle chose est faite*, il est certain qu'il n'est pas obligé. Ou, si interrogé ainsi : *donnerez-vous avant le cinquième jour des calendes*, il a répondu : *je donnerai aux ides*, il n'est point obligé ; car il n'a pas répondu comme il a été interrogé. En sens inverse s'il a été interrogé sous condition, et qu'il ait répondu purement, il faudra dire qu'il n'est pas obligé. Toutes les fois que le promettant ajoute ou retranche quelque chose à l'obligation, il faut toujours décider que l'obligation est viciée, à moins que la différence entre la demande et la réponse ne soit immédiatement acceptée par le stipulant ; car alors il paraît être intervenu une nouvelle stipulation.

La demande et la réponse dont se compose une stipulation, doivent être concordantes, *inter se congruentes*. Si dans sa réponse le promettant a ajouté, retranché ou modifié quelque chose à l'interrogation, la stipulation est inutile. Rigoureusement il faudrait recommencer l'opération. Ulpien nous dit que si immédiatement après une stipulation viciée par le défaut de concordance entre la demande et la réponse, les modifications apportées par le promettant sont acceptées par le stipulant, la stipulation devient valable ; le vice dont elle était travaillée est purgé. Nos adversaires tirent de cette décision d'Ulpien un argument *a fortiori* en faveur de leur système. Si, disent-ils, un pacte *in continenti* peut avoir pour effet de créer l'obligation elle-même en rendant valable une stipulation nulle, il doit *a fortiori* pouvoir augmenter l'obligation valable née d'une stipulation régulière à laquelle il serait ajouté. Cet argument ne nous semble ni logique ni concluant. Autre chose est une décision qui permet de régulariser par un pacte intervenu *illico* une stipulation irrégulière, afin d'éviter aux parties la nécessité de recommencer la stipulation tout entière, autre chose est, lorsqu'une stipulation a été régulièrement faite et a engendré une obligation, la décision qui attacherait une action au pacte ajouté *in continenti* à cette stipulation *ad augendam obligationem*. Nous ne voyons rien qui oblige logiquement à tirer la dernière de ces décisions de la première; la preuve en est que le jurisconsulte ne base pas sa décision sur la présence d'un pacte *in continenti*, mais sur ce qu'il paraît y avoir une nouvelle stipulation : *tunc enim*, dit-il, *alia stipulatio contracta esse videtur*. Ce texte nous permet de faire disparaître la différence existant entre la demande et la réponse, afin de les rendre adéquates ; mais si elles sont déjà adéquates, il ne nous permet rien.

Nous arrivons maintenant à l'argument tiré d'une loi célèbre connue sous le nom de loi *Lecta*. A voir la ténacité avec laquelle les meilleurs esprits prétendent argumenter de cette loi dans l'intérêt du système que nous combattons, on est véritablement porté à croire qu'elle sera éternellement la *lex lecta, sed non intellecta*. Il est impossible de bien saisir la portée de ce texte si on ne l'étudie dans tous ses détails avec le plus grand soin. Il nous faut donc le citer *in extenso*, le traduire et le commenter.

L. 40, D., *De rebus creditis* (XII, 1).

PAULUS, lib. 3 Quæstionum.	**PAUL, livre 3 de ses Questions.**
Lecta est in auditorio Æmilii Papiniani, præfecti prætorio, jurisconsulti, cautio hujusmodi : « Lucius » Titius scripsi me accepisse a Publio	L'écrit probatoire suivant a été lu dans l'auditoire d'Emilius Papinien, préfet du prétoire, jurisconsulte : » Moi Lucius Titius ai reconnu par

» Mœvio quindecim mutua numerata » mihi de domo : et hæc quindecim » proba recte dari calendis futuris sti- » pulatus est Publius Mœvius, spo- » pondi ego Lucius Titius. Si die su- » prascripta summa Publio Mœvio, » eive ad quem ea res pertinebit, da- » ta, soluta, satisve eo nomine fac- » tum non erit, tunc eo amplius, quo » post solvam, pœnæ nomine, in » dies triginta, inque denarios cen- » tenos, denarios singulos dari sti- » pulatus est Publius Mœvius, spo- » pondi ego Lucius Titius : conve- » nitque inter nos, uti pro Mœvio ex » summa suprascripta menstruos re- » fundere debeam denarios tricenos » ex omni summa ei, heredive ejus. » Quæsitum est de obligatione usurarum : quoniam numerus mensum, qui solutioni competebat, transierat? Dicebam, quia pacta in continenti facta stipulationi inesse creduntur, perinde esse ac si per singulos menses certam pecuniam stipulatus, quoad tardius soluta esset, usuras adjecisset: igitur, finito primo mense, primæ pensionis usuras currere : et similiter post secundum et tertium tractum usuras non solutæ (pecuniæ) pensionis crescere: nec ante sortis non solutæ usuras peti posse, quam ipsa sors peti potuerat. Pactum autem, quod subjectum est, quidam dicebant ad sortis solutionem tantum pertinere, non etiam ad usurarum, quæ priore parte simpliciter in stipulationem venissent : pactumque id tantum ad exceptionem prodesse: et ideo, non soluta pecunia statutis pensionibus, ex die stipulationis usuras deberi, atque si id nominatim esset expressum. Sed cum sortis petitio dilata sit, consequens est, ut etiam usuræ ex eo tempore, quo

» écrit avoir reçu de Publius Mœ- » vius quinze cents, qu'il m'a comp- » tés et prêtés dans sa maison. » Publius Mœvius a stipulé que ces » quinze cents lui seraient exac- » tement rendus en monnaie loyale » aux calendes prochaines. Je l'ai » promis, moi Lucius Titius. Pour » le cas où, au jour dit, la somme sus- » dite n'aurait pas été payée à Pu- » blius Mœvius ou à ses successeurs » dans la créance, et où il ne lui » aurait pas été donné à ce titre une » autre satisfaction suffisante, Pu- » blius Mœvius a stipulé qu'il lui se- » rait payé en sus du capital et à » titre de peine, un denier par » chaque trente jours de retard et » par chaque cent deniers. Je l'ai » promis, moi Lucius Titius. Enfin » il a été convenu entre nous que » sur la somme susdite je payerai » chaque mois à Mœvius ou à son » héritier trois cents deniers jusqu'à » parfait payement. » Des difficultés se sont élevées à l'occasion des intérêts, parce que le nombre de mois qui avait été fixé pour le payement était écoulé. Je disais: puisque les pactes faits immédiatement sont considérés comme faisant partie de la stipulation, c'est comme si Publius Mœvius ayant stipulé une certaine somme payable par chaque mois avait ajouté des intérêts pour le retard apporté au payement de chacune de ces sommes. C'est pourquoi le premier mois étant expiré, les intérêts du premier terme courent, et de même après l'expiration du second et du troisième mois les intérêts des termes non payés viennent accroître l'obligation, et on ne peut pas exiger les intérêts d'un capital non payé.

moram fecit, accedant: et, si (ut ille putabat), ad exceptionem tantum prodesset pactum (quamvis sententia diversa obtinuerit), tamen usurarum obligatio ipso jure non committetur : non enim in mora est is, a quo pecunia propter exceptionem peti non potest. Sed si quantitatem, quæ medio tempore colligitur, stipulamur, cum conditio exstiterit, sicut est in fructibus, idem et in usuris potest exprimi, et ad diem non soluta pecunia, quod competit usurarum nomine, ex die interpositæ stipulationis præstetur.

alors que le capital lui-même ne pouvait pas être demandé. Mais quelques-uns disaient que le pacte intervenu entre les parties n'avait trait qu'au mode de payement du capital, et non à celui des intérêts, lesquels étaient venus simplement dans la stipulation mentionnée dans la première partie de l'écrit probatoire. Ils disaient en outre que le pacte ne produisait qu'une exception, et en conséquence ils décidaient que l'argent n'ayant pas été payé aux époques fixées, les intérêts en étaient dus à partir du jour fixé par la stipulation, comme si cela avait été expressément dit. Mais puisque le droit de demander le capital avait été différé, il en résulte que les intérêts ne pouvaient augmenter l'obligation principale qu'à partir du moment où il y avait eu retard du débiteur, et si (comme le pensait mon contradicteur) le pacte ne produisait qu'une exception (sur ce point l'opinion adverse a prévalu), néanmoins l'obligation des intérêts ne serait pas encourue de plein droit. En effet, n'est pas en demeure celui-là qui est protégé par une exception, qui paralyserait la demande du créancier. Mais si, pour le cas où une condition s'accomplirait, nous stipulons la quantité d'intérêts accumulés dans le temps intermédiaire, nous pouvons dire pour les intérêts comme pour les fruits, que si la somme n'est pas payée au jour dit, les intérêts seront dus à partir du jour de la stipulation.

L'espèce discutée dans le texte qui précède, espèce qui a donné lieu à une discussion entre les deux assesseurs de Papinien, nous présente quatre faits bien distincts. Elle s'analyse en trois contrats et un pacte intervenu *in continenti* : 1er contrat, *mutuum* de quinze cents deniers fait par Publius Mœvius à Lucius Titius ; 2e contrat, stipulation du capital payable aux calendes prochaines; 3e contrat, stipulation d'intérêts, à titre de peine pour le retard qui serait apporté au payement du capital ; ces intérêts sont fixés au taux de un pour cent par mois et doivent courir à partir du jour de l'échéance en cas de non-payement. Arrive enfin en quatrième lieu le pacte ajouté *in continenti*. Ce pacte, — remarquons-le bien, — intervient *ad minuendam obligationem :* en effet, il est convenu entre les parties que le débiteur, au lieu d'être tenu de payer la somme totale aux calendes prochaines, jouira de l'avantage de payer par fractions de trois cents deniers de mois en mois. Voilà les faits clairement exposés tels qu'ils résultent de l'écrit lu dans l'auditoire de Papinien.

Le texte ajoute : *Quæsitum est de obligatione usurarum, quoniam numerus mensum, qui solutioni competebat, transierat;* des difficultés se sont élevées à propos des intérêts; le temps accordé au débiteur pour payer est expiré, et le payement n'a pas été effectué. Quelles questions se sont donc élevées à propos de ces intérêts? Il en existe deux : une de fait et une de droit, questions qu'il importe de bien dégager, de bien distinguer, parce que Paul raconte la discussion qui a eu lieu entre lui et Ulpien, en mêlant la question de fait avec la question de droit.

La question de fait consiste à savoir quelle est la véritable portée du pacte, quelle a été à cet égard l'intention des parties. Il est certain qu'elles ont voulu modifier, quant à l'échéance, la stipulation qui a trait au capital. Mais ont-elles voulu modifier aussi la seconde stipulation, celle qui a trait aux intérêts promis à titre de peine pour le cas de retard? Si on répond non, il en résulte que par le seul fait du non-payement de trois cents deniers à la première échéance fixée par le pacte, la clause pénale aura été encourue pour la totalité des quinze cents deniers, et que les intérêts de ces quinze cents deniers courront à raison de un pour cent par mois, à partir de cette première échéance. Si on dit, au contraire, que par le pacte les parties ont entendu modifier les deux stipulations, le débiteur ne doit des intérêts que pour les sommes pour lesquelles il est en retard, ou en d'autres termes, en supposant que le débiteur n'ait effectué aucun payement, à partir de la première échéance il a commencé à devoir les intérêts de trois cents deniers, à partir de la deuxième échéance les intérêts de six cents deniers, à partir de la troisième échéance les intérêts de neuf cents deniers, et ainsi de suite. Voilà la question de fait sur laquelle Paul adopte la seconde opinion, celle qui décide que le débiteur ne doit pas les intérêts de la somme entière des quinze cents deniers, mais seulement les intérêts des sommes échues.

Venons maintenant à la question de droit. La diminution de l'obligation, quelle que soit son étendue, a-t-elle lieu *ipso jure* ou seulement *exceptionis ope?* Paul dit qu'elle a lieu *ipso jure*, Ulpien soutient le contraire. Pour exprimer son opinion, Paul dit dans le cours de la discussion, et il le dit très-nettement, que le pacte adjoint *in continenti* dans une stipulation est compris dans cette stipulation : *pacta in continenti facta stipulationi inesse creduntur*. Tels sont les termes dont argumentent nos adversaires. Mais ces termes doivent s'entendre *secundum subjectam materiam*. Paul dit bien que le pacte *in continenti* fait partie de la stipulation mais seulement pour le cas où le pacte intervient *ad minuendam obligationem;* il ne le dit pas pour le pacte intervenu *ad augendam obligationem;* c'est là une sorte de pacte dont il n'est pas question dans notre texte. La décision de Paul ne doit pas être généralisée. Ce jurisconsulte n'a en vue que la question de savoir quel est l'effet d'un pacte intervenu *ad minuendam obligationem*. La suite d'ailleurs va le montrer. Paul dit : « Puisque » les pactes intervenus *in continenti* sont considérés comme fai- » sant partie de la stipulation, c'est comme si, ayant stipulé tant » payable chaque mois, Publius Mœvius eût ajouté une stipula- » tion pour les intérêts, à titre de peine, des sommes que Lucius » Titius serait en retard de payer. » Paul décide donc : 1° que le pacte dont il est ici question diminue l'obligation *ipso jure;* 2° qu'en fait, ce pacte a modifié la clause pénale contenue dans la seconde stipulation ; il ne décide rien de plus. Paul continue : « Par conséquent, dit-il, le premier mois » expiré, les intérêts des trois cents deniers dont le payement » eût dû être effectué courent ; de même après le deuxième » et le troisième mois passés sans payement, le cours des in- » térêts s'augmente de ceux des nouvelles sommes pour les- » quelles le débiteur est maintenant en retard. Le créancier, » ajoute-t-il, ne pouvait pas, à titre de peine, demander les » intérêts de la partie du capital qu'il ne pouvait pas encore » exiger ; car pour cette partie le débiteur n'était pas en re- » tard. *Quidam dicebant*, quelques-uns (Ulpien et ceux qui » étaient de son avis) disaient que le pacte, qui avait été ajouté, » s'appliquait seulement à la première stipulation, c'est-à-dire » au mode de payement du capital, et non aux intérêts com- » pris seulement dans la seconde stipulation ; dans tous les » cas, ajoutait Ulpien, ce pacte n'aura d'effet qu'*exceptionis* » *ope*. »

Voilà la discussion telle que Paul la rapporte. Ulpien soutient : 1° qu'en fait, le pacte ne modifie que la première stipulation ; 2° qu'en droit, il ne diminue l'obligation qu'*exceptionis ope*. Donc son contradicteur Paul soutient les deux propositions inverses : 1° en fait, le pacte modifie les deux stipulations ; 2° en droit, il diminue l'obligation *ipso jure*. Paul ne dit rien de plus, si l'on veut prendre (ce qu'il est fort raisonnable de faire) ce que dit son adversaire pour bien juger de l'étendue de ce qu'il dit lui-même. Ce n'est donc qu'en vue d'un pacte intervenu *ad minuendam obligationem*, que Paul dit *inest stipulationi*.

On voit qu'Ulpien nous dit ici que le pacte intervenu *in continenti ad minuendam obligationem* ne produit son effet qu'*exceptionis ope*. Il devient dès lors bien difficile d'admettre, comme le font nos adversaires, que dans la loi 1, § 3, D., De verb. obl. (xlv, 1) le même jurisconsulte ait voulu dire que le pacte *in continenti* intervenu *ad augendam obligationem* produisait l'action du contrat. Les deux décisions d'Ulpien seraient contradictoires. Le pacte *ad augendam obligationem* ferait partie du contrat de stipulation, tandis que le pacte *ad minuendam obligationem*, qui est vu plus favorablement, ne ferait pas partie du contrat et ne produirait pas plus d'effet qu'un pacte *ex intervallo*. C'est ainsi que la loi *Lecta* invoquée par nos adversaires peut servir à ruiner de fond en comble l'argument *a fortiori* qu'ils tirent de la 1, § 3, D., DE VERB. OBL. (XLV, 1).

Revenons à cette loi *Lecta*. Voici d'après son texte les conséquences de l'avis d'Ulpien : dès l'instant qu'il y a eu retard dans le payement d'une partie quelconque du capital, les intérêts de tout le capital courent du jour fixé par la stipulation, comme si on l'avait dit expressément. Paul répond : « Mais lorsque le droit de » demander le capital a été différé, il est logique de déclarer que » les intérêts stipulés à titre de peine pour le retard ne doivent » courir qu'à partir des diverses échéances. » C'est là un excellent argument tiré de ce que les intérêts ont ici le caractère de peine pour le retard apporté au payement du capital. Puis Paul fait judicieusement remarquer que si, comme le veut Ulpien, le pacte ne produisait qu'une exception, il ne s'ensuivrait pas que les intérêts de tout le capital seraient dus par le seul fait du non-payement du premier terme; car l'argument tiré de ce qu'on ne peut exiger des intérêts moratoires pour une somme qu'on ne peut encore demander, n'en subsisterait pas moins dans toute sa force. En effet, un débiteur ne peut pas être considéré comme en retard de payer une somme qui ne peut être exigée de lui actuellement à cause de l'existence d'une exception à l'aide de laquelle il pourrait repousser les poursuites du créancier : *Non enim in mora est is a quo pecunia propter exceptionem peti non potest.*

Paul termine par une observation de détail, à savoir que les parties auraient pu néanmoins régler autrement le cours des intérêts, et que même la stipulation des intérêts de la somme totale à partir du jour de la stipulation eût été valable. Nous venons de commenter avec soin la loi *Lecta*, et nous espérons avoir prouvé qu'elle ne nous est nullement opposable.

Résumons notre doctrine sur les pactes adjoints.

Contrats *bonæ fidei* : le pacte *in continenti* est sanctionné par l'action même du contrat. Intervenu *ex postfacto*, *ad minuendam obligationem*, il diminue l'obligation *exceptionis ope* (1). Intervenu *ex post facto*, *ad augendam obligationem*, il ne produit pas d'action.

Contrats *stricti juris* : le pacte *in continenti* intervenu *ad minuendam obligationem*, diminue l'obligation *ipso jure;* intervenu *ad augendam obligationem*, il ne produit pas d'action (2). Pour les pactes intervenus *ex post facto*, mêmes résultats que pour les contrats *bonæ fidei*.

Reprenons la théorie des intérêts dans le *mutuum*. Il résulte de ce que nous venons de dire sur la théorie des intérêts moratoires et sur celle des pactes adjoints que les intérêts ne peuvent être dus civilement par l'emprunteur que lorsqu'il les a promis par stipulation (3); mais le pacte suffit néanmoins, conformément aux principes généraux, pour qu'ils soient dus naturellement, et dès lors pour que la répétition n'en soit pas admise, s'ils ont été payés.

L. 3, C., *De usur.* (IV, 32).

Impp. SEVERUS et ANTONINUS, AA. JULIANO.	**Les empereurs SÉVÈRE et ANTONIN AUGUSTES à JULIEN.**
Quamvis usuræ fœnebris pecuniæ citra vinculum stipulationis peti non	Bien que les intérêts de l'argent prêté à intérêt ne puissent être ré-

(1) Excepté dans le cas où après un contrat parfait *solo consensu* il intervient *rebus adhuc integris* un pacte ayant pour but d'éteindre toutes les obligations nées du contrat. C'est un point que nous avons expliqué *supra*. Hors ce cas nous rentrons dans le principe exposé au texte : l'obligation n'est diminuée par le pacte intervenu *ex post facto* qu'*exceptionis ope*, et cela est fort intéressant à savoir, bien que le contrat soit *bonæ fidei*, comme nous l'avons expliqué *supra*.

(2) Il est bien entendu qu'il n'est ici question, en ce qui touche la stipulation, que des pactes intervenus *in continenti* immédiatement après la demande et la réponse, dont elle se compose. Les pactes compris explicitement dans les termes mêmes de la stipulation *stipulationi insunt* et produisent action.

(3) *Pauli sent.*, lib. II, tit. XIV, § 1; L. 11, § 1, D., *De rebus cred.* (XII, 1); L. 17, pr., D., *De pactis* (II, 14).

possint, tamen ex pacti conventione solutæ neque ut indebitæ repetúntur, neque in sortem accepto ferendæ sunt.

clamés en l'absence du lien de la stipulation, cependant payés en vertu du pacte, ils ne peuvent être répétés comme indus, ni être imputés sur le capital.

Ce texte, quoique bien facile à interpréter, a été traduit de la façon suivante par les rédacteurs du Code Napoléon :

Art. 1906. « L'emprunteur qui a payé des intérêts qui n'étaient » pas *stipulés*, ne peut ni les répéter, ni les imputer sur le » capital. »

Il est évident que le prêt n'entraine pas avec lui l'obligation naturelle de payer des intérêts qui n'ont été ni stipulés, ni convenus : dans ce cas, on aurait accordé à Rome la *condictio indebiti* à l'emprunteur qui les aurait payés par erreur. Or, des intérêts *qui n'ont pas été stipulés* sont aujourd'hui des intérêts qui n'ont été promis d'aucune façon ; les rédacteurs du Code, prenant le mot *stipulés* dans le sens français, ont cru que la constitution de Sévère et Antonin voulait parler d'intérêts pour lesquels il n'existait aucune convention. Cette erreur singulière les a amenés à refuser la répétition de l'indû au débiteur, qui aurait par erreur payé des intérêts qu'il ne devait pas, puisqu'il ne les avait pas promis.

Exceptionnellement le simple pacte suffisait pour que les intérêts fussent dus civilement quand le *mutuum* était fait par une ville, ou lorsqu'il avait pour objet des denrées telles que du blé, de l'orge, etc. (1). Justinien décide qu'il en sera de même lorsque le prêteur sera un *argentarius* (banquier) (2).

Les intérêts doivent toujours consister dans une chose de même nature que celle qui a fait l'objet du *mutuum*. Sans cela, on tomberait, en ce qui touche les intérêts, dans la catégorie des contrats innomés; c'est ce que prouve l'espèce rapportée dans le texte suivant :

(1) L. 13, C., *De usuris* (IV, 32).
(2) Nov. CXXXVI, cap. IV.

L. 14, C., *De usuris* (IV, 32).

Imp. ALEXANDER A. TYRANNO.

Si ex pactione uxor tua mutuam pecuniam dedit, ut vice usurarum domum inhabitaret, pactoque ita, ut convenit, usa est, non etiam locando domum pensionem redegit: referri quæstionem, quasi plus domus redigeret, si locaretur, quam usurarum legitimarum ratio colligit, minime oportet. Licet enim uberiore sorte potuerit contrahi locatio, non ideo tamen illicitum fœnus esse contractum, sed vilius conducta habitatio videtur.

L'empereur ALEXANDRE AUGUSTE à TYRANNUS.

Si d'après un pacte votre femme a donné une somme d'argent en *mutuum*, et a reçu le droit d'habiter une maison pour lui tenir lieu d'intérêts, et si elle s'est conformée à la convention, ne louant pas la maison pour en recevoir les loyers, il n'y a pas à se préoccuper de la question de savoir si la maison, en l'affermant, eût rapporté plus que ne le comporte le taux de l'intérêt légal. Bien que le prix de la location pût faire supposer un capital supérieur au capital prêté, cependant il n'y a pas ici un intérêt illicite ; mais, il y a plutôt une maison louée à vil prix.

C'est ici le lieu de nous occuper du taux des intérêts, question qui, sous la république romaine, fut souvent l'origine de discordes civiles. *Sane*, dit Tacite, *vetus urbi fœnebre malum et seditionum discordiarumque creberrima causa* (1). Aussi la législation sur le taux des intérêts a-t-elle souvent varié. Il paraît qu'avant la loi des XII Tables il était permis au prêteur de stipuler des intérêts à un taux quelconque. La loi des XII Tables régla ce point, et défendit, ainsi que nous l'apprend Tacite, *ne quis unciario fœnore amplius exerceret cum antea ex libidine locupletum agitaretur* (2); elle ordonna même que celui qui violerait cette défense fût condamné à rendre au quadruple les intérêts excédant le taux légal (3). Mais qu'était-ce que l'*unciarium fœnus* de la loi décemvirale? Sur ce point d'histoire du droit romain on est loin de s'entendre, et *adhuc sub judice lis est*. On a proposé

(1) Ann., VI, 21.

(2) Ann., VI, 16.

(3) Gaius, comm. IV, § 13, mentionne une loi Marcia qui donnait la *manus injectio* contre les *fœneratores* qui avaient exigé des intérêts exagérés.

trois systèmes. Les uns pensent que l'*unciarium fœnus* de la loi des XII Tables n'est autre chose que la *centesima usura,* qui forme le taux légal à l'époque des jurisconsultes classiques : la loi des XII Tables aurait donc, dans ce système, fixé le maximum du taux de l'intérêt à un centième du capital par mois, soit 1 0/0 par mois ou 12 0/0 par an (1). D'autres soutiennent que la loi des XII Tables a fixé le maximum de l'intérêt annuel à 1 0/0. Enfin un troisième système consiste à dire que ces mots *unciarium fœnus* signifient un douzième du capital par an. Les Romains fractionnaient souvent les unités dont ils s'occupaient en douze onces ; c'est ainsi, par exemple, qu'ils divisaient les hérédités. Il en était probablement de même des capitaux prêtés, et les intérêts stipulés étaient une fraction de ce capital : on stipulait deux onces, trois onces, une demi-once d'intérêt. La loi des XII Tables se servit du langage de la pratique, et fixa le maximum de l'intérêt à une once, c'est-à-dire à un douzième du capital, ce qui donne 8 $\frac{1}{3}$ 0/0, et comme l'année cyclique de dix mois était en vigueur à l'époque où furent portées les XII Tables, le taux de 8 $\frac{1}{3}$ 0/0 pour l'année de dix mois nous donne 10 0/0 pour l'année de douze mois (2). Ce dernier système nous paraît le plus probable.

Diverses lois vinrent, sous la république, modifier la décision de la loi des XII Tables sur le taux des intérêts. Enfin, au temps de Cicéron, la manière même de calculer les intérêts fut changée. Les Romains adoptèrent l'usage grec de calculer les intérêts par centièmes du capital payables mensuellement. Dans les textes du Digeste nous trouvons le taux légal fixé à 1 0/0 par mois, soit 12 0/0 par an ; c'est ce que les textes appellent *legitimæ usuræ*. Ce point de départ admis, *semisses usuræ, trientes usuræ* signifiaient la moitié, le tiers de l'intérêt légal, c'est-à-dire 6 ou 4 0/0 par an.

A l'époque des jurisconsultes du Digeste, la peine du quadruple, prononcée par la loi des XII Tables contre les prêteurs qui avaient dépassé le taux légal, était tombée en désuétude. Les intérêts payés *supra legitimum modum* étaient imputés sur le

(1) M. Pellat, *Textes sur la dot*, p. 28 à 39

(2) M. de Fresquet, tom. II, p. 90 et 91.

capital; et, si le capital était par suite absorbé et au delà, ou avait été déjà payé, on accordait à l'emprunteur la *condictio indebiti* (1). En 386 de l'ère chrétienne, les empereurs Valentinien III et Théodose II déclarèrent qu'à l'avenir on punirait de la peine du quadruple ceux qui prêteraient au delà de l'intérêt légal, et rétroactivement ils prononcèrent la peine du double contre ceux qui avaient ainsi prêté (2).

On pouvait, par exception, dans le *mutuum* de certaines denrées, *fruges vel humidas vel arentes*, comprenant le froment, l'orge, l'huile, le vin, etc., stipuler un intérêt de 50 0/0, c'est-à-dire égal à la moitié du capital (3).

Justinien vint enfin établir un nouveau taux d'intérêt fixé ainsi qu'il suit: 1° Les personnes illustres et celles qui sont au-dessus de ce titre dans la hiérarchie nobiliaire ne peuvent prêter que *usque ad tertiam partem centesimæ*, c'est-à-dire à 4 0/0.

2° Les particuliers qui ne font pas le commerce peuvent stipuler *semisses usuras*, 6 0/0.

3° Les négociants peuvent stipuler *bessem centesimæ*, 8 0/0 (4).

Justinien abroge la peine du quadruple mentionnée au Code théodosien, pour le cas où des intérêts auraient été stipulés au-dessus du taux légal; il revient au droit du Digeste qui ordonnait l'imputation sur le capital de ce qui avait été payé *supra legitimum modum*. Ces règles ne concernaient que le taux de l'argent; la novelle XXXIV, ch. 1, vint plus tard fixer le taux légal de l'intérêt des denrées à 1/8 du capital, soit 12 1/2 0/0.

Au temps des jurisconsultes classiques, le cours des intérêts était arrêté quand les intérêts accumulés atteignaient une somme égale au capital. On les arrêtait ainsi pour ne pas ruiner le débiteur par l'accroissement indéfini de son obligation. Ce résultat n'avait pas lieu lorsque le débiteur avait payé régulièrement les intérêts : quel que fût le laps de temps pendant

(1) *Pauli sent.*, lib. II, t. XIV, § 2; L. 26, pr., D., *De condict. indeb.* (XII, 6).

(2) L. 2, C. Th., *De usur.* (II, 33).

(3) L. 1, C. Th., *De usur.* (II, 33).

(4) L. 26, § 1, C., *De usur.* (IV, 32).

lequel le payement des intérêts avait eu lieu, le débiteur ne pouvait pas demander qu'ils fussent arrêtés, comme ayant déjà atteint une somme égale au capital.

L. 10, C., *De usuris* (IV, 32).

Imp. ANTON. A. DONATO.	L'empereur ANTONIN AUGUSTE à DONATUS.
Usuræ per tempora solutæ non proficiunt reo ad dupli computationem, tunc enim ultra sortis summam usuræ non exiguntur, quoties tempore solutionis summa usurarum excedit eam computationem.	Les intérêts payés à leurs diverses échéances ne profitent pas à l'obligé pour le compte du double. En effet, les intérêts ne sont pas exigibles au delà de la somme principale, lorsque leur masse excède, à l'époque où le payement est exigé, celle du capital.

Justinien modifia encore cette règle en décidant que les intérêts seraient arrêtés quand l'addition des sommes payées régulièrement à ce titre fournirait un chiffre égal au double de la somme principale ; mais son innovation ne fut pas applicable aux prêts faits par les villes (1).

Un sénatus-consulte porté au temps de Cicéron défendit la convention connue sous le nom d'anatocisme, qui consiste à faire produire des intérêts aux intérêts eux-mêmes. Les constitutions impériales renouvelèrent souvent cette prohibition. Dioclétien prononça la note d'infamie contre ceux qui auraient reçu *usuras usurarum* (2).

Les intérêts étaient ordinairement payables, dans la pratique romaine, aux kalendes de chaque mois : de là l'expression de *durissimæ kalendæ*, et le mot *kalendarium* pour indiquer le registre sur lequel on mentionnait les créances productives d'intérêts. Quelquefois cependant on convenait que les intérêts

(1) L. 29, C., *De usur.* (IV, 32) ; Nov. CXXI, cap II ; Nov. CXXXVIII ; Nov. CLX, cap. 1.

(2) L. 27, D., *De re judicata* (XLII, 1); L. 20, C., *Ex quib. causis infam.* (II, 12).

seraient payés tous les ans : c'était un point soumis à la convention des parties (1).

En haine des usuriers, le sénatus-consulte Macédonien porté sous Claude, si nous en croyons Tacite, et sous Vespasien au dire de Suétone (2), donna aux fils de famille qui avaient emprunté des sommes d'argent soit avec, soit sans intérêts, une exception pour repousser victorieusement l'action du prêteur (3).

Il nous reste à parler de ce que les textes appellent *nauticum fœnus*, que nous appelons aujourd'hui prêt à la grosse aventure : il y a *nauticum fœnus* lorsqu'une personne transfère à un armateur la propriété d'une somme d'argent pour acheter un navire ou les marchandises qui doivent lui servir de cargaison, ou bien encore pour être transportée au lieu où ces marchandises seront achetées (4), à la condition que celui qui a ainsi donné son argent prend à sa charge les risques de la navigation, qui doit avoir lieu à telle époque, de tel endroit à tel autre, en sorte que, si ce navire fait naufrage, il ne lui sera rien dû, tandis que, dans le cas contraire, on lui devra et la somme donnée, et une somme en plus fixée par les parties comme elles l'entendent, somme considérée comme le prix du risque (*periculi pretium*) et appelée dans les textes *usuræ maritimæ*.

Cujas et M. de Savigny se refusent à voir dans le *nauticum fœnus* un *mutuum*, et dans la somme que recevait le prêteur en plus de celle qu'il avait prêtée des intérêts. Cette somme forme l'équivalent des risques qu'a courus le prêteur, *periculi pretium est* (5). Cujas admet bien que, quant à la somme principale, il y a *mutuum* ; il y a, en effet, transfert de propriété de cette somme du prêteur à l'emprunteur, et ce ne sont pas les mêmes écus, mais une pareille somme qui doit être rendue. Les risques sont,

(1) L. 40, D., *De rebus cred.* (XII, 1) ; L. 9, § 7, D., *De administ. rer. ad civit.* (L. 8) ; L. 39, § 8 et 14, D., *De adm. tut.* (XXVI, 7) ; L. 3, C., *De compensat.* (IV, 31).

(2) Tac., Ann., XI, 13. Suétone, *Vie de Vespasien*.

(3) Inst. Just., lib. IV, tit. VII, § 7.

(4) Dans ce dernier cas, la somme, qui devait être ainsi transportée d'un lieu dans un autre, était appelée *trajectitia pecunia*.

(5) L. 5, pr., D., *De nautico fœnore* (XXII, 2).

il est vrai, à la charge du prêteur, mais nous savons déjà que la règle qui mettait ces risques à la charge de l'emprunteur n'était que de la nature du contrat du *mutuum*, et que les parties pouvaient y déroger. En conséquence, Cujas donne la *condictio* en ce qui touche le capital. Quant à la somme due en sus de ce capital, il n'accorde la *condictio* que s'il y a eu stipulation. Si au contraire il y a eu simple pacte, il accorde l'*actio præscriptis verbis*. M. de Savigny va plus loin : il voit dans le *nauticum fœnus* un contrat innomé duquel il fait résulter l'*actio præscriptis verbis* tant pour le capital que pour le profit maritime. « Dans » ce contrat, dit le grand romaniste Allemand, la forme du » prêt n'est qu'une apparence extérieure : en réalité on donnait » une somme avec chances de perte et l'autre partie promettait » une somme supérieure dans le cas où la perte n'aurait pas » lieu : cette convention rentrait donc dans la classe des contrats » innomés donnant lieu à l'action *præscriptis verbis*. » Cette seconde opinion nous paraîtrait préférable à celle de Cujas, qui a le tort de scinder une opération juridique parfaitement indivisible dans l'esprit des parties.

Nous préférons dire avec la généralité des interprètes que les Romains avaient vu dans la convention qui nous occupe un *mutuum* régi par des règles spéciales, et que dès lors la *condictio* était accordée tant pour le capital que pour le profit maritime. Cela résulte pour nous de ce que tous les textes appliquent au *nauticum fœnus* les expressions reçues en matière de *mutuum* : c'est ainsi que Paul nous dit : *fœnerator pecuniam usuris maritimis mutuam dando* (1), et les empereurs Dioclétien et Maximien : *trajectitiæ quidem pecuniæ quæ periculo creditoris mutuo datur* (2).

(1) L. 6, D., *De nautico fœnore* (XXII, 2).

(2) L. 4, C., *De nautico fœnore* (IV, 33). — *Adde* L. 4, pr. et L. 7, D., *De nautico fœnore* (XXII, 2); L. 1 et L. 2, C., *De nautico fœnore* (IV, 33). — Dans la loi 2, § 8, D., *De eo quod certo loco* (XIII, 4), nous trouvons l'action *De eo quod certo loco* appliquée à un cas de *nauticum fœnus* fait avec la clause que la somme prêtée serait rendue dans un lieu déterminé. En supposant hors de toute controverse que l'*actio præscriptis verbis* était toujours de bonne foi (et c'est là ce qui est le plus généralement admis), le texte que nous venons de citer établirait clairement que

Voyons maintenant quelles étaient les règles spéciales au *nauticum fœnus* et par lesquelles il différait du *mutuum* ordinaire :

1° L'argent prêté à la grosse était aux risques du prêteur, tandis que dans le *mutuum* ordinaire le péril de l'argent regardait l'emprunteur.

2° Dans le *mutuum* ordinaire l'intérêt n'était dû que s'il y avait eu stipulation, au lieu que l'intérêt maritime était dû en vertu d'un pacte nu. Ce dernier principe avait été généralisé et s'appliquait à tous les cas où le prêt était aléatoire, de telle sorte qu'il pût arriver qu'il ne fût rien dû au prêteur. Scævola nous cite le cas où on a prêté à un pêcheur pour acheter des engins de pêche, *piscatori erogaturo in apparatum*, à la condition qu'il ne rendrait la somme prêtée que s'il faisait bonne pêche, mais qu'alors il rendrait *insuper aliquid præter pecuniam*, et le cas où on aurait prêté à un athlète *unde se exhiberet exerceretque*, pour se nourrir et s'exercer à la condition qu'il ne serait tenu envers le prêteur que s'il remportait le prix, cas auquel il rendrait la somme prêtée et *insuper aliquid* (1). Le jurisconsulte ajoute : « *In* » *his autem omnibus et pactum sine stipulatione ad augendam* » *obligationem prodest* (2). »

3° Aucune limite n'était imposée au profit maritime. Justinien le premier lui en imposa une en décidant qu'il ne pourrait dépasser 12 0/0 (3).

4° Le *mutuum* ordinaire était parfait par le transfert de pro-

le *nauticum fœnus* n'était autre chose qu'un *mutuum* régi par des règles spéciales. En effet, il ne peut être qu'un *mutuum* ou un contrat innomé, engendrant l'*actio præscriptis verbis*. Or, il n'engendre pas l'*actio præscriptis verbis*, puisque lorsque la somme doit être payée dans un lieu déterminé on a recours à l'action arbitraire *de eo quod certo loco* pour donner au juge le pouvoir de tenir compte de l'intérêt qu'avaient les parties soit à payer, soit à recevoir dans le lieu fixé par la convention, pouvoir que le juge avait dans toutes les actions de bonne foi. Voir L. 7, pr., D., *De eo quod certo loco* (XIII, 4).

(1) L. 5, pr., D., *De nautico fœnore* (XXII, 2).

(2) Même loi, § 1.

(3) L. 26, § 1, C., *De usuris* (IV, 32).

priété de la somme prêtée, tandis que le prêt maritime n'acquérait son caractère particulier qu'au moment où le risque commençait. Si la somme empruntée avec la convention de profit maritime n'a point été employée à l'expédition projetée *non erit trajectitia* (1), et en conséquence les intérêts ne pourront en être dus qu'au taux légal et en vertu d'une stipulation. Alors même qu'il y a véritablement *nauticum fœnus*, ces intérêts ne sont dus qu'au taux légal pour le temps qui précède et qui suit l'époque pendant laquelle le prêteur court le risque qu'il a assumé, et encore faut-il qu'il y ait eu stipulation. C'est ce que nous apprennent les deux textes suivants :

L. 4, pr., D., *De nautico fœnore* (XXII, 2).

PAPINIANUS, lib. 3 responsorum.

Nihil interest, trajectitia pecunia sine periculo creditoris accepta sit, an post diem præstitutum et conditionem impletam periculum esse creditoris desierit : utrubique igitur majus legitima usura fœnus non debebitur. Sed in priore quidem specie semper : in altera vero, discusso periculo : nec pignora, vel hypothecæ, titulo majoris usuræ tenebuntur.

PAPINIEN, livre 3 des réponses.

Il importe peu que l'argent prêté à la grosse ait été reçu sans faire peser les risques sur le créancier, ou que ces risques aient cessé pour lui après le temps fixé ou l'accomplissement de la condition : dans l'un et l'autre cas, il ne sera pas dû d'intérêts supérieurs au taux légal, et cela jamais dans la première hypothèse, après la cessation des risques dans la seconde : et ni le gage, ni les hypothèques ne garantissent un intérêt supérieur au taux légal.

L. 1, C., *De nautico fœnore* (IV, 33).

IMPP. DIOCLET. et MAXIM., AA. HONORATO.

Trajectitiam pecuniam, quæ periculo creditoris datur, tamdiu liberam esse ab observatione communium usurarum, quamdiu navis ad portum adpulerit, manifestum est.

LES EMPEREURS DIOCLETIEN et MAXIMIEN, AUGUSTES, à HONORATUS.

Il est évident que l'argent prêté à la grosse aux risques du créancier échappe à la loi commune sur les intérêts seulement tant que le navire navigue vers le port.

(1) L. 1, D., *De nautico fœnore* (XXII, 2).

1. Is quoque qui non debitum accepit ab eo qui per errorem solvit, re obligatur, daturque agenti contra eum propter repetitionem actio; nam perinde ab eo condici potest SI PARET EUM DARE OPORTERE, ac si mutuum accepisset : unde pupillus, si ei sine tutoris auctoritate non debitum per errorem datum est, non tenebitur indebiti condictione, magis quam mutui datione. Sed hæc species obligationis non videtur ex contractu consistere, cum is qui solvendi animo dat, magis distrahere voluit negotium quam contrahere.

Celui-là aussi qui a reçu l'indû d'une personne ayant payé par erreur est obligé par la chose, et on donne action contre lui à celui qui poursuit la répétition ; car il peut agir par condiction SI PARET EUM DARE OPORTERE, comme si le défendeur avait reçu en *mutuum* : d'où il résulte que le pupille auquel, sans l'intervention de son tuteur, on a donné par erreur l'indû ne sera tenu de la condiction de l'indû que comme il est tenu dans le cas du *mutuum*. Mais cette espèce d'obligation ne paraît pas tirer son origine d'un contrat : car celui qui donne avec intention de payer a voulu plutôt éteindre que créer une obligation.

Celui à qui on paye par erreur, alors qu'il n'était pas créancier, est obligé de restituer ce qu'il a reçu. Cette obligation de sa part se forme *re* et naît *quasi ex contractu*. A-t-il reçu l'indû de mauvaise foi, il est tenu, indépendamment de l'action *furti*, qui est *pœnæ persecutoria*, de la *condictio furtiva*, qui est *rei persecutoria* (1). A-t-il, au contraire, reçu l'indû de bonne foi, il est tenu de la *condictio indebiti*. Notre paragraphe ne s'occupe que de celui qui a reçu l'indû de bonne foi, c'est lui seul qui est ici comparé à l'emprunteur, et c'est de lui que le texte dit qu'il est tenu de la *condictio, ac si mutuum accepisset*. Ces derniers mots pourraient induire en erreur et faire croire que celui qui a reçu l'indû est assimilé à celui qui a reçu un *mutuum*, ce qui n'est pas exact. En effet l'emprunteur est tenu par suite d'un contrat auquel il a consenti, et les risques des choses prêtées sont à sa charge, tandis que dans *l'indebiti solutio* celui qui paye veut éteindre une obligation, celui qui reçoit croit recevoir ce qui lui est dû et n'a pas l'intention de s'obliger : il n'est tenu que parce que celui qui a payé n'a pas entendu lui faire une libéra-

(1) L. 18, D., *De condictione furt.* (XIII, 1); L. 43, pr., D., *De furtis* (XLVII, 2).

lité et qu'il ne doit pas dès lors s'enrichir à ses dépens (1). Il suit de là qu'il n'est tenu que jusqu'à concurrence de ce dont il se trouvait plus riche par suite de l'*indebiti solutio* au moment où il a appris qu'il avait reçu l'indû : il est libéré par toute perte de la chose antérieure à ce moment, cette perte provînt-elle de son fait : c'est ainsi qu'il cesse d'être tenu s'il affranchit l'esclave indûment payé. Il n'est donc pas vrai de dire qu'il est tenu *ac si mutuum accepisset* : aussi notre texte demande à être lu avec soin, et il faut remarquer qu'il dit simplement que celui qui a reçu l'indû *re obligatur*, et qu'on pourra agir contre lui par la *condictio, ac si mutuum accepisset* : l'assimilation ne porte donc que sur l'action qui sera donnée et non sur les résultats qu'elle produira.

Le texte décide ensuite que le pupille auquel on a payé l'indû *sine tutoris auctoritate* ne sera pas plus tenu de la *condictio indebiti* qu'il ne serait tenu de la *condictio* dans le cas où il aurait reçu un *mutuum* sans cette autorisation ; puis la dernière phrase de notre texte présente comme argument à l'appui de cette décision l'argument que faisaient autrefois valoir les partisans de l'opinion contraire : en effet, cette phrase nous dit que l'obligation, dans le cas de l'*indebiti solutio*, ne naît pas *ex contractu*, et si l'on continuait le raisonnement, on devrait dire que dès lors celui qui reçoit l'indû étant obligé indépendamment de son consentement, il n'y a pas lieu de s'occuper de la question de savoir si ce consentement émane d'une personne capable, d'une personne ayant ou n'ayant pas besoin d'une autorisation, et qu'en conséquence le pupille qui a reçu l'indû doit être tenu de la *condictio indebiti* alors même qu'il l'a reçu *sine tutoris auctoritate*. Ce passage des Institutes est donc complétement illogique, il ne peut être compris que si on le rapproche du § 91 du comm. III des Institutes de Gaïus : en effet les rédacteurs des Institutes n'ont fait que transporter dans leur œuvre le paragraphe de Gaïus, qui parlait cumulativement du pupille et de la femme pubère ayant reçu le payement de l'indû *sine tutoris auctoritate* ; ils ont supprimé ce que Gaïus disait de la femme parce que la tutelle des femmes n'existe plus sous Justinien, et quant au

(1) L. 66, D., *De condict. indeb.* (XII, 6).

pupille, après avoir adopté l'opinion contraire à celle de Gaïus, ils l'ont maladroitement appuyée sur l'argument que Gaïus donnait à l'appui de sa décision. Voici le passage de Gaïus dont nous venons de parler :

GAI INSTITUTIONUM. COMM. III, § 91.

Is quoque qui non debitum accepit ab eo qui per errorem solvit, re obligatur ; nam proinde ei condici potest SI PARET EUM DARE OPORTERE ac si mutuum accepisset. Unde quidam putant, pupillum aut mulierem cui sine tutoris auctoritate non debitum per errorem datum est, non teneri condictione, non magis quam mutui datione ; sed hæc species obligationis non videtur ex contractu consistere, quia is qui solvendi animo dat magis distrahere vult negotium quam contrahere.

GAIUS INSTITUTES, COMM. III, § 91.

Celui aussi qui a reçu l'indû d'une personne ayant payé par erreur est obligé par la chose et on peut agir contre lui par condiction, SI PARET EUM DARE OPORTERE, comme s'il avait reçu un *mutuum*. D'où certains pensaient que le pupille ou la femme auxquels on a, par erreur, donné l'indû sans l'autorisation du tuteur ne sont tenus de la condiction que comme dans le cas de *mutuum* ; mais cette espèce d'obligation ne paraît pas tirer son origine d'un contrat, car celui qui donne avec intention de payer a voulu plutôt éteindre que créer une obligation.

En ce qui touche le pupille, c'est avec raison que l'opinion de Gaïus n'a pas prévalu : en effet, s'il est vrai de dire que les parties n'entendaient pas créer une obligation, il est vrai aussi qu'elles entendaient en éteindre une par le payement : or, le pupille ne pouvant recevoir de payement *sine tutoris auctoritate*, celui qui se croyait débiteur est en faute d'avoir opéré le payement sans exiger que le pupille fût autorisé, et, de même que si l'obligation eût réellement existé, il serait encore tenu nonobstant le payement, de même on doit lui refuser la *condictio indebiti*, cette obligation n'existant pas.

« Toutefois, fait judicieusement remarquer M. Machelard, » comme un pupille à la suite de la prestation de l'indû, sera » tenu au moins jusqu'à concurrence de ce qu'il aura conservé, » et que, d'un autre côté, même à l'égard d'une personne ca» pable, la répétition n'est autorisée que dans la même limite, » on peut se demander quelle utilité présente la décision de

» Justinien. Nous ferons observer que l'*accipiens* est tenu, en » principe, à raison du payement qu'il a reçu, sauf à lui à » prouver qu'il ne s'est pas enrichi. Le pupille, au contraire, » n'est pas tenu à cause de cette circonstance qu'il a reçu quel- » que chose, mais uniquement s'il a conservé tout ou partie » de ce qui lui a été livré, de sorte que c'est au demandeur » qu'incombe la charge de prouver qu'il y a lieu à une action » contre le pupille (1). »

En ce qui touche le payement fait à la femme pubère, *sine tutoris auctoritate*, le motif qui pour le cas du pupille a fait prévaloir l'opinion contraire à celle de Gaïus ne se présentait pas : en effet, les actes juridiques que la femme pubère ne pouvait faire *sine tutoris auctoritate* se réduisaient à quatre : tester, s'obliger, aliéner une chose *mancipi*, libérer un débiteur par *acceptilatio :* or, lorsqu'une femme recevait un payement, elle aliénait autrement que par *acceptilatio* une créance, chose *nec mancipi*, et l'autorisation du tuteur n'était pas nécessaire (V. Gaïus, *Comm.* II, § 85) ; d'autre part, ainsi que le fait remarquer Gaïus, l'obligation que la femme contracte en recevant le payement de l'indû, n'ayant pas sa source dans le consentement de la personne qui reçoit l'indû, il n'y avait pas à s'occuper de la question de savoir si ce consentement avait été ou non donné régulièrement ; c'est donc avec raison que Gaïus décide que dans ce cas la femme devrait être tenue de la *condictio indebiti*.

2. Item si cui res aliqua utenda datur, id est commodatur, re obligatur et tenetur commodati actione. Sed is ab eo qui mutuum accepit longe distat; namque non ita res datur ut ejus fiat, et ob id de ea re ipsa restituenda tenetur. Et quidem qui mutuum accepit, si quolibet fortuito casu amiserit quod accepit, veluti incendio, ruina, naufragio aut latronum hostiumve incursu, nihilominus obligatus permanet.

De même celui auquel une chose est donnée pour en user, c'est-à-dire est prêtée à titre de commodat, est obligé par la chose et tenu de l'action de commodat. Mais il diffère beaucoup de celui qui a reçu un *mutuum* : car la chose ne lui est pas donnée pour qu'il en devienne propriétaire, et c'est pourquoi il doit la restituer elle-même. Et celui qui a reçu en *mutuum*, s'il a perdu par cas fortuit la chose prêtée, par exem-

(1) *Des Obligations naturelles*, 1re partie, page 228, en note.

at is qui utendum accepit, sane quidem exactam diligentiam custodiendæ rei præstare jubetur, nec sufficit ei tantam diligentiam adhibuisse, quantam in suis rebus adhibere solitus est, si modo alius diligentior poterit eam rem custodire; sed propter majorem vim majoresve casus non tenetur, si modo non hujus ipsius culpa is casus intervenerit. Alioqui, si id quod tibi commodatum est, peregre tecum ferre malueris, et vel incursu hostium prædonumve vel naufragio amiseris, dubium non est quin de restituenda ea re tenearis. Commodata autem res tunc proprie intelligitur, si nulla mercede accepta vel constituta res tibi utenda data est : alioqui mercede interveniente locatus tibi usus rei videtur; gratuitum enim debet esse commodatum.

ple dans un incendie, par la chute d'un édifice, dans un naufrage ou dans une attaque de voleurs ou d'ennemis, n'en reste pas moins obligé, mais celui auquel on a prêté à usage est certainement tenu d'apporter les soins les plus scrupuleux à la garde de la chose, et il ne lui suffit pas d'avoir apporté à cette garde le soin qu'il a coutume de mettre à ses propres affaires, si un autre plus diligent eût pu conserver la chose : mais il n'est pas tenu des cas de force majeure, s'ils n'arrivent pas par sa faute. Autrement si vous avez emporté avec vous en voyage la chose donnée en commodat, et que vous l'ayez perdue dans une attaque d'ennemis ou de brigands ou dans un naufrage, il n'est pas douteux que vous soyez obligé de la restituer. Une chose est dite donnée en commodat, si l'usage vous en a été donné sans recevoir ni stipuler de prix : s'il y a fixation de prix, l'usage de la chose vous a été loué; car le commodat doit être gratuit.

Le commodat est un contrat par lequel une personne prête une chose à une autre personne, pour que celle-ci en retire gratuitement un usage déterminé, après lequel elle devra la restituer. Ce contrat est au nombre de ceux qui *re perficiuntur*. Il faut pour que le commodataire soit tenu de rendre la chose prêtée, qu'il l'ait d'abord reçue du commodant. Si une convention intervient entre deux personnes par laquelle l'une d'elles s'engage à faire un commodat à l'autre, celle-ci n'aura pas d'action, car *ex pacto actio non oritur*.

Le but de la tradition n'est pas ici le même que dans le *mutuum* : le commodant n'entend pas perdre la propriété de la chose qu'il prête ; il n'en transfère même pas la possession au commodataire, qui n'acquiert qu'une simple détention. « *Rei com-*

» *modatæ et possessionem et proprietatem retinemus,* » nous dit Pomponius (1). « *Nemo enim,* ajoute Ulpien, *commodandorem facit ejus* » *cui commodat* (2). » Le commodataire n'acquiert donc que la simple détention, et c'est pour le commodant qu'il conserve la possession et tous ses avantages; il acquiert en outre le droit de se servir de la chose suivant l'usage et pour le temps déterminés entre les parties. Il ne faut pas confondre ce droit avec le véritable droit d'usage, lequel est de sa nature viager, tandis que celui qui nous occupe est restreint, et quant au temps, et quant au mode, à tel point qu'il y aurait *furtum* de la part du commodataire s'il se servait de la chose prêtée pendant un temps plus long, ou pour un usage autre que ceux qui ont été fixés, si toutefois il savait que le commodant dût ne pas le permettre.

Le commodataire peut garder la chose prêtée jusqu'après le terme convenu, ou, à défaut de convention, jusqu'à ce qu'elle ait servi à l'usage pour lequel elle a été empruntée. Le Code Napoléon admet le tempérament suivant :

Art. 1889 : « Néanmoins, si, pendant ce délai, ou avant que le » besoin de l'emprunteur ait cessé, il survient au prêteur un » besoin pressant et imprévu de sa chose, le juge peut, suivant » les circonstances, obliger l'emprunteur à la lui rendre. »

Le droit romain n'admettait pas ce tempérament, ainsi que nous l'apprend le texte suivant :

L. 17, § 3, D., *Commod. vel contra* (XIII, 6).

PAULUS, **lib. 29**, *ad Edictum.*

Sicut autem voluntatis et officii magis, quam necessitatis est, commodare, ita modum commodati, finemque præscribere ejus est, qui beneficium tribuit. Cum autem id fecit (id est, postquam commodavit) tunc finem præscribere, et retro agere, atque intempestive usum

PAUL, livre 29, sur l'Édit.

Comme on prête à usage plutôt de son plein gré et pour rendre service que sous l'empire de la nécessité, c'est à celui qui accorde ce bienfait à régler d'avance le mode et le terme du commodat. Mais lorsqu'il a fait cela, c'est-à-dire lorsqu'il a prêté, alors non-seulement le devoir,

(1) L. 8, D., *Commod. vel contra* (XIII, 6).
(2) L. 9, D., *eod. tit.*

commodatæ rei auferre, non officium tantum impedit, sed et suscepta obligatio inter dandum accipiendumque : geritur enim negotium invicem : et ideo invicem propositæ sunt actiones ut appareat, quod principio beneficii ac nudæ voluntatis fuerat, converti in mutuas præstationes actionesque civiles : ut accidit in eo, qui absentis negotia gerere inchoavit : neque enim impune peritura deseret : suscepisset enim fortassis alius, si is non cœpisset : voluntatis est enim suscipere mandatum, necessitatis consummare. Igitur si pugillares mihi commodasti, ut debitor mihi caveret, non recte facies importune repetendo : nam si negasses, vel emissem, vel testes adhibuissem. Idemque est, si ad fulciendam insulam tigna commodasti, deinde protraxisti, aut etiam sciens vitiosa commodaveris : adjuvari quippe nos, non decipi, beneficio oportet. Ex quibus causis etiam contrarium judicium utile esse dicendum est.

mais encore l'obligation née au moment de la dation et de l'acceptation empêchent le commodant de fixer le terme, de revenir sur le passé, et d'enlever hors de propos l'usage de la chose prêtée : en effet une opération juridique se fait de part et d'autre, et c'est pourquoi des actions ont été introduites pour chacune des parties, pour qu'on voie bien comment le bienfait et la simple volonté primitifs se sont changés en prestations mutuelles et en actions civiles ; il en arrive de même pour celui qui commence à gérer les affaires d'une personne absente ; en effet il ne pourrait les abandonner impunément et les exposer à péricliter : car peut-être un autre s'en serait chargé s'il n'eût commencé à les gérer ; il dépend de votre volonté d'accepter un mandat, mais l'ayant accepté, vous êtes tenu de l'accomplir. Ainsi si vous m'avez prêté des tablettes de cire, pour faire constater une dette par mon débiteur, vous n'avez pas le droit de les réclamer en temps inopportun : car si vous m'eussiez refusé vos tablettes, j'en aurais achetées, ou j'aurais appelé des témoins. Il en sera de même si, ayant donné en commodat des poutres pour étayer une maison, vous les aviez ensuite enlevées, ou bien si, les connaissant mauvaises, vous les aviez néanmoins prêtées : car par un bienfait on doit nous aider et non pas nous tromper. Dans tous ces cas on doit dire que l'action contraire est recevable.

Le commodat est essentiellement gratuit. Si, comme rémunération de l'usage de la chose, un équivalent était promis, il n'y aurait plus commodat, mais bien louage, si cet équivalent consistait en une somme d'argent, ou contrat innomé, s'il consistait en toute autre chose. Ceci est important : car si un équivalent en argent était promis, cette *merces* ferait dégénérer en louage la convention intervenue entre les parties, et le louage étant au nombre des contrats parfaits par le seul consentement, pour obtenir l'exécution de l'obligation de procurer l'usage de la chose, on accorderait l'*actio conducti*, tandis qu'aucune action ne serait accordée à celui à qui l'on aurait promis de prêter une chose à usage.

Toutes les choses susceptibles d'usage peuvent être l'objet d'un commodat (1). Tout dépend ici de la volonté des parties, et si, dans le *mutuum*, il faut que les parties n'aient attaché aucune importance à l'individualité de l'objet prêté, et soient convenues que l'emprunteur rendrait des choses de la même espèce, en sens inverse il faut dans le commodat que les parties aient considéré l'objet prêté comme devant être restitué *in specie*. Toutes choses pourront donc être l'objet d'un commodat, même celles *quæ primo usu consumuntur* : seulement, en ce qui touche les choses de cette espèce, il faudra que les parties n'aient pas eu en vue leur usage habituel, qui en opère la consommation, mais qu'elles aient été simplement prêtées *ad pompam et ostentationem*. C'est ce que nous dit Ulpien : « *Non potest commodari id quod usu consumitur, nisi forte ad pompam vel ostentationem quis accipiat* (2), » et Gaïus nous dit que les commodats de somme d'argent étaient fréquents dans la pratique (3).

Dans le *mutuum* l'emprunteur, à moins de convention contraire, ne peut être libéré par la perte de la chose prêtée, car il est débiteur d'un genre, et *genera non pereunt*. C'est le contraire dans le commodat : si la chose a péri par cas fortuit, par force majeure,

(1) On avait cependant douté que les immeubles fussent susceptibles de commodat, ainsi que nous l'apprend la loi 1, § 1, D., *Commod. vel cont.* (XIII, 6) ; mais l'opinion qui avait triomphé admettait la possibilité d'un pareil commodat.

(2) L. 3, § 6, D., *Commod. vel contra* (XIII, 6).

(3) L. 4, *col. tit.*

le commodataire est libéré ; mais, si la chose n'avait péri que par suite d'un événement, qui aurait pu être évité par des soins plus scrupuleux apportés à la conservation de cette chose, la responsabilité du commodataire serait engagée. Il y a donc lieu de rechercher quel soin le commodataire est tenu d'apporter à la conservation de la chose prêtée ; son obligation à cet égard ne se borne pas à apporter à la conservation de la chose les mêmes soins qu'il apporte d'habitude à la conservation de ses propres choses (*culpa in concreto*) : cela ne suffirait pas, s'il est négligent ; on fait abstraction de sa personne, de ses habitudes, et on le compare à un type, au *bonus paterfamilias* (*culpa in abstracto*). On est rigoureux à son égard quant aux soins que l'on exige de lui, parce que le commodat intervient le plus souvent dans l'intérêt du commodataire seul : il suit de là que si le commodat était intervenu dans l'intérêt des deux parties contractantes, le commodataire ne serait tenu que de la *culpa in concreto*, et que si le commodat était intervenu dans l'intérêt du commodant seul, le commodataire ne serait tenu que de son dol ou d'une faute tellement lourde qu'elle pût être assimilée au dol (*lata culpa dolo proxima*).

L. 18, pr., D., *Commodati vel contra* (XIII, 6).

GAIUS, lib. 9, ad Edictum provinciale.

In rebus commodatis talis diligentia præstanda est, qualem quisque diligentissimus paterfamilias suis rebus adhibet : ita ut tantum eos casus non præstet, quibus resisti non possit, veluti mortes servorum, quæ sine dolo et culpa ejus accidunt, latronum hostiumve incursus, piratarum insidias, naufragium, incendium, fugas servorum, qui custodiri non solent. Quod autem de latronibus, et piratis et naufragio diximus, ita scilicet accipiemus, si in hoc commodata sit alicui res, ut eam rem peregre secum ferat : alio-

GAIUS, livre 9, sur l'Édit provincial.

On doit apporter à la conservation de la chose prêtée tous les soins dont un père de famille très-diligent entoure ses propres choses : de telle sorte que l'emprunteur échappe à la responsabilité seulement pour les cas de force majeure, comme les morts d'esclaves arrivées sans sa faute ou son dol, l'attaque des ennemis et des brigands, les embûches des pirates, un naufrage, un incendie, la fuite d'esclaves qu'on a coutume de ne pas garder à vue. Ce que nous avons dit des brigands, des pirates et du naufrage doit s'entendre seu-

quin si cui ideo argentum commodaverim, quod is amicos ad cœnam invitaturum se diceret, et id peregre secum portaverit, sine ulla dubitatione, etiam piratarum, et latronum, et naufragii casum præstare debet. Hæc ita, si dumtaxat accipientis gratia commodata sit res : at si utriusque, veluti si communem amicum ad cœnam invitaverimus, tuque ejus rei curam suscepisses, et ego tibi argentum commodaverim, scriptum quidem apud quosdam invenio, quasi dolum tantum præstare debeas. Sed videndum est, ne et culpa præstanda sit : ut ita culpæ fiat æstimatio, sicut in rebus pignori datis et dotalibus æstimari solet.

lement du cas où la chose a été prêtée de telle sorte qu'on pût l'emporter avec soi en voyage : autrement si j'ai prêté de l'argenterie à une personne se disant sur le point d'inviter ses amis à dîner, et si cette personne l'a emportée en voyage, sans aucun doute elle devra être tenue même du cas de naufrage ou d'attaque de pirates ou de brigands. Tout cela est dit des cas où le commodat est fait dans le seul intérêt de l'emprunteur ; s'il est fait dans l'intérêt des deux parties, comme si nous avons invité un ami commun, et que vous ayez pris le soin du repas, et que moi j'aie prêté l'argenterie, je trouve écrit chez quelques-uns que vous n'êtes tenu que de votre dol. Mais il faut voir si vous n'êtes pas aussi tenu de votre faute envisagée comme elle a coutume de l'être pour les choses données en gage ou faisant partie de la dot.

L. 5, § 10, D., *Commod. vel cont.* (XIII, 6).

ULPIANUS, lib. 28, ad Edictum.

Interdum plane dolum solum in re commodata, qui rogavit, præstabit, utputa si quis ita convenit, vel si sua dumtaxat causa commodavit, sponsæ forte suæ, vel uxori, quo honestius culta ad se deduceretur, vel si quis ludos edens prætor scenicis commodavit, vel ipsi prætori quis ultro commodavit.

ULPIEN, livre 28, sur l'Edit.

Quelquefois l'emprunteur sera tenu seulement de son dol relativement à la garde de la chose prêtée : par exemple, si on en est expressément convenu, ou bien si une personne a prêté dans son seul intérêt, comme à sa fiancée, à sa femme pour qu'elle lui fût amenée plus convenablement vêtue ; ou si un préteur pour ses jeux a prêté des habits aux comédiens, ou si quelqu'un les a prêtés au préteur lui-même (1).

(1) Nous n'avons pas poussé plus loin l'examen de la question de savoir

Le commodat est au nombre des contrats synallagmatiques imparfaits; à l'origine il n'y a que le commodataire qui soit obligé, mais il peut se faire que, postérieurement au contrat, le commodant se trouve obligé envers le commodataire : il en est ainsi lorsque le commodataire s'est trouvé dans la nécessité de faire des dépenses pour la conservation de la chose prêtée, et lorsque cette chose avait des vices connus du commodant qui n'en a pas averti le commodataire, si quelque dommage en est résulté pour celui-ci. Le commodat produit donc deux actions, l'une existant dans tous les cas au profit du commodant et appelée *actio commodati directa*, l'autre éventuelle, qui, selon les circonstances, prendra ou ne prendra pas naissance au profit du commodataire contre le commodant, et qui est nommée *actio commodati contraria*. Ainsi que nous le savons déjà, ces deux actions sont *bonæ fidei*; il en résulte entre autres conséquences que le juge ayant à rechercher ce que le défendeur doit au demandeur *ex æquo et bono ob eam rem*, ce juge a toujours eu, même avant le rescrit de Marc-Aurèle sur la compensation, le pouvoir de rechercher ce que le demandeur pouvait devoir par suite du même contrat, *ex eadem causa*, au défendeur, et, compensation opérée, de ne condamner ce dernier qu'au surplus de ce qu'il devait sur ce qui lui était dû : c'est ce que nous dit Gaïus :

GAII Institutionum comm. IV, § 61.	GAIUS, Institutes, comm. IV, § 61.
In bonæ fidei autem judiciis, libera potestas permitti videtur judici, ex æquo et bono æstimandi quantum actori restitui debeat; in quo et illud continetur, ut habita ratione ejus quod invicem actorem ex eadem causa præstare oportet, in reliquum eum cum quo actum est condemnare.	Dans les actions de bonne foi, la faculté est accordée au juge d'estimer suivant l'équité ce qui doit être restitué au demandeur ; ce pouvoir renferme aussi celui de tenir compte de ce que, par suite de la même cause, le demandeur doit réciproquement fournir au défendeur, et de condamner ce dernier au surplus.

de quelle faute est tenu le commodataire, parce que nous avions l'intention d'ajouter à l'explication exégétique des quatre titres des Institutes, que nous donnons aujourd'hui au public, quelques leçons sur la théorie des fautes. Le temps nous a manqué ; la fin du semestre est arrivée rop tôt.

En présence de ce pouvoir du juge, il semble à première vue difficile de comprendre l'utilité de l'*actio commodati contraria;* mais il faut remarquer que le commodant pourrait n'avoir pas d'intérêt à redemander la chose, ce qui aura lieu s'il doit réparation d'un dommage plus considérable que la valeur de cette chose; du reste le commodant intentât-il dans ce cas l'*actio commodati directa*, le juge n'ayant d'autre pouvoir que celui, soit de condamner, soit d'absoudre le défendeur, et ne pouvant dans aucun cas prononcer de condamnation contre le demandeur, il s'ensuivrait que le commodataire serait absous, et que, pour obtenir le surplus, il aurait besoin d'intenter l'*actio commodati contraria*. Indépendamment de ce cas, il en est encore d'autres où l'*actio commodati contraria* sera nécessaire : ces cas nous sont présentés dans le texte suivant :

L. 18, § 4, D., *Commod. vel cont.* (XIII, 6).

GAIUS, lib. 9, ad Edictum provinciale.

Quod autem contrario judicio consequi quisque potest, id etiam recto judicio, quo cum eo agitur, potest salvum habere jure pensationis : sed fieri potest, ut amplius esset, quod invicem aliquem consequi oporteat, aut judex pensationis rationem non habeat, aut ideo de restituenda re cum eo non agatur, quia ea res casu intercidit, aut sine judice restituta est : dicemus necessariam esse contrariam actionem.

GAIUS, livre 9, sur l'Edit provincial.

Ce qu'on peut réclamer par l'action contraire peut être obtenu par compensation dans l'action directe où l'on est défendeur. Mais il peut arriver qu'il y ait plus dans ce que le défendeur doit obtenir, ou que le juge n'ait pas tenu compte de la compensation, ou encore que l'action directe en restitution de la chose ne soit pas intentée, soit à cause de la perte par cas fortuit de la chose, soit par suite de sa restitution volontaire ; dans tous ces cas il faudra avoir recours à l'action contraire.

Du *precarium*. — A côté du commodat se place une institution juridique à peu près semblable, mais qui paraît avoir été introduite primitivement, abstraction faite de toute idée de contrat, et comme corollaire de la théorie de la possession : nous voulons parler du *precarium*. Le *precarium* a lieu lorsque, sur les prières d'une personne, celui à qui ces prières s'adressent concède à cette personne *la possession* d'une chose sous la condition que cette *possession* lui sera restituée aussitôt qu'il en manifestera la volonté : « *Precarium est*, nous dit Ulpien, *quod* » *precibus petenti utendum conceditur tamdiu quamdiu is qui conces-* » *sit patitur* (1). » Il est surtout important de noter ici les différences qui séparent le *commodatum* et le *precarium* :

1° Le commodat ne peut avoir pour objet que des choses corporelles : le *precarium* s'applique même aux démembrements de propriété (2). Il faut même remarquer que primitivement le commodat ne s'appliquait qu'aux meubles (3) auxquels le *precarium* ne s'appliquait pas (4), et que ce ne fut que plus tard que l'on admit le commodat des immeubles et le *precarium* des meubles. Du reste le commodat des immeubles et le *precarium* des meubles furent toujours choses très-rares dans la pratique romaine.

2° Le commodat, ainsi que nous l'avons vu, est un contrat synallagmatique imparfait : le commodataire est immédiatement obligé, et tenu de l'*actio commodati directa;* le commodant par la suite peut se trouver obligé et tenu de l'action *commodati contraria*. Dans le *precarium* le concessionnaire seul est obligé ; le concédant ne peut l'être dans aucun cas.

3° Le commodataire doit apporter à la conservation de la chose prêtée tous les soins d'un bon père de famille : le concessionnaire, dans le *precarium*, n'est tenu que de son dol et de la *culpa lata dolo proxima* (5), à moins qu'il n'ait été mis en demeure de restituer par la reddition de l'interdit *de precario*, moment à partir duquel il est tenu du dommage résultant de toute faute, quelle qu'elle soit.

(1) L. 1, pr., D., *De precario* (XLIII, 26).

(2) L. 15, § 2, D., *De precario* (XLIII, 26).

(3) L. 1, § 1, D., *Commod. vel contr.* (XIII, 6).

(4) L. 4, pr., D., *De precario* (XLIII, 26). Ce dernier point n'est pas très-certain; quelques manuscrits des Pandectes portent dans le texte cité : *consistit* au lieu de *constitit*, ce qui en changerait le sens.

(5) L. 2, pr., L. 8, § 3, 5, 6, D., *De precario* (XLIII, 26) ; L. 23, D., *De reg. juris* (L, 17).

4° Le commodataire n'a que la simple détention de la chose prêtée, le concessionnaire *qui precario rogavit* a la véritable possession *ad interdicta* : il peut user des interdits *retinendæ possessionis causa*, et des interdits *recuperandæ possessionis causa* contre tout autre que le concédant (1).

5° Le commodant ne peut exiger la restitution de la chose prêtée qu'après que le commodataire en a retiré l'usage convenu ou qu'après l'époque fixée pour la restitution. Il est au contraire de l'essence du *precarium* de cesser *ad nutum concedentis* (2), à tel point que la convention qui fixerait un terme pour la restitution serait considérée comme non avenue (3).

6° Le commodat produit les deux actions *commodati directa*, et *commodati contraria*. Primitivement le concédant à précaire n'avait d'autre moyen de se faire restituer la possession qu'il avait concédée que d'intenter l'interdit *de precario*, et telle est encore à l'époque classique l'opinion du jurisconsulte Paul :

L. 14, D., *De precario* (XLIII, 26).

PAULUS, lib, 15, ad Sabinum.	**PAUL, livre 15, sur Sabinus.**
Interdictum de precariis merito introductum est, quia nulla eo nomine juris civilis actio esset : magis enim ad donationes, et beneficii causam, quam ad negotii contracti spectat precarii conditio (4).	L'interdit résultant du *precarium* a été introduit à bon droit, parce qu'il n'existait à ce titre aucune action civile : car l'opération du *precarium* a plutôt le caractère d'une donation, d'un bienfait que d'une affaire.

Ulpien admettait ici des principes que nous étudierons bientôt : voyant dans le *precarium* un contrat innomé, il donnait au concédant le choix entre l'interdit de *precario* et l'action *præscriptis verbis* (5). Julien voyait ici une obligation unilatérale née pour le concessionnaire *quasi ex contractu* et donnait au

(1) L. 17, D., *De precario* (XLIII, 26)
(2) L. 1, pr. et L. 2, § 2, D., *De precario* (XLIII, 26).
(3) L. 12, pr., D., *De precario* (XLIII, 26).
(4) Voir cependant *Pauli sent.*, lib. V, tit. VI, § 10.
(5) L. 2, § 2, D., *De precario* (XLIII, 26).

concédant le choix entre l'interdit de *precario* et la *condictio incerti* (1).

7° Jamais il ne s'est élevé le moindre doute sur la question de savoir si l'héritier du commodataire était tenu comme le défunt de l'*actio commodati directa* : au contraire la plupart des jurisconsultes décidaient que l'héritier du concessionnaire à précaire n'était pas tenu de l'interdit *de precario : nullæ enim preces ejus*, dit Paul, *videntur adhibitæ* (2) ; on donnait primitivement contre cet héritier l'interdit de *clandestina possessione*, qui fut plus tard remplacé par l'interdit *uti possidetis;* mais Ulpien donnait contre l'héritier tout comme contre le concessionnaire lui-même l'interdit *de precario* (3) : cette opinion d'Ulpien avait prévalu dès le temps de Dioclétien et Maximien, ainsi que nous l'apprend une constitution de ces empereurs (4). Même en adoptant l'opinion d'Ulpien, il reste toujours, au point de vue qui nous occupe, une différence entre le commodat et le *precarium :* l'héritier du commodataire est tenu *in solidum* du dol commis par le dé-

(1) L. 19, § 2, D., *De precario* (XLIII, 26). — C'est à tort que M. de Savigny (*Traité de la possession*, traduct. Beving, § 42, page 404, note 2) considère Julien comme ayant professé la même doctrine que Ulpien. Il est absolument impossible que Julien, l'un des chefs de l'école sabinienne, ait ici accordé *l'actio præscriptis verbis*, dont son école n'admettait pas l'existence. Le texte de Julien, tel qu'il nous a été transmis, est ainsi conçu : « *Cum quid precario rogatum est, non solum interdicto uti possumus, sed et incerti condictione, id est præscriptis verbis.* » Dans le système de M. de Savigny, il faut lire *actione* au lieu de *condictione*. Il est beaucoup plus probable qu'un glossateur a ajouté : *Id est præscriptis verbis*. Nous pensons donc que l'on doit décider qu'indépendamment de l'interdit *de precario*, Julien donnait la *condictio incerti*. La loi 75, § 7, D., *De verb. obl.* (XLV, 1), dont nous nous occuperons plus tard, nous expliquera pourquoi Julien donnant une *condictio*, donne la *condictio incerti* et non la *condictio certi*. Le concessionnaire est ici obligé à retransférer la possession : *Vacuam possessionem tradi*, obligation *ad faciendum* et non *ad dandum*, laquelle ne saurait donner lieu à une *condictio certi*. Voir du reste cette L. 75, § 7, D., *De verb. obl.* (XLV, 1).

(2) *Sent.* lib. V, tit VI, § 12. *Adde* L. 11, D., *De divers. temp. præscr.* (XLIV, 3) et L. 12, § 1, D., *De precario* (XLIII, 26).

(3) L. 8, § 8, D., *De precario* (XLIII, 26).

(4) L. 2, C., *De precario* (VIII, 9).

funt (1), tandis que l'héritier du concessionnaire n'était tenu du dol de son auteur que, dit Ulpien, *hactenus quatenus ad eum ex eo dolo pervenit* (2). Cependant il paraît difficile d'admettre qu'Ulpien ne se prononçât pas pour la responsabilité *in solidum* de l'héritier en ce qui touche le dol du défunt, puisqu'il était entré dans l'idée de contrat innomé appliqué au *precarium*. En effet, lorsqu'il existe une action née d'un contrat, l'héritier peut être poursuivi *in solidum* pour le dol commis par celui dont il continue la personne, tandis qu'il ne peut être poursuivi que jusqu'à concurrence de ce dont il a profité, lorsqu'il s'agit d'une action née *ex delicto* ou *quasi ex delicto*. Aussi la décision d'Ulpien que nous venons de citer nous paraît-elle avoir dû être restreinte par ce jurisconsulte au cas où l'héritier du concessionnaire était poursuivi à l'aide de l'interdit *de precario*; mais si le concédant avait préféré user de l'*actio præscriptis verbis*, Ulpien, ce nous semble, devait décider que l'héritier du concessionnaire ainsi poursuivi était tenu du dol du défunt *in solidum*.

Il est difficile d'expliquer l'existence à côté du commodat d'une autre institution appelée à répondre aux mêmes besoins sociaux. Il est fort difficile aussi d'expliquer pourquoi on suit dans le *precarium* une autre règle touchant la faute que celle qui est suivie en matière de commodat. Enfin comment se pouvait-il qu'il y eût une controverse sur la question de savoir si l'héritier du concessionnaire était tenu de l'interdit *de precario?* Il est évident qu'à l'origine l'idée de contrat fut absolument étrangère à l'introduction du *precarium*, qui se présenta comme un corollaire de la théorie prétorienne de la possession et des interdits possessoires. M. de Savigny prétend que tout cela s'explique en admettant que le *precarium* tire son origine des rapports des patriciens avec leurs clients. Les patriciens obtenaient du peuple de grandes concessions prises sur l'*ager publicus* qu'ils concédaient ensuite par portions à leurs clients à la

(1) L. 12, D., *De obl. et act.* (XLIV, 7). Comp. Gaïus, comm. IV, § 113, et Just., Inst., lib. IV, tit. XII, § 1.

(2) L. 8, § 8, D., *De precario* (XLIII, 26).

condition de révoquer cette concession *ad nutum*. Cette partie d'*ager publicus* concédée au client par le patricien aurait joué le même rôle dans leurs rapports réciproques que le *peculium servi vel filiifamilias* dans les rapports de l'esclave ou du fils vis-à-vis du maître ou du père (1), et de même que le *paterfamilias* pouvait toujours *adimere peculium*, de même le patricien pouvait toujours révoquer la concession qu'il avait faite. Dans ce système les rapports de clientèle expliqueraient pourquoi le concessionnaire n'est pas tenu quant à la faute d'une manière aussi rigoureuse que le commodataire. Enfin M. de Savigny explique la persistance du *precarium* après la disparition de ces rapports de clientèle entre les patriciens et les plébéiens par l'emploi que l'on fit de cette institution en matière de nantissement pour concilier la sûreté du créancier avec le désir de laisser néanmoins au débiteur l'usage de la chose engagée. Gaïus nous apprend, en effet, que de son temps encore le débiteur transférait à son créancier, par mancipation ou *in jure cessio*, la propriété de la chose qu'il voulait lui donner en gage, *contracta fiducia*, c'est-à-dire à la condition que le créancier lui en retransférerait la propriété après avoir été payé, et que le créancier lui en concédait l'usage par un *precarium* (2). Ce dernier point est certain ; mais, quant à l'origine du *precarium*, le système ingénieux de M. de Savigny que nous venons d'exposer ne s'appuie malheureusement que sur un texte peu probant de Festus, et nous croyons que sur ce point l'on en est encore aux conjectures, et qu'il faut se résoudre à confesser son ignorance tant qu'on n'aura pas découvert des documents précis sur la question (3).

3. Præterea et is apud quem res aliqua deponitur, re obligatur et actione depositi ; qui et ipse de ea re quam accepit restituenda tenetur.

En outre celui chez lequel une chose est déposée est obligé par la chose et tenu par l'action de dépôt de restituer la chose même qu'il a

(1) Festus, v° *Patres* : « *Quique agrorum partes adtribuerint tenuioribus* » PERINDE AC LIBERIS. »

(2) Comm. II, § 60.

(3) Voir M. de Savigny, *Traité de la possession*, traduction Beving, § 12 a, n° 3. p. 176, et § 42, p. 402 à 409.

Sed is ex eo solo tenetur, si quid dolo commiserit; culpæ autem nomine, id est, desidiæ ac negligentiæ, non tenetur : itaque securus est, qui parum diligenter custoditam rem furto amiserit, quia qui negligenti amico rem custodiendam tradidit, suæ facilitati id imputare debet.

reçue. Mais d'ailleurs, il n'est obligé que s'il a commis un dol ; car il n'est pas tenu de sa faute, c'est-à-dire de son incurie et de sa négligence. Si donc le dépositaire a perdu par suite d'un vol la chose qu'il gardait avec peu de soin, il est en sûreté, parce que celui qui a donné une chose à garder à un ami négligent doit imputer la perte de cette chose à sa propre légèreté.

Le dépôt est un contrat par lequel une personne remet une chose à une autre personne qui se charge gratuitement de veiller à la conservation de cette chose et s'oblige à la rendre à première réquisition (1). Ce contrat est au nombre de ceux qui *re perficiuntur* : il n'est parfait que par la tradition de la chose faite par le déposant entre les mains du dépositaire. Si une personne avait promis à une autre de se charger d'un dépôt, elle ne pourrait y être forcée, parce que *ex pacto actio non oritur*.

A l'exemple du commodataire, le dépositaire n'acquiert ni la propriété ni la possession de la chose déposée : le déposant continue à la posséder par le ministère du dépositaire. Mais le commodataire a le droit de se servir de la chose prêtée en l'employant à l'usage convenu entre lui et le commodant jusqu'à l'époque fixée par le contrat, de telle sorte que le commodataire reçoit un service du commodant. Dans le dépôt, c'est tout le contraire : c'est celui qui reçoit la chose, le dépositaire, qui rend service à celui qui la remet, au déposant, puisqu'il la lui rendra à première réquisition et qu'il n'a pas le droit de s'en servir : il ne fait que la garder, la conserver gratuitement pour la restituer. Si le dépositaire se servait de la chose, sachant que le déposant ne l'aurait pas permis, il commettrait un *furtum usus*.

Autrefois, même encore à l'époque de Gaïus, le déposant transférait quelquefois la propriété de la chose déposée au dépositaire, qui s'obligeait à retransférer cette propriété à première

(1) L. 1, pr., D., *Depositi vel cont.* (XVI, 3).

réquisition. Cela avait lieu ordinairement lorsque le déposant s'absentait *quod tutius res apud eum essent* (1), c'est-à-dire afin qu'en cas de *furtum* de la chose déposée, le dépositaire pût exercer l'action en revendication et la *condictio furtiva* (2). Il pouvait aussi arriver que la possession de la chose déposée fût transférée au dépositaire : c'est ce qui avait lieu dans le cas de séquestre dans le *depositum sequestrationis,* c'est-à-dire dans le cas où une chose dont la propriété était en litige était déposée du consentement des parties contendantes entre les mains d'un tiers, qui s'engageait à la rendre à celle des deux qui triompherait dans la revendication. Dans ce cas, ou l'on transférait la possession au séquestre afin que cette possession ne profitât au point de vue de l'usucapion à aucun des deux plaideurs, ou bien on lui remettait la chose de manière à ce qu'il la détînt pour celui des deux qui serait victorieux, de telle sorte que le temps écoulé pendant l'instance profitât *ad usucapionem* à celui qui triompherait. Tout dépendait donc ici de l'intention des parties, c'est ce qui résulte des deux textes suivants :

L. 17, § 1, D., *Depositi vel cont.* (XVI, 3).

FLORENTINUS, lib. 7 Institutionum.

Rei depositæ proprietas apud deponentem manet, sed et possessio : nisi apud sequestrem deposita est : nam tum demum sequester possidet : id enim agitur ea depositione, ut neutrius possessioni id tempus procedat.

FLORENTINUS, Institutes, livre 7.

La propriété de la chose déposée reste au déposant, ainsi que la possession, à moins qu'elle ne soit déposée entre les mains d'un séquestre : car alors le séquestre possède pour que ce temps ne serve à la possession d'aucun des deux.

(1) Gaius, Comm. II, § 60.

(2) « In furtiva re, soli domino condictio competit », nous dit Ulpien, L. 1, D., *De condict. furt.* (XIII, 1).

L. 39, D., *De acq. vel amitt. poss* (XLI, 2).

JULIANUS, lib. 2. ex Minicio.

Interesse puto qua mente apud sequestrum deponitur res; nam si omittendæ possessionis causa, et hoc aperte fuerit approbatum, ad usucapionem possessio ejus partibus non procederet; at si custodiæ causa deponatur, ad usucapionem eam possessionem victori procedere constat.

JULIEN. livre 2 des extraits de Minicius.

Je pense qu'il importe de savoir dans quel esprit la chose est déposée entre les mains du séquestre : car si c'est pour perdre la possession et que cette intention soit clairement établie la possession du séquestre ne pourra être utile à aucune des parties pour l'usucapion : mais si la chose est déposée pour être gardée, il est certain que la possession sera utile à celui qui aura triomphé.

Le *depositum sequestrationis* admettait deux autres dérogations aux règles ordinaires du dépôt : il pouvait être salarié et avoir pour objet un immeuble : le dépôt ordinaire était au contraire gratuit et ne pouvait avoir pour objet que des meubles.

De même que, si le commodat n'était pas gratuit, il se trouverait transformé soit en une *locatio-conductio rei*, soit en un contrat innomé, selon que l'équivalent de l'usage de la chose consisterait ou non en une somme d'argent, de même le dépôt deviendrait, s'il n'était pas gratuit, une *locatio-conductio operarum*, si l'équivalent consistait en une somme d'argent, un contrat innomé, s'il consistait en toute autre valeur. Dans le premier cas, nous aurions un contrat parfait *solo consensu*, de telle sorte que celui qui aurait promis de recevoir la chose pour la garder et la restituer à première réquisition pourrait être poursuivi judiciairement à raison de cette obligation, tandis que la promesse de recevoir un dépôt n'engendre pas d'action : en outre le dépositaire rendant service au déposant, dans l'intérêt duquel le contrat intervient, n'est tenu, en cas de perte de la chose, que de son dol ou d'une faute lourde, il n'est pas tenu de sa négligence, tandis que s'il recevait une rémunération pour la garde de la chose, il serait tenu d'apporter à sa conservation les soins d'un bon père de famille. Il peut cependant arriver que le dépôt, quoique gratuit, soit intervenu dans l'intérêt du dépositaire seul, cas auquel les risques de la chose sont à sa charge, de telle sorte qu'il répondrait même des cas fortuits : nous en trouvons un exemple dans le texte suivant :

L. 4, pr., D., *De rebus cred.* (XII, 1).

ULPIANUS, lib. 34, ad Sabinum.

Si quis nec causam, nec propositum fœnerandi habuerit, et tu empturus prædia, desideraveris mutuam pecuniam, nec volueris creditæ nomine, antequam emisses, suscipere, atque ita creditor, quia necessitatem forte proficiscendi habebat, deposuerit apud te hanc eandem pecuniam, ut, si emisses, crediti nomine obligatus esses, hoc depositum periculo est ejus, qui accepit. Nam et qui rem vendendam acceperit, ut pretii uteretur, periculo suo rem habebit.

ULPIEN, livre 34, sur Sabinus.

Une personne n'a ni le besoin, ni l'intention de prêter à intérêt, et vous, désirant acheter des fonds de terre, cherchez à emprunter sans vouloir cependant recevoir une somme à titre d'argent prêté avant d'avoir acheté : à cause de cela, votre prêteur, forcé de partir, a déposé chez vous cette somme d'argent, de telle sorte que vous serez obligé comme emprunteur si vous achetez. Un tel dépôt est aux risques de celui qui l'a reçu. Ainsi celui qui s'est chargé de vendre une chose à condition de se servir du prix aura la chose à ses risques et périls.

Dans le commodat le terme est stipulé en faveur du commodataire : dans le dépôt, au contraire, il est stipulé en faveur du déposant : dans le commodat il signifie que le commodataire ne pourra pas être tenu de restituer la chose avant telle époque, tandis que dans le dépôt il signifie que le dépositaire ne sera pas tenu de la conserver plus longtemps, de telle sorte que le déposant renonçant à l'avantage qui résulte pour lui de la stipulation d'un terme, peut demander, avant l'expiration de ce terme, la restitution de la chose (1).

Le dépôt est au nombre des contrats synallagmatiques imparfaits : dès qu'il est formé, le dépositaire est obligé, et le déposant

(1) L. 1, § 22, D., *Depositi vel cont.* (XVI, 3).

a contre lui l'*actio depositi directa*. Postérieurement à sa formation, par suite de circonstances accidentelles, ce contrat peut engendrer des obligations de la part du déposant envers le dépositaire, auquel compéterait dans ce cas l'*actio depositi contraria*. Sur cette action nous aurions à faire les mêmes remarques que sur l'action *commodati contraria*. Nous devons cependant faire observer que le commodataire, profitant de l'usage de la chose, ne peut réclamer que les dépenses extraordinaires, tandis que le dépositaire, qui n'a pas l'usage de la chose et qui rend un service, pourra réclamer les dépenses ordinaires, par exemple la nourriture du cheval déposé. Nous renvoyons, en ce qui touche la question de savoir quelle peut être l'utilité de l'action *depositi contraria* en présence du droit accordé à tout juge d'une action *bonæ fidei* d'opérer la compensation de ce que doit le demandeur au défendeur avec ce qui est dû au premier par ce dernier, à l'explication que nous avons donnée de la même question, en ce qui regarde l'action *commodati contraria*. Cette explication étant la même pour les deux cas, nous ne pourrions que nous répéter.

Il est des cas où le déposant n'a pas la liberté de choisir pour dépositaire une personne en laquelle il ait confiance : c'est ce qui arrive dans les cas de tumulte, incendie, inondation, naufrage, et autres semblables : le dépôt est alors appelé nécessaire. Dans ce cas, l'*actio depositi directa* entraîne une condamnation au double contre le dépositaire qui nie mensongèrement l'existence du dépôt : c'est un des cas où les jurisconsultes disaient : *lis infitiando crescit in duplum*. Contre l'héritier du dépositaire nécessaire, l'action n'était plus donnée qu'au simple, à moins que cet héritier ne fût poursuivi pour son propre dol : s'il s'agissait du dol du défunt, non-seulement l'action n'était donnée contre lui que *in simplum*, mais encore elle n'était donnée que *intra annum* (1).

En principe, le dépositaire doit restituer les choses déposées *in specie*. Si donc il était tenu d'en rendre de pareilles, en même

(1) Just. Inst., lib. IV, tit. VI, § 17 ; L. 1, §§ 1, 2, 3, 4, et L. 18, D., *Depositi vel cont.* (XVI, 3).

quantité et qualité, *egreditur ea res depositi notissimos terminos* (1). Mais les jurisconsultes admettaient qu'un contrat pouvait être modifié dans une certaine mesure sans changer de nom (2), puisque nous avons déjà vu qu'ils distinguaient dans les éléments d'un contrat ceux qui lui sont essentiels de ceux qui ne sont que de sa nature ou qui lui sont simplement accidentels. Aussi les jurisconsultes admettaient-ils que lorsqu'une personne avait confié à une autre une somme d'argent avec le droit de s'en servir, et à la condition de rendre à première réquisition, non pas les mêmes écus, mais pareille somme, il y avait dépôt. Ce contrat tient du dépôt en ce que la restitution devra avoir lieu à première réquisition du créancier, et du *mutuum* en ce que le débiteur doit rendre *tantumdem* et non pas *eosdem nummos* : les jurisconsultes romains le considéraient néanmoins comme un dépôt (3). Nos anciens auteurs avaient donné à ce contrat le nom de *dépôt irrégulier*.

4. Creditor quoque qui pignus accepit, re obligatur ; qui et ipse de ea re quam accepit restituenda tenetur actione pigneratitia. Sed quia pignus utriusque gratia datur, et debitoris quo magis pecunia ei crederetur, et creditoris quo magis ei in tuto sit creditum, placuit sufficere quod ad eam rem custodiendam exactam diligentiam adhiberet : quam si præstiterit, et aliquo fortuito casu eam rem amiserit, securum esse nec impediri creditum petere.

Le créancier aussi qui a reçu un gage est obligé par la chose, et il est tenu de restituer la chose qu'il a reçue par l'action pigneratitienne. Mais comme le gage est donné dans l'intérêt des deux contractants, du débiteur pour que l'argent lui soit plus facilement prêté, du créancier pour que la créance soit plus en sûreté, on a admis qu'il suffit d'apporter à la garde de la chose une exacte diligence. Si le créancier a apporté ce soin et qu'il ait perdu la chose par cas fortuit, il est en sûreté et rien ne l'empêche d'exiger ce qui lui est dû.

Le gage (*pignus*) est un contrat par lequel un créancier reçoit

(1) L. 24, D., *Depositi vel cont.* (XVI, 3).

(2) L. 5, § 4, D., *De præscript. verb.* (XIX, 5) où le jurisconsulte nous dit : « *Et potest mandatum ex pacto etiam suam naturam excedere.* »

(3) L. 24, L. 25, § 1, L. 26, § 1, D., *Deposit. vel cont.* (XVI, 3).

de son débiteur une chose avec faculté de la retenir jusqu'à parfait payement, et de l'aliéner au cas de non-payement à l'échéance : ce créancier contracte l'obligation de restituer cette chose, si le payement est effectué, et celle de veiller à sa conservation jusqu'à l'aliénation ou la restitution. Il contracte aussi l'obligation de rendre au débiteur, au cas d'aliénation de la chose donnée en gage, l'excédant du prix de cette chose sur les sommes qui lui sont dues (1). Le contrat de gage n'est parfait que par la tradition de la chose, le créancier ne pouvant être tenu de la restituer qu'autant qu'il l'a reçue. La tradition ne transfère pas ici le *dominium*; elle ne procure au créancier que la possession *ad interdicta*, le droit de rétention, et le pouvoir d'aliéner la chose en cas de non-payement à l'échéance, encore verrons-nous que ce dernier droit ne lui a appartenu qu'à partir d'une certaine époque du droit romain. Primitivement, quand on voulait donner une sûreté réelle à son créancier, on lui transférait la propriété d'une chose, et il s'obligeait à retransférer cette propriété au débiteur après l'exécution de l'obligation que les parties avaient en vue de garantir. C'était là le contrat de *fiducie* dont nous parlent Paul dans ses Sentences (2), et Gaïus dans ses Institutes (3). Ce contrat était, comme on le voit, un contrat *re*, mais Justinien n'en parle pas parce que, de son temps, il était tombé en désuétude. Il donnait naissance à l'*actio fiduciæ directa* et à l'*actio fiduciæ contraria* dans les cas où nous verrons que le *pignus* donne lieu à l'*actio pigneratitia directa* et à l'*actio pigneratitia contraria*, avec cette différence, bien entendu, qu'au lieu de la retranslation de la possession il s'agissait de la retranslation de la propriété (4). Le *pignus* n'est donc que la simplification

(1) Dans les textes, le mot *pignus* signifie tantôt le contrat de gage (L. 1, § 4, D., *De pactis* (II, 14) ; L. 5, § 2, D., *Commod. vel contr.* (XIII, 6)), tantôt le droit qui naît de ce contrat en faveur du créancier (L. 26, pr., D., *De pign. act.* (XIII, 7), tantôt enfin la chose elle-même qui a été donnée en gage (texte *hic*; L. 11, § 6, *in f.*, L. 13, pr., L. 15, D., *De pign. act.* (XIII, 7); Inst. Just., *De act.*, § 7 (IV, 6)).

(2) Lib. II, tit. XIII.

(3) Comm. II, § 60.

(4) Nous ne parlons ici que de la *fiducia* employée pour donner une sû-

de la fiducie, qui présentait dans la pratique un inconvénient considérable : si le créancier était de mauvaise foi et qu'il aliénât, le débiteur obtenait contre lui une condamnation pécuniaire à l'aide de l'*actio fiduciæ directa*, mais l'aliénation subsistait. Ce danger n'est pas à craindre dans le *pignus*, puisque le débiteur reste propriétaire, et puisque le créancier ne peut aliéner qu'au cas de non-payement à l'échéance (1). La vente qu'il ferait antérieurement ou sans les formalités fixées par le contrat de gage constituerait de la part du créancier gagiste un *furtum*, et dès lors, indépendamment de l'*actio pigneratitia directa*, il serait tenu de l'*actio furti* (2). En outre, l'aliénation émanée *a non domino* et faite sans le mandat du *verus dominus* ne serait pas valable, et le débiteur aurait la revendication contre celui qui aurait acheté la chose et qui en aurait reçu tradition. La fiducie persista cependant dans la pratique romaine longtemps encore après l'introduction du *pignus* et même après l'introduction de l'hypothèque, dernier degré de simplification de la garantie réelle donnée au créancier. En effet, l'hypothèque est un droit réel prétorien créé par simple pacte et donnant au créancier, s'il n'est pas payé à l'échéance, le droit d'intenter contre tout détenteur l'action réelle appelée quasi-servienne ou

reté réelle à un créancier. Mais la *fiducia* était d'une application plus étendue; nous l'avons déjà vu intervenir entre le déposant et le dépositaire. Dans son sens le plus général, *fiducia* désigne, soit un acte solennel d'aliénation (par *mancipatio* ou *in jure cessio*), dans lequel l'acquéreur contracte l'obligation de retransférer, un jour, la chose à celui qui la lui a transférée, soit la chose aliénée et acquise de cette manière. Gaïus, Comm. II, § 60 : « .... FIDUCIA *contrahitur aut cum creditore pignoris jure,* » *aut cum amico, quo tutius nostræ res apud eum essent*.... » Boethius, AD CICER. TOP. IV : « .... FIDUCIAM *vero accipit, cuicumque res aliqua* » *mancipatur, ut eam mancipanti remancipet*........ *Hæc mancipatio* » FIDUCIARIA *nominatur idcirco, quod* RESTITUENDI FIDES *interponitur*.... »

(1) Nous expliquerons bientôt que, primitivement, le créancier gagiste n'avait pas le droit de vendre la chose donnée en gage, à moins que ce droit ne lui eût été concédé par un pacte exprès. Lorsque ce pacte existait, et, plus tard, lorsque le droit de vendre fut de l'essence du gage, le créancier ne put jamais vendre qu'en cas de non-payement à l'échéance.

(2) L. 73, D., *De furtis* (XLVII, 2).

hypothécaire, à l'effet de se faire délivrer la possession de la chose hypothéquée afin de pouvoir l'aliéner et se payer sur le prix (1). Ainsi, dans le contrat de fiducie, translation de la propriété au créancier par le débiteur, qui ne transfère plus par le *pignus* que la possession, et qui plus tard, par le pacte prétorien d'hypothèque, donne une sûreté réelle au créancier tout en conservant propriété et possession. Voilà la marche progressive des institutions.

Nous avons vu que le commodataire et le dépositaire n'acquéraient ni l'un, ni l'autre, la possession de la chose prêtée à usage ou déposée, qu'ils détenaient pour le commodant ou déposant et lui conservaient tous les avantages de la possession. Logiquement, il devrait en être de même du créancier gagiste; car comment comprendre qu'il possède, puisqu'il ne détient pas *animo domini?* On avait trouvé qu'abstraction faite de la translation de la possession, le gage ne procurerait au créancier aucune utilité, et, à défaut de l'*animus domini*, on disait qu'il avait l'*animus sibi possidendi*. Du reste, les avantages de la possession étaient ici partagés : le débiteur, qui avait donné en gage une chose, dont il n'était pas propriétaire, mais qu'il était en voie d'usucaper, profitait de la possession du créancier gagiste au point de vue de l'usucapion (2), tandis que le créancier avait la possession *ad interdicta*.

(1) Just. Inst., lib. VI, tit. VI, § 7.

(2) Le créancier qui avait reçu en gage une chose qui n'appartenait pas à son débiteur, était le premier intéressé à ce que la possession, qui lui avait été transmise, continuât à être utile au débiteur *ad usucapionem* et parvînt à conduire ce débiteur à la propriété. — Dans le *precarium*, le concédant non-propriétaire possède aussi *ad usucapionem*, quoique le concessionnaire puisse user des interdits contre les tiers, puisque *rupto precario* il peut, soit au point de vue de l'usucapion, soit au point de vue de l'interdit *utrubi* (s'il s'agit d'un meuble), joindre la possession du concessionnaire à sa propre possession antérieure et postérieure au *precarium*. Voir L. 13, § 7, D., *De acq. vel amitt. poss.* (XLI, 2).

L. 16, D., *De usurp. et usucap.* (XLI, 3).

JAVOLENUS, lib. 4, ex Plautio.

Servi nomine, qui pignori datus est, ad exhibendum cum creditore, non cum debitore agendum est : quia qui pignori dedit, ad usucapionem tantum possidet, quod ad reliquas omnes causas pertinet, qui accepit, possidet : adeo ut addici possit et possessio ejus, qui pignori dedit.

JAVOLENUS, livre 4, extraits de Plautius.

On doit agir *ad exhibendum* pour l'esclave donné en gage contre le créancier et non contre le débiteur, parce que celui qui a donné le gage possède uniquement pour l'usucapion; à tout autre point de vue, le créancier gagiste possède, tellement qu'il peut ajouter à sa possession celle du débiteur (1).

Nous avons déjà vu que souvent dans la pratique le créancier auquel son débiteur avait transféré la propriété d'une chose *fiduciæ causa* lui en concédait *precario* la possession (2) : sur ce point, pas de difficulté. En sera-t-il de même du créancier gagiste? Pourra-t-il concéder *precario* au débiteur la possession de la chose qu'il a reçue en gage? Ce point avait fait difficulté, parce que l'on n'admettait pas qu'une personne pût recevoir à précaire la chose dont elle était propriétaire, et que le débiteur restait propriétaire de la chose donnée en gage. Mais on avait considéré que le *precarium* avait pour objet la possession et non la propriété, et que dès lors le créancier ayant la possession devait pouvoir la concéder même au propriétaire. Cette sorte de *precarium* était devenue très-usuelle dans la pratique romaine, ainsi que nous l'apprend le texte suivant :

L. 6, § 4, D., *De precario* (XLIII, 26).

ULPIANUS, lib. 71, ad Edictum.

Quæsitum est : si quis rem suam

ULPIEN, livre 71, sur l'Edit.

On s'est demandé s'il y a lieu à

(1) Voir aussi L. 14, § 3, D., *De diversis temp. præs.* (XLIV, 3). — Cette jonction de possession, dont parle la dernière phrase de notre texte, était utile au créancier gagiste au point de vue de l'interdit *utrubi*.

(2) Gaïus, Comm. II, § 60.

pignori mihi dederit, et precario rogaverit : an hoc interdictum locum habeat; quæstio in eo est, ut precarium consistere rei suæ possit? Mihi videtur verius, precarium consistere in pignore : cum possessionis rogetur, non proprietatis; et est hæc sententia etiam utilissima : quotidie enim precario rogantur creditores ab his, qui pignori dederunt : et debet consistere precarium.

cet interdit dans le cas où quelqu'un après m'avoir donné sa chose en gage me l'a demandée à précaire : la question est de savoir si le précaire peut porter sur la chose même du concessionnaire ? Il me paraît exact de dire que le précaire peut porter sur le gage ; car on demande au créancier la possession et non la propriété ; et cette décision est fort utile : chaque jour, en effet, les créanciers sont priés par ceux qui ont donné les gages de les leur concéder à précaire, et ce précaire doit être considéré comme valable.

Ainsi que nous l'avons déjà vu, le créancier gagiste contracte l'obligation de restituer la chose donnée en gage, si le payement est effectué. Il contracte aussi l'obligation de rendre au débiteur, au cas d'aliénation de la chose donnée en gage, l'excédant du prix de cette chose sur les sommes qui lui sont dues. Ces deux obligations ont pour sanction l'*actio pigneratitia directa* accordée au débiteur.

Le créancier doit aussi veiller à la conservation de la chose donnée en gage, et il est à cet égard tenu plus rigoureusement que le dépositaire. En effet, le contrat de dépôt intervient dans l'intérêt du déposant seul, tandis que le contrat de gage intervient tout à la fois dans l'intérêt du débiteur, qui y trouve un moyen de crédit, et dans l'intérêt du créancier, auquel il procure une sûreté. Aussi, tandis que le dépositaire n'est tenu que de son dol, le créancier gagiste doit apporter, d'après notre paragraphe des Institutes, à la conservation de la chose *exactam diligentiam* (1). Cette troisième obligation a aussi pour sanction l'*actio pigneratitia directa*.

(1) Notre paragraphe 4 se sert, à l'égard du créancier gagiste, des mêmes termes (*exactam diligentiam*) que le paragraphe 2 par rapport au commodataire. En effet, le créancier gagiste et le commodataire étaient,

Le contrat de gage produisait aussi une *actio pigneratitia contraria*. Le débiteur, qui a donné le gage, peut, en effet, à raison de ce contrat, se trouver obligé vis-à-vis du créancier; mais ce n'est que *ex post facto* que naîtront les obligations du débiteur envers le créancier gagiste, et il peut arriver qu'elles ne prennent pas naissance. Le gage est donc au nombre de ces contrats que l'on appelle dans la doctrine moderne *synallagmatiques imparfaits*. Nous savons déjà que les jurisconsultes romains traitaient ces contrats comme les véritables contrats synallagmatiques et que les actions qu'ils produisaient étaient *bonæ fidei*.

Originairement le *pignus* ne procurait au créancier que le droit de retenir la chose donnée en gage qu'il avait en sa possession jusqu'à l'entière extinction de la dette pour laquelle il l'avait reçue (1). On accorda par la suite au créancier gagiste non-seulement les interdits possessoires, mais encore l'action réelle appelée quasi-servienne ou hypothécaire, que le préteur n'avait d'abord introduite que pour *l'hypotheca*, et qui fut éten-

au point de vue qui nous occupe, traités de la même manière. C'est bien à tort que nos anciens interprètes ont cru le contraire. Peu importe que le contrat soit intervenu dans l'intérêt du débiteur seul ou dans l'intérêt simultané du débiteur et du créancier, dès l'instant que l'intérêt du débiteur se rencontre, ce débiteur est tenu d'apporter *exactam diligentiam*. Dans les cas, au contraire, où l'intérêt du créancier intervient seul, le débiteur n'est tenu que de son dol. Ainsi la distinction que nos anciens interprètes avaient crue tripartite n'était que bipartite. Voir L. 17, § 2, D., *De præscript. verb* (XIX, 5). On sait que cette erreur de nos anciens interprètes avait donné naissance à la célèbre théorie *des trois fautes*.

(1) Vers la fin de l'époque classique (en l'an 240 de l'ère chrétienne), l'empereur Gordien vint, par un rescrit, augmenter l'étendue de ce droit de rétention. D'après ce rescrit, le créancier gagiste peut exercer son droit de rétention pour d'autres créances contre le même débiteur, auxquelles le gage n'a pas été affecté, jusqu'à ce qu'il ait été aussi satisfait à cet égard; mais cette extension du droit de rétention n'est accordé que contre le débiteur ou son héritier, et non contre un créancier postérieur venant exercer le *jus offerendæ pecuniæ*. Ce rescrit forme la loi unique, C., *Etiam ob chirographariam pecuniam pignus teneri posse* (VIII, 27). La décision de Gordien a été admise par les rédacteurs du Code Napoléon, mais seulement pour les dettes contractées par le même débiteur envers le même créancier postérieurement à la constitution du gage. Voir Code Nap., art. 2082.

due au *pignus* par analogie (1). Cette action réelle lui était utile lorsqu'il avait perdu la possession et ne pouvait plus la recouvrer à l'aide d'un interdit.

Pendant fort longtemps le *pignus* ne donna pas au créancier gagiste le droit de vendre la chose qui lui avait été remise en gage et de se payer avec le prix provenant de cette vente. Il fallait pour que le créancier gagiste eût ce droit qu'il lui eût été expressément accordé par une clause du contrat ou par un pacte postérieur (*pactione, pacto*). Tel était le droit au temps de Trajan, c'est-à-dire au commencement du deuxième siècle de l'ère chrétienne, puisque Javolenus, qui vivait sous ce prince, nous dit : « *Si is qui pignori rem accepit, quum de vendendo pignore » nihil convenisset, vendidit... furti se obligat* (2). » Tel était encore le droit au temps de Marc-Aurèle, qui régna de l'an 161 à l'an 180 de l'ère chrétienne. C'est ce qui résulte des Institutes de Gaïus, écrites sous ce prince, et d'un passage de Scævola, autre jurisconsulte contemporain de l'empereur philosophe. Gaïus nous dit : « *Item creditor pignus ex* PACTIONE *quamvis ejusea res » non sit; sed hocforsitan ideo videtur fieri, quod voluntate debi- » toris intelligitur pignus alienari*, QUI OLIM PACTUS EST UT LICE- » RET CREDITORI PIGNUS VENDERE, SI PECUNIA NON SOLVATUR (3). » Et Scævola n'est pas moins explicite : « *Item si mihi pignori dederis* » ET CONVENERIT, NISI PECUNIAM SOLVISSES, LICERE EX PACTO PIGNUS VEN- » DERE.... (4). » Plus tard la faculté de vendre la chose donnée en gage en cas de non-payement fut considérée comme tacitement accordée au créancier, ce qui était plus conforme à la nature et au but du droit de gage. Bien plus, on finit par considérer la faculté qui nous occupe comme étant de l'essence du *pignus*, et l'on considéra la clause enlevant expressément cette faculté au créancier gagiste comme n'ayant d'autre effet que de l'obliger à ne vendre qu'après avoir fait à son débiteur, posté-

(1) Just. Inst., § 7, *De actionibus* (IV, 6).
(2) L. 73, D., *De furtis* (XLVII, 2).
(3) Comm. II, § 64.
(4) L. 14, § 5, D., *De divers. temp. præscrip.* (XLIV, 3).

rieurement à l'échéance, trois sommations de payer restées infructueuses. La nécessité de ces trois sommations précédant la vente incombait aussi au créancier dans le cas où les parties avaient gardé le silence touchant la faculté de vendre, de telle sorte que les mêmes principes régissaient le pacte permissif tacite et le pacte prohibitif exprès. Dans l'un et l'autre cas, le créancier qui aurait vendu sans faire les trois sommations exigées, eût été tenu de l'*actio furti*, et en outre le débiteur eût pu revendiquer la chose entre les mains de l'acheteur. A cette époque du droit, le pacte exprès accordant au créancier la faculté de vendre la chose donnée en gage en cas de non-payement à l'échéance, présentait encore une utilité : dans le cas, en effet, où un pareil pacte était intervenu, soit au moment de la constitution du gage, soit postérieurement, le créancier procédait régulièrement à la vente après une seule sommation restée sans résultat. Il est bien entendu que le créancier ne pouvait, en aucun cas, vendre avant l'échéance. Tels étaient, sur le point que nous venons d'étudier, les principes reçus au temps des derniers écrivains qui figurent au Digeste. C'est ce qui résulte des textes suivants :

L. 4, D., *De distractione pignorum* (XX, 5).

PAPINIANUS, lib. 11 Responsorum.	**PAPINIEN, livre 11 des Réponses.**
Cum solvendæ pecuniæ dies pacto profertur, convenisse videtur ne prius vendendi pignoris potestas exerceatur.	Lorsque par un pacte on recule le terme primitivement fixé pour le payement, on est par là même convenu que le pouvoir de vendre le gage ne pourra pas être exercé avant l'arrivée du nouveau terme.

L. 4, D., *De pign. act. vel. contra* (XIII, 5).

ULPIANUS, lib. 41, ad Sabinum.	**ULPIEN, livre 41, sur Sabinus.**
Si convenit de distrahendo pignore, sive ab initio, sive postea, non tantum venditio valet, verum incipit emptor dominium rei habere.	Si l'on est convenu, soit au moment du contrat, soit plus tard, que le créancier pourrait vendre le gage, non-seulement la vente faite par

Sed etsi non convenerit de distrahendo pignore, hoc tamen jure utimur, ut liceat distrahere : si modo non convenit, ne liceat. Ubi vero convenit, ne distraheretur, creditor, si distraxerit, furti obligatur : nisi ei ter fuerit denuntiatum, ut solvat, et cessaverit.

ce créancier est valable, mais encore l'acheteur devient immédiatement propriétaire. Mais alors même qu'on n'est pas convenu que le créancier pourrait vendre le gage, nous admettons qu'il est permis au créancier de le vendre, si toutefois on n'est pas convenu expressément du contraire ; car si l'on a dit que le gage ne pourrait être vendu, le créancier, qui l'aurait néanmoins vendu, serait tenu de l'action de vol, à moins qu'il n'eût fait au débiteur trois sommations de payer demeurées sans résultat.

PAULI, lib. II, tit. v, § 1. *Sententiarum*.

Creditor, si simpliciter sibi pignus depositum distrahere velit, ter ante denuntiare debitori suo debet, ut pignus luat, ne a se distrahatur.

PAUL, *Sentences*. liv. II, tit. v, § 1.

Le créancier, s'il veut vendre le gage à lui remis purement et simplement, doit auparavant faire trois sommations au débiteur de délivrer le gage, s'il ne veut pas qu'il soit vendu.

Ainsi donc, dès la fin du deuxième siècle ou au plus tard le commencement du troisième siècle de l'ère chrétienne, la faculté de vendre la chose donnée en gage, qui primitivement n'appartenait au créancier gagiste qu'en vertu d'une convention expresse, était considérée comme sous-entendue lors de la constitution du *pignus* et comme étant de l'essence de ce droit. Les Institutes de Justinien reproduisent néanmoins presque mot pour mot (1) le passage de Gaïus, que nous avons transcrit plus haut, lequel n'accorde au créancier gagiste le droit de vendre la chose donnée en gage qu'autant qu'il tient ce droit d'une convention expresse (2). Cette reproduction ne peut être attribuée qu'à une inadvertance des rédacteurs des Institutes, à moins toutefois que l'on ne dise qu'ils ont voulu parler d'un

(1) § 1, *Quibus alienare licet vel non* (II, 8).

(2) Comm. II, § 64.

pacte tacite nécessairement sous-entendu dans la constitution du gage.

Justinien décida que le créancier pourrait toujours vendre la chose donnée en gage, nonobstant toute convention contraire, que le mode de vente indiqué dans la convention serait suivi, que si aucun mode de vente n'était indiqué dans la convention, le créancier serait obligé de faire une dénonciation au débiteur s'il était présent, et dans le cas contraire d'obtenir contre lui une sentence, enfin que la vente ne pourrait avoir lieu que deux ans après la dénonciation ou la sentence (1). La vente devait avoir lieu aux enchères et après affiches. S'il ne se présentait pas d'enchérisseur, le créancier pouvait obtenir de l'empereur la chose donnée en gage à titre de propriétaire. Pour cela, on adressait à l'empereur une requête, qui devait indiquer les sommes dues par le débiteur et l'accomplissement des formalités exigées pour la vente, enfin contenir la demande du droit de conserver le gage à titre de propriétaire (2). Lorsque

(1) L. 3, § 1, C., *De jure dominii impetr.* (VIII, 34).

(2) L. 1, C. *De jure dominii impetr.* (VIII, 34). — On pouvait, dans l'ancien droit, convenir, en constituant le gage, que le créancier, s'il ne recevait pas le payement à l'époque marquée, deviendrait propriétaire de la chose engagée. Voir Cicéron, *Ad famil.*, XIII, 56; *Vatic. frag.*, § 9, et Paul, *Sent.*, lib. II, tit. XIII. Cette clause accessoire connue sous le nom de *lex commissoria* fut défendue par Constantin dans la constitution du gage (L. un., C. th., *De commis. rescind.* (III, 2), et L. 3, C., *De pact. pign.* (VIII, 35). Elle continua d'être parfaitement licite dans le contrat de vente. Voir le titre du Digeste, *De lege commissoria* (XVIII, 3). Cependant on ne doit pas considérer la prohibition de la *lex commissoria* dans le contrat de gage comme entraînant la nullité de la convention dont il est fait mention dans la L. 16, § 9, D., *De pign. et hyp.* (XX, 1), en vertu de laquelle le gage, dans le cas où le payement n'aurait pas lieu en temps convenable, sera vendu au créancier pour un juste prix qui sera déterminé alors, *justo pretio tunc æstimandam*, ni comme mettant obstacle à une vente du gage qui serait faite au créancier, non au moment même de la constitution du gage, mais plus tard, ou à une dation de cette chose en payement. Voir L. 12, pr., D., *De distract. pign.* (XX, 5); L. 13, C., *De pign. et hyp.* (VIII, 14). Si, d'après Paul (*Sent.*, lib. II, tit. XIII, § 3), le débiteur ne peut pas vendre au créancier la *fiducia*, cela tient à ce que par la *mancipatio* ou l'*in jure cessio*, la chose donnée en fiducie était déjà

l'empereur avait répondu favorablement à la requête, on devait faire estimer le gage par le juge. Si l'estimation ainsi faite était inférieure aux sommes dues, le débiteur n'était libéré que jusqu'à concurrence de cette estimation. Egalait-elle les sommes dues, le débiteur était complétement libéré; surpassait-elle au contraire le montant de la dette, le créancier était tenu de payer le surplus au débiteur, qui avait à cet effet l'*actio pigneratitia directa*.

Le créancier, qui avait ainsi obtenu de l'empereur le *dominium* de la chose donnée en gage, pouvait le perdre dans deux cas : 1° lorsque, postérieurement au rescrit, il recevait du débiteur les intérêts des sommes dues (1); 2° lorsque le débiteur usait du droit de payer ce qu'il devait au créancier et de reprendre le gage, droit qui lui était accordé autrefois pendant un an, et, depuis Justinien, pendant deux ans, à partir de la date du rescrit (2).

De même que le créancier hypothécaire, le créancier gagiste avait donc le droit de vendre la chose donnée en gage, afin de se satisfaire sur le prix. Il suit de là qu'il pouvait arriver qu'un créancier vendît une chose qui lui avait été hypothéquée ou donnée en gage, et que postérieurement l'acheteur fût évincé par une action réelle (revendication, publicienne, action quasi-servienne intentée par un créancier hypothécaire préférable). Dans ce cas, le créancier qui avait joué le rôle de vendeur, était-il tenu envers l'acheteur évincé, soit de l'action en garantie, soit de la restitution du prix? Il n'était tenu ni de l'une ni de l'autre de ces obligations, mais il devait céder à l'acheteur évincé son action *pigneratitia contraria* contre son débiteur (3), à moins qu'il n'eût vendu une chose qu'il savait ne pas lui être

devenue la propriété du créancier. — A l'exemple de Constantin, le Code Napoléon défend la *lex commissoria* comme clause accessoire d'un contrat de nantissement. V. Code Nap. art. 2078 et 2088. On déguise souvent cette clause prohibée à l'aide de la vente à réméré; sous cette forme, elle a reçu dans la pratique le nom de *contrat pignoratif*.

(1) L. 2, C., *De jure dominii impetr.* (VIII, 34).

(2) L. 3, C., *De jure dominii impetr.* (VIII, 34).

(3) L. 38 et L. 68, D., *De evict. et dup. stip.* (XXI, 2).

hypothéquée ou n'avoir pas appartenu à son débiteur, lors de la constitution de l'hypothèque (1), ou à moins de convention contraire (2). En d'autres termes, à moins de stipulation contraire, l'usage interprétait la volonté des parties en ce sens que le créancier hypothécaire ou gagiste ne promettait à l'acheteur que l'absence de dol, et, au cas d'éviction, la cession de l'action *pigneratitia contraria*.

Néanmoins, le créancier hypothécaire ou gagiste vendeur, en supposant que plus tard il découvrît qu'il était propriétaire de la chose vendue, ou bien en supposant qu'il devînt héritier du véritable propriétaire, n'aurait pas pu évincer l'acheteur. Quoiqu'il ne fût pas tenu de la garantie par voie d'action, il eût été repoussé par l'exception de garantie (*rei venditæ et traditæ*) (3).

La faculté de vendre la chose pour se payer sur le prix que produira cette vente constitue-t-elle un droit dont le créancier n'usera que s'il le juge convenable? Y a-t-il des circonstances dans lequelles il puisse être contraint par le débiteur d'opérer cette vente? Le texte suivant répond à cette question d'une manière très-nette et très-développée :

L. 6, pr., D., *De pigneratitia actione vel contra* (XIII, 7).

POMPONIUS, lib. 35, ad Sabinum.	POMPONIUS, livre 35, sur Sabinus.
Quamvis convenerit, ut fundum pigneratitium tibi vendere liceret, nihilomagis cogendus es vendere, licet solvendo non sit is, qui pignus dederit : quia tua causa id caveatur. Sed Atilicinus, cogendum creditorem esse ad vendendum, dicit. Quid enim, si multo minus sit quod debeatur, et hodie pluris venire possit pignus, quam postea? Me-	Bien qu'on soit convenu que vous pourriez vendre le fonds donné en gage, vous n'en êtes pas davantage forcé à vendre, bien que celui qui vous a donné le gage soit insolvable, parce que cette convention a été faite dans votre intérêt. Mais Atilicinus dit qu'on pourra dans certains cas forcer le créancier à vendre. Pourquoi pas, en effet, si le mon-

(1) L. 11, § 16, D., *De act. empt. et vend.* (XIX, 1).

(2) L. 22, § 4, D., *De pign. act. vel cont.* (XIII, 7). Ce texte a trompé M. Bonjean et lui a fait prendre l'exception pour la règle (*Traité des actions*, t. II, page 184).

(3) L. 10, D., *De distr. pign.* (XX, 5).

lius autem est dici, eum qui dederit pignus, posse vendere, et accepta pecunia solvere id, quod debeatur : ita tamen, ut creditor necessitatem habeat ostendere rem pigneratam, si mobilis sit ; priùs idonea cautela a debitore pro indemnitate ei præstanda : invitum enim creditorem cogi vendere, satis inhumanum est.

tant de la dette est très-inférieur à la valeur du gage et si celui-ci peut être vendu plus cher en ce moment que plus tard ? Mais il vaut mieux dire que celui qui a donné le gage peut vendre lui-même et payer sa dette avec l'argent reçu, à cette condition cependant que le créancier sera tenu de montrer la chose donnée en gage, si elle est mobilière, après que le débiteur aura fourni bonne et valable caution pour l'indemnité, qui pourrait être due au créancier : il serait, en effet, trop rigoureux de contraindre ce dernier à vendre malgré lui.

Si la chose engagée produit des fruits, le créancier est non-seulement autorisé, mais même obligé à percevoir les fruits, en ce sens cependant qu'il ne doit pas se les approprier comme un profit, mais les imputer sur sa créance, d'abord sur les intérêts, ensuite sur le capital (1). A cet effet, le créancier peut donner à bail la chose engagée (2), même à celui de qui il l'a reçue en gage (3).

En général, le créancier ne doit pas user ou jouir à son profit de l'objet engagé qu'il a en sa possession ; autrement il se rend coupable d'un *furtum usus* (4), à moins que le droit ne lui en ait été spécialement accordé. La convention aléatoire par laquelle le créancier obtient la jouissance de la chose engagée en compensation des intérêts de sa créance s'appelle ἀντίχρησις (5) ; elle peut

(1) L. 5, ⸹ 21, D., *Ut in poss. legat.* (XXXVI, 4) ; L. 1, 3 et 12, C., *De pign. act.* (IV, 24) ; L. 1, C., *De dist. pign.* (VIII, 28).

(2) L. 23, pr., D., *De pign. et hyp.* (XX, 1).

(3) L. 35, ⸹ 1 et L. 37, D., *De pign. act. vel cont.* (XIII, 7) ; L. 37, D., *De acq. vel amitt. poss.* (XLI, 2) conférée avec L. 28, D., *eod.*

(4) Just. Inst., ⸹ 6, *De oblig. quæ ex delict. nasc.* (IV, 1) ; L. 54, pr., D., *De furtis* (XLVII, 2).

(5) L. 11, ⸹ 1, D., *De pign. et hyp.* (XX, 1). Ce mot est encore employé pour désigner la chose engagée ou hypothéquée elle-même, dont

avoir lieu non-seulement expressément (1), mais encore tacitement, savoir, par cela seul qu'une chose frugifère est donnée en gage pour un capital qui ne porte pas intérêt; car, dans ce cas, le créancier a le droit de retenir les fruits de la chose engagée jusqu'à concurrence du taux de l'intérêt légal. Paul nous dit en effet : « *Cum debitor gratuita pecunia utatur, potest creditor de fructibus* » *rei sibi pignoratæ ad modum legitimum usuras retinere* (2). »

Des contrats innomés. — Les quatre contrats parfaits *re*, dont Justinien vient de nous parler et que nous venons d'étudier, consistent tous dans la *datio* ou dans la tradition d'une chose : *datio* de laquelle résulte le droit pour celui qui l'a opérée d'exiger des choses de pareille espèce et qualité en pareille quantité, ou tradition de laquelle résulte pour le *tradens* le droit d'exiger la restitution de la chose livrée elle-même (*in specie*). Tous les contrats *re* ne se présentent pas avec ce caractère. Il peut arriver que deux personnes soient convenues de se donner réciproquement une chose ou d'accomplir réciproquement un fait : tant qu'aucune des deux parties n'aura exécuté, il y aura là un simple pacte, qui ne produira pas d'action, *ex pacto actio non oritur*. Mais dès que l'une des parties aura exécuté la convention, elle pourra forcer l'autre à l'exécuter à son tour. Les jurisconsultes avaient vu dans l'exécution de la part de l'une des parties (*res*) une *causa civilis obligationis* suffisante pour donner naissance à une action.

L. 7, § 2, D., *De pactis* (II, 14).

ULPIANUS, lib. 4, ad Edictum.

Sed etsi in alium contractum res non transeat, subsit tamen causa : eleganter Aristo Celso respondit, esse obligationem : ut puta, dedi tibi rem ut mihi aliam dares, dedi ut aliquid facias, hoc συνάλλαγμα, id est, con-

ULPIEN, livre 4, sur l'Édit.

Mais si la convention n'est pas un contrat nommé, et qu'il s'y ajoute néanmoins une cause, Aristo a répondu avec raison à Celse qu'il y a obligation : par exemple, je vous ai transféré la propriété d'une chose

l'usage et la jouissance ont été accordés au créancier. L. 33, D., *De pign. act. vel contr.* (XIII, 7).

(1) Par exemple, L. 1, § 3 et L. 11, § 1; D., *De pign. et hyp.* (XX, 1).

(2) L. 8, D., *In quib. caus. pign.* (XX, 2).

tractum esse, et hinc nasci civilem obligationem. Et ideò puto, recte Julianum a Mauriciano reprehensum in hoc : dedi tibi Stichum, ut Pamphilum manumittas, manumisisti : evictus est Stichus : Julianus scribit in factum actionem a prætore dandam : ille ait, civilem incerti actionem, id est, præscriptis verbis, sufficere : esse enim contractum, quod Aristo συνάλλαγμα dicit, unde hæc nascitur actio.

pour que vous me transfériez celle d'une autre, je vous ai transféré la propriété d'une chose pour que vous accomplissiez un fait, il y a là συνάλλαγμα, c'est-à-dire contrat, et il en naît une obligation civile. C'est pourquoi j'estime que Julien a été à juste titre repris par Mauricien en ce point : Je vous ai donné Stichus pour que vous affranchissiez Pamphile, vous l'avez affranchi, vous êtes évincé de la propriété de Stichus. Julien a écrit qu'une action *in factum* doit être donnée par le préteur : Mauricien dit qu'il suffit ici de l'action civile née d'un contrat innomé ; c'est-à-dire de l'action *præscriptis verbis* : il y a là, en effet, un contrat, qu'Ariston appelle συνάλλαγμα, d'où naît cette action (1).

Ces conventions suivies d'exécution de la part de l'une des parties peuvent se présenter sous des formes très-variées : dès lors on se demanda si pour chacune d'elles il fallait donner une action spéciale. Les Proculiens recouraient à l'action générale *præscriptis verbis*, ainsi nommée parce que dans la *demonstratio* de la formule on énonçait sous forme de narration les faits qui avaient donné lieu au procès. Prenons pour exemple l'échange (*rerum permutatio*), qui était pour les Romains un contrat innomé. Si l'une des parties a exécuté la convention (*rem dedit ut alia sibi daretur*), et que l'autre partie ne veuille pas accomplir l'obligation corrélative, il y aura lieu, ainsi que Ulpien vient de nous le dire, à l'action *præscriptis verbis*. Or, dans la *demonstratio* de la formule on

(1) On commettrait une grave erreur en disant que la théorie des contrats innomés faisait exception à la règle : *ex pacto actio non oritur*. Dès l'instant qu'il y a eu exécution du pacte par l'une des parties, il n'y a plus *nudum pactum*, il y a contrat : « *Nec videri nudum pactum intervenisse quotiens certa lege dari probaretur* », nous dit Papinien (L. 8, in f., D., *De præscr. verb.* (XIX. 5) ; *adde* L. 8, C., *De rerum permutatione* (IV, 64).

ne pourra pas donner un nom à l'opération, on ne pourra dire ni *emit*, ni *vendidit*, on racontera qu'un tel a donné telle chose à un tel pour obtenir en retour telle autre chose, et le restant de la formule sera calqué sur les actions résultant des contrats de bonne foi, lesquelles, sauf la *demonstratio*, se ressemblent toutes. Dans cette action on posera au juge, tout comme dans les autres actions de bonne foi, une question de droit, celle de savoir si le défendeur est obligé envers le demandeur, ou en d'autres termes si une obligation de la part du défendeur envers le demandeur résulte des faits racontés. Cette action est donc *in jus concepta*, et cependant elle est souvent appelée dans les textes *actio in factum*. Elle est dite *in factum* au point de vue de la *demonstratio* pour le même motif qui l'a fait nommer *præscriptis verbis*. Elle ne doit pas être confondue avec les *actiones in factum* introduites par le droit prétorien, dans lesquelles le magistrat, voulant éviter un résultat auquel conduirait le droit civil, ne pose pas la question en droit et dit simplement au juge : « S'il est prouvé que tel fait a « eu lieu, condamne ; dans le cas contraire, absous. » L'action dont nous nous occupons est aussi appelée dans les textes *actio incerti civilis*. Elle doit cette troisième appellation au même motif que les deux précédentes : *incerti* est pris ici dans le sens d'innomé et le mot *contractus* est sous-entendu. *Actio incerti civilis* veut donc dire action née d'un contrat innomé.

Les Sabiniens résistèrent à l'introduction de l'*actio præscriptis verbis* : ils ramenaient les contrats innomés aux contrats nommés avec lesquels ils avaient le plus d'analogie, s'efforçant de rendre ces derniers le plus élastiques qu'il fût possible. C'est ainsi, pour reprendre notre exemple, qu'ils faisaient rentrer la *permutatio rerum* dans la vente, lui faisant produire *l'actio empti* et *l'actio venditi*. C'est ce que Gaïus nous apprend :

Gaii institutionum Comm. III, § 141.	**Gaïus, Institutes, Comm. III, § 141.**
Item pretium in numerata pecunia consistere debet ; nam in ceteris rebus an pretium esse possit, veluti hoc modo, an homo aut toga aut	De même le prix doit consister en argent monnayé ; car on discute beaucoup sur le point de savoir si le prix peut consister en autre chose,

fundus alterius rei pretium esse possit, valde quæritur. Nostri præceptores putant, etiam in alia re posse consistere pretium; unde illud est quod vulgo putant, per permutationem rerum emptionem et venditionem contrahi, eamque speciem emptionis et venditionis vetustissimam esse, argumentoque utuntur græco poeta Homero, qui aliqua parte sic aït :

par exemple, si un esclave ou une toge, ou un fonds peuvent être le prix d'une autre chose. Nos maîtres pensent que le prix peut consister en autre chose; en d'autres termes, ils pensent généralement que l'échange n'est autre chose qu'une vente, et que cette espèce de vente est la plus ancienne, et ils s'appuient sur le poëte grec Homère, qui dit quelque part :

Ἔνθεν ἄρ' οἰνίζοντο καρηκομόωντες Ἀχαιοί.
ἄλλοι μὲν χαλκῷ, ἄλλοι δ'αἴθωνι σιδήρῳ,
ἄλλοι δε ῥινοῖς, ἄλλοι δ'αυτῇσι βόεσσιν,
ἄλλοι δ'ανδραπόδεσσι.

Les Grecs à la belle chevelure achetaient du vin les uns avec de l'airain, d'autres avec du fer, d'autres avec du cuir, des bœufs ou des esclaves.

Diversæ scholæ auctores dissentiunt, aliudque esse existimant permutationem rerum, aliud emptionem et venditionem : alioquin non posse rem expediri permutatis rebus, quæ videatur res venisse, et quæ pretii nomine data esse ; sed rursus utramque videri et venisse, et utramque pretii nomine datam esse absurdum videri. Sed ait Cælius Sabinus, si rem a te venalem habente, veluti fundum, acceperim, et pretii nomine hominem forte dederim, fundum quidem videri venisse, hominem autem pretii nomine datum esse ut fundus acciperetur.

Les auteurs de l'école adverse ne sont pas du même avis, et pensent qu'autre chose est l'échange, autre chose la vente, autrement, l'échange opérée, on ne saurait dire quelle est la chose vendue, quelle chose a servi de prix ; et il serait absurde que toutes les deux fussent considérées et comme ayant été vendues, et comme ayant servi de prix. Mais Cœlius Sabinus répond que, si vous avez une chose, par exemple un fonds, et que vous ayez l'intention de le vendre, que je le reçoive de vous, et que je vous transfère, à titre de prix, la propriété d'un esclave, le fonds sera la chose vendue, et l'esclave le prix donné pour recevoir le fonds.

Dans l'espèce de l'échange, la question discutée entre les deux écoles présentait un grand intérêt; car, dans l'opinion des Sabiniens, l'échange, étant une vente, serait un contrat parfait *solo consensu,* tandis que, dans l'opinion des Proculiens, il ne serait parfait et ne produirait d'action qu'autant qu'il y aurait eu exécution de la part de l'une des parties, et au profit de cette partie.

L. 1, § 2, D., *De rerum permutatione* (XIX, 4).

PAULUS, lib. 32, ad Edictum.

Item emptio ac venditio nuda consentientium voluntate contrahitur : permutatio autem ex re tradita initium obligationi præbet : alioquin, si res nondum tradita sit, nudo consensu constitui obligationem dicemus : quod in his dumtaxat receptum est, quæ nomen suum habent : ut in emptione venditione, conductione, mandato.

PAUL, livre 32, sur l'Édit.

La vente s'opère par la seule volonté des parties contractantes ; l'échange, au contraire, engendre l'obligation à partir de la tradition de la chose. S'il en était autrement, s'il y avait obligation avant toute tradition, nous dirions que l'obligation naît du seul consentement, ce qui n'est admis que pour les contrats nommés, comme la vente, le louage, le mandat.

Les Sabiniens étendaient autant que possible les contrats nommés, leur faisant embrasser sous un même nom le plus grand nombre possible d'opérations. Lorsque l'opération était telle qu'il fût impossible de la faire rentrer dans un des contrats nommés, les jurisconsultes de cette école donnaient à la partie qui avait exécuté l'*actio de dolo*, lorsque l'autre partie refusait d'exécuter la convention ou s'était mise par son dol dans l'impossibilité de l'exécuter, ou une action *in factum* prétorienne, lorsque c'était par sa faute et non par son dol qu'elle s'était mise dans cette impossibilité (1). Ce système présentait dans la pratique des incon-

(1) C'est ce système que Julien et Paul appliquent à l'espèce suivante : Je vous ai donné l'esclave Stichus pour que vous affranchissiez votre esclave Pamphile ; vous l'avez affranchi, puis vous avez été évincé de la propriété de Stichus ; vous aurez contre moi l'*actio de dolo*, si je vous ai donné un esclave que je savais ne pas m'appartenir, et une action *in factum* prétorienne, si j'ignorais que cet esclave fût à autrui. Voir L. 7, § 2, D., *De pactis* (II, 14) et L. 5, § 2, D., *De præscr. verb.* (XIX, 5). Dans ce dernier texte, un glossateur maladroit a ajouté aux mots : *si ignorans in factum*, le mot *civilem*. Il est évident que Julien, après avoir

vénients. En effet, l'action *de dolo* avait l'inconvénient d'entraîner la note d'infamie contre le défendeur condamné, et celui de ne pouvoir être donné contre ses héritiers que jusqu'à concurrence du gain produit par le dol de leur auteur qui serait parvenu dans leurs mains. L'action *præscriptis verbis*, donnée par les Proculiens dans tous les cas où la convention avait été exécutée par l'une des parties, ne présentait aucun de ces inconvénients. Aussi l'opinion des Proculiens a-t-elle prévalu, ainsi que cela résulte des textes suivants :

L. 2, D., *De præscriptis verbis* (XIX, 5).

CELSUS, lib. 8 Digestorum.	**CELSE, livre 8 de son Digeste.**
Nam, cum deficiant vulgaria atque usitata actionum nomina, præscriptis verbis agendum est :	Car, lorsque les actions dont le nom est vulgaire et usité viennent à manquer, on doit se servir de l'action *præscriptis verbis*.

L. 3, D., *eod. tit.*

JULIANUS, lib. 14 Digestorum.	**JULIEN, livre 14 de son Digeste.**
In quam necesse est confugere, quotiens contractus existunt quo-	Il faut recourir à cette action toutes les fois qu'il s'agit de con-

donné, au cas de dol, l'*actio de dolo*, ne peut pas, au cas d'absence de dol, donner l'*actio in factum civilis*, c'est-à-dire l'action *præscriptis verbis*. En premier lieu, il est Sabinien et n'admet dès lors pas l'existence de l'action *præscriptis verbis*. En second lieu, s'il voyait là un contrat sanctionné par une action civile, il donnerait cette action dans tous les cas, car l'*actio de dolo* ne se donne pas quand il en existe une autre, et les *actiones bonæ fidei* (l'action *præscriptis verbis* serait incontestablement ici une action *bonæ fidei*) suffisent à la répression du dol commis dans l'exécution des contrats d'où elles dérivent. Du reste, la loi 7, § 2, D., *De pactis* (II, 14), nous dit textuellement que Julien donnait, dans notre cas, une action *in factum* prétorienne. La combinaison des deux textes que nous venons de citer et le § 3 de la loi 5, D., *De præscr. verb.* (XIX, 5) nous prouvent que Ulpien admettait complétement la théorie proculienne, tandis que Paul ne l'admettait que sous certaines réserves que nous exposerons tout à l'heure.

rum appellationes nullæ jure civili proditæ sunt (1).

trats qui n'ont aucun nom dans le droit civil.

L. 4, D., *eod, tit.*

ULPIANUS, lib. 30, ad Sabinum.

Natura enim rerum conditum est, ut plura sint negotia, quam vocabula.

ULPIEN, livre 30, sur Sabinus.

Il est, en effet, dans la nature des choses qu'il y ait plus d'espèces d'opérations juridiques que de mots pour les nommer.

Néanmoins il faudrait se garder de croire que cette opinion a prévalu en même temps pour tous les cas. Elle n'a vaincu la résistance qui lui était opposée que petit à petit et n'a d'abord prévalu que pour les contrats innomés, qui avaient une ressemblance assez grande avec l'un des contrats nommés. C'est ainsi qu'à l'époque éclectique de la jurisprudence romaine, c'est-à-dire commencement du troisième siècle de l'ère chrétienne, nous trouvons Paul n'admettant pas l'action *præscriptis verbis* pour tout contrat innomé.

Les contrats qui nous occupent pouvant se présenter sous des formes variées à l'infini, les jurisconsultes examinaient la théorie applicable à ces contrats en ramenant ces diverses formes à quatre principales : « *Aut enim*, nous dit Paul, *do tibi ut des, aut do ut fa-* « *cias, aut facio ut des, aut facio ut facias* (2). » Or, dans le cas des contrats innomés *facio ut des*, Paul refuse à la partie qui a exécuté l'action *præscriptis verbis*, ne lui accordant que l'*actio de dolo* : « *Quod si faciam ut des, et posteaquam feci cessas dare, nulla*

(1) Cette phrase de Julien a été habilement séparée de ce qui la précédait et la suivait, et habilement placée entre une phrase du proculien Celse, et une phrase d'Ulpien, qui admettait sur les contrats innomés la théorie proculienne. Il est certain que Julien en s'exprimant ainsi entendait parler soit de l'*actio de dolo*, au cas de dol, soit de l'action *in factum* prétorienne dans le cas contraire. Les compilateurs byzantins ont appliqué sa phrase à l'action *præscriptis verbis*, conformément à ce qui était incontestablement le droit de leur époque.

(2) L. 5, pr., D., *De præscr. verb.* (XIX, 5).

« *erit civilis actio, et ideo de dolo dabitur* (1). » Cette décision de Paul tient à ce qu'il ne trouvait pas entre les contrats innomés de cette classe et l'un des contrats nommés une analogie suffisante; elle est donc un dernier vestige de cette opinion intermédiaire, qui distinguait parmi les contrats innomés pour accorder ou refuser l'action *præscriptis verbis* les contrats ayant une analogie avec un contrat nommé de ceux qui n'en avaient pas. Mais cette opinion de Paul finit même par être repoussée, et l'action *præscriptis verbis* fut accordée dans tout contrat innomé sans exception à celle de deux parties qui avait exécuté contre l'autre partie pour la forcer à exécuter à son tour. C'est ainsi que nous trouvons au Digeste des textes d'autres jurisconsultes, qui accordent l'action *præscriptis verbis* à celui qui a exécuté un fait pour obtenir une dation (*qui fecit ut sibi daretur*) (2), et au Code une constitution de l'empereur Alexandre Sévère, contemporain de Paul, qui accorde aussi dans ce cas l'action *præscriptis verbis* (3). C'est aussi ce que fait Justinien (4).

La partie qui avait exécuté avait donc dans le dernier état du droit classique (que le contrat innomé dont il était question eût ou non de l'analogie avec un des contrats nommés) l'action *præscriptis verbis* pour obliger l'autre partie à exécuter à son tour la convention. Cette action *præscriptis verbis* était donnée dans les quatre classes de contrats innomés *do ut des, do ut facias, facio ut des, facio ut facias*. En outre, dans les deux premières de ces classes, la *datio certa lege* donnait à celui de qui elle était émanée le droit de répéter la chose dont il avait transféré la propriété. Ce droit ne lui appartenait que lorsque l'autre partie s'était mise, par son dol ou sa faute, dans l'impossiblité d'exécuter à son tour

(1) L. 5, § 3, D., *De præscr. verb.* (XIX, 5). On trouve dans le même sens une constitution de Dioclétien et Maximien, qui forme la loi 4, C., *De dolo malo* (II, 21). Voir également dans le § 2 de la même loi 5, D., *De præscr. verb.* (XIX, 5), un autre cas dans lequel Paul refuse l'action *præscriptis verbis*, parce que le contrat innomé ne lui semble pas présenter assez d'analogie avec la *locatio conductio*, contrat dont il se rapproche le plus.

(2) L. 15 et L. 22, D., *De præscr. verb.* (XIX, 5).

(3) L. 6, C., *De transact.* (II, 4).

(4) Inst., lib. III, tit. XXIV, § 1.

la convention, ou avait laissé passer le temps fixé pour l'exécution de son obligation sans satisfaire à son engagement (1). Lorsqu'il en était ainsi, mais seulement alors, la partie qui avait exécuté pouvait poursuivre celui avec qui elle avait contracté, et elle avait le choix entre demander l'exécution de ce qui lui avait été promis par l'action *præscriptis verbis* et répéter ce qu'elle avait donné. Elle usait de ce dernier droit en exerçant la *condictio ob rem dati re non secuta* appelée sous Justinien *condictio causa data causa non secuta*, elle venait *condicere datum ob rem re non secuta*, répéter la chose dont elle avait transféré la propriété (le *datum*) dans un but (*ob rem*), qui ne s'était pas réalisé (*re non secuta*).

Dans la vente, celle des deux parties qui a exécuté n'a d'autre action que celle du contrat, laquelle a pour but d'obliger l'autre partie à l'exécution de l'obligation corrélative ; elle n'a pas le choix entre cette action et une *condictio ob rem dati re non secuta* tendant à répéter la chose donnée. Il en est de même dans les autres contrats nommés qui sont synallagmatiques. Quelle est la raison de cette différence entre les contrats nommés synallagmatiques et les contrats innomés *do ut des* et *do ut facias?* Dans les contrats nommés, celui qui exécute fait une *datio* dans le but d'éteindre l'obligation civile, dont il est tenu par suite du contrat, et non dans le but d'obtenir ce qu'on lui a promis en retour ; dès lors par sa *datio* il atteint le but qu'il se proposait, ce qui s'oppose à l'exercice de la *condictio ob rem dati re non secuta*. Au contraire, dans les contrats innomés *do ut des* et *do ut facias*, chacune des parties n'a entendu s'obliger que pour le cas où son cocontractant exécuterait,. de telle sorte que jusqu'à ce que l'une d'elles ait exécuté, il n'y a personne d'obligé ni civilement, ni naturellement. Celui-là donc qui exécute ne paye pas, son but n'est pas d'éteindre son obligation, puisqu'elle n'existe pas, il est d'obtenir ce qu'on lui a promis en retour. S'il ne l'a pas obtenu dans le temps fixé par la convention, ou si l'autre partie s'est mise, par son dol ou sa faute, dans l'impossibilité de le lui procurer, il peut user de la *condictio ob rem dati re non secuta*, ou,

(1) L. 16, D., *De condict. causa data causa non sec.* (XII, 4); L. 5 §§ 1 et 2, D., *De præscr. verb.* (XIX, 5).

s'il le préfère, intenter l'action *præscriptis verbis*; car l'exécution qu'il a faite est considérée comme une *causa civilis obligationis* et désormais son cocontractant est tenu civilement.

Il est des cas où la partie qui a fait une *datio certa lege* peut immédiatement répéter ce dont elle a transféré la propriété. On dit alors qu'elle a le *jus pœnitendi*. Il en est ainsi lorsque le contrat *do ut facias* a une grande analogie avec le contrat de mandat, dans lequel le mandant peut quand bon lui semble révoquer le mandat qu'il a donné, et lorsque la *datio* a été faite dans le but d'obtenir un fait qui constitue pour un tiers une libéralité, libéralité que celui duquel elle émane peut toujours révoquer tant qu'elle n'est pas exécutée (1). Dans ces cas on accorde une *condictio ob pœnitentiam*, qu'il ne faut pas confondre avec la *condictio ob rem dati re non secuta*. Cette *condictio ob pœnitentiam* ne s'exerce qu'à la charge de rendre l'autre partie complétement indemne, au cas où il y aurait de sa part commencement d'exécution ou préparatifs faits par elle, de sorte que la *condictio* serait inutile si les frais faits pour préparer l'exécution du fait promis égalaient la valeur de la chose reçue par la partie poursuivie.

L. 5, pr., D., *De condict. causa data causa non secuta* (XII, 4).

ULPIANUS, lib. 2 disputationum.

Si pecuniam acceperis, ut Capuam eas, deinde parato tibi ad proficiscendum conditio temporis vel valetudinis impedimento fuerit, quominus proficisceris, an condici possit, videndum? Et, cum per te non steterit, potest dici repetitionem cessare : sed cum liceat pœnitere ei, qui dedit, procul dubio repetetur id quod datum est : nisi forte tua intersit, non accepisse te ob hanc causam pecuniam : nam si ita res se habeat, ut licet nondum profectus sis, ita tamen

ULPIEN, livre 2 des discussions.

Si vous avez reçu une somme d'argent pour vous rendre à Capoue, et qu'ensuite ayant tout préparé pour votre départ vous ayez été empêché, soit par le mauvais temps, soit par l'état de votre santé, de vous mettre en route, celui duquel vous avez reçu cette somme pourra-t-il la répéter ? Et, puisqu'il n'y a pas eu de votre faute, on pourrait dire qu'il n'y a pas lieu à répétition; mais comme il est permis à celui qui a donné la somme de se repen-

(1) L. 3, § 2, L. 5, pr., §§ 1 et 2, D., *De condict. causa data causa non sec.* (XII, 4).

rem composueris, ut necesse habeas proficisci, vel sumptus, qui necessarii fuerunt ad profectionem, jam fecisti, ut manifestum sit te plus forte, quam accepisti, erogasse, condictio cessabit : sed si minus erogatum sit, condictio locum habebit : ita tamen, ut indemnitas tibi præstetur ejus, quod expendisti.

tir, sans aucun doute il pourra répéter ce qu'il a donné, à moins toutefois que vous n'ayez intérêt à n'avoir pas reçu d'argent pour ce motif; car s'il en est ainsi, de telle sorte que quoique n'étant pas parti vous ayez tout préparé pour partir, et fait toutes les dépenses qui étaient nécessaires pour le départ, il est manifeste que si vous avez dépensé plus que vous n'avez reçu, il cesse d'y avoir lieu à la condiction ; mais si vous avez dépensé moins, il y aura lieu à la condiction, à la condition que votre adversaire vous rende complétement indemne.

LIVRE III, TIT. XV.

DE VERBORUM OBLIGATIONE.

DE L'OBLIGATION QUI SE FORME PAR LES PAROLES.

Verbis obligatio contrahitur ex interrogatione, cum quid dari fierive nobis stipulamur; ex qua duæ proficiscuntur actiones, tam condictio si certa sit stipulatio, quam ex stipulatu si incerta. Quæ hoc nomine inde utitur, quia stipulum apud veteres firmum appellabatur forte a stipite descendens.

L'obligation par les paroles se contracte par demande et par réponse, lorsque nous stipulons qu'on nous fera ou nous donnera quelque chose : de là naissent deux actions, la condiction, si la stipulation est d'une chose certaine, l'action *ex stipulatu*, si la stipulation est incertaine. La stipulation tire son nom du mot *stipulum*, qui chez les anciens voulait dire solide et vient sans doute de *stipes* (souche).

1. In hac re olim talia verba tradita fuerunt : SPONDES? SPONDEO, PROMITTIS? PROMITTO, FIDE PROMITTIS? FIDE PROMITTO, FIDE JUBES? FIDE JUBEO, DABIS? DABO, FACIES? FACIAM. Utrum autem latina an græca vel

Les termes autrefois usités en cette matière étaient les suivants : RÉPONDEZ-VOUS? JE RÉPONDS, PROMETTEZ-VOUS? JE PROMETS, VOUS PORTEZ-VOUS FIDÉPROMISSEUR? JE ME PORTE FIDÉPROMISSEUR : VOUS PORTEZ-VOUS

qua alia lingua stipulatio concipiatur, nihil interest, scilicet si uterque stipulantium intellectum hujus linguæ habeat. Nec necesse est eadem lingua utrumque uti, sed sufficit congruenter ad interrogata respondere : quin etiam duo Græci latina lingua obligationem contrahere possunt.

FIDÉJUSSEUR ? JE ME PORTE FIDÉJUSSEUR, DONNEREZ-VOUS ? JE DONNERAI, FEREZ-VOUS ? JE FERAI. Peu importe que la stipulation soit faite en latin, en grec ou en toute autre langue, pourvu toutefois que chacun des contractants comprenne la langue employée. Il n'est même pas nécessaire que chacun se serve de la même langue, il suffit de répondre pertinemment aux interrogations : bien plus, deux Grecs peuvent contracter en langue latine.

Sed hæc solemnia verba olim quidem in usu fuerunt; postea autem Leoniana constitutio lata est, quæ solemnitate verborum sublata sensum et consonantem intellectum ab utraque parte solum desiderat, licet quibuscumque verbis expressus est.

Ces paroles solennelles furent autrefois usitées : mais plus tard une constitution de l'empereur Léon supprima cette solennité des paroles, se bornant à exiger que les contractants s'accordent et se comprennent réciproquement, quelles que soient d'ailleurs les expressions dont ils se servent.

Nous allons étudier les contrats parfaits *verbis*, c'est-à-dire ceux dans lesquels la *causa civilis obligationis* consiste dans une *quædam solemnitas verborum*, car il ne suffirait pas qu'il y eût accord de volontés manifesté verbalement par les parties contractantes dans une forme quelconque, ce ne serait là qu'un simple pacte. Il est évident, en effet, que presque toujours les consentements sont manifestés par des paroles, et n'exiger que des paroles quelconques, ce serait se contenter du consentement pour qu'il y eût obligation civile, ce serait là la suppression de la théorie fondamentale en droit romain de la *causa civilis obligationis*.

Le droit romain a reconnu plusieurs espèces d'obligations formées *verbis*.

1° La *dotis dictio*, dont nous parle Ulpien dans ses règles : c'était un des trois modes de constitution de la dot. Celui qui voulait constituer une dot déclarait au mari que telle chose ou telle somme lui serait en dot : *fundus Cornelianus dotis tibi erit*, ou *centum millia sestertium tibi doti erunt*. C'est le débiteur qui prend l'initiative et le créancier qui adhère à la proposition qui lui est faite. Cette formule nous est conservée par de nombreux textes qui ne nous apprennent pas comment le mari exprimait son acceptation ; il disait *accipio*, si nous en croyons le poëte Térence (1). Ce mode de constitution de dot n'était pas ouvert à toute personne : il ne pouvait être employé que par la femme, l'un de ses ascendants paternels par les mâles, ou l'un de ses débiteurs. C'est ce que nous apprend Ulpien :

ULPIANI Reg. tit. VI, §§ 1 et 2.	**Ulpien, Règles, tit. VI, §§ 1 et 2.**
§ 1. Dos aut datur, aut dicitur, aut promittitur.	§ 1. La dot est donnée, dite, ou promise.
§ 2. Dotem dicere potest mulier quæ nuptura est, et debitor mulieris si jussu ejus dicat, item parens mulieris virilis sexus per virilem sexum cognatione junctus, velut pater, avus paternus. Dare, promittere dotem omnes possunt.	§. 2. La femme qui va se marier peut dire la dot, ou encore son débiteur sur son ordre, également l'ascendant mâle uni à la femme par le sexe masculin comme le père, l'aïeul paternel. Toute personne peut donner ou promettre la dot.

La *dotis dictio* tomba en désuétude dès le commencement du Bas-Empire, et nous trouvons au Code une constitution datée de l'an 428 par laquelle les empereurs Théodose et Valentinien décident qu'un simple pacte suffira pour créer l'obligation civile dans le cas de constitution de dot (2). La constitution de dot fut dès lors une pacte légitime, c'est-à-dire un contrat parfait *solo consensu*, mais auquel le nom de contrat n'est pas accordé par respect pour l'ancien droit: il en fut ainsi de tous les contrats

(1) *Andria*, act. V, scène IV.

CHREMES.

. . . . Dos, Pamphile, est
Decem talenta.

PAMPHILUS.

Accipio.

(2) L. 6, C., *De dotis promiss. et nuda pollicit.* (V, 11).

parfaits *solo consensu* introduits par des constitutions du Bas-Empire, ils ne reçurent que le nom de pactes légitimes (1).

2° Le *jusjurandem liberti,* par lequel l'affranchi promet à son ancien maître auquel il doit la liberté des *operæ* ou *fabriles* ou *officiales* (2).

3° On peut conjecturer que l'action *receptitia* donnée contre les *argentarii* (banquiers) avait pour but de sanctionner une obligation *verbis* qui leur était spéciale : c'est ce que Justinien semble vouloir dire dans une constitution rapportée au Code (3).

4° Une dernière forme d'obligation verbale a seule survécu sous le nom de stipulation : elle n'exige aucune autre solennité qu'une interrogation de la part du créancier suivie d'une réponse conforme de la part du débiteur. Le mot *stipulatio* signifie l'opération tout entière de la demande suivie de la réponse, mais dans un sens plus restreint, il signifie simplement l'interrogation : la réponse est appelée *promissio* : celui qui devient créancier se nomme *reus stipulandi :* celui qui devient débiteur, *reus promittendi* : l'opération dont nous nous occupons doit avoir rigoureusement lieu dans l'ordre indiqué : il n'y aurait pas stipulation si on intervertissait les rôles et que le débiteur interrogeât tandis que le créancier répondrait (4). On peut conjecturer, d'après un passage des *Sentences* de Paul, qu'autrefois des paroles solennelles étaient nécessaires. « *Obligationum firmandarum gratiâ stipulationes inductæ sunt quæ* » *quadam verborum solemnitate concipiuntur* (5). » Notre paragraphe premier nous donne des exemples de ces anciens *verba solemnia* employés dans la stipulation, lesquels avaient fini par n'être plus nécessaires. Déjà au temps des jurisconsultes on ad-

(1) Voir sur la *dotis dictio* les détails donnés par M. Pellat, dans ses *Textes sur la dot, passim*, et principalement sur les deux paragraphes d'Ulpien cités *supra*.

(2) L. 44, pr., D., *De liberali causa* (XL, 12); L. 7, § 2, D., *De op. libert*. (XXXVIII, 1).

(3) L. 2, pr., C., *De constitut. pec.* (IV, 18).

(4) Dans un cas particulier, que nous avons déjà vu, le débiteur interroge et le créancier répond : c'est le cas de la *dotis dictio*.

(5) Lib. V, tit. VII, § 1.

mettait que l'on pouvait faire la stipulation soit en latin, soit en grec, soit en toute autre langue, pourvu que les parties comprissent réciproquement les paroles employées par elles : on pouvait même interroger en une langue et répondre en se servant d'une autre : c'est ce que nous dit notre paragraphe 1 (1).

Parmi les formules citées aux Institutes, il faut remarquer la formule SPONDES NE? SPONDEO. Cette formule avait ceci de particulier qu'elle ne pouvait être employée qu'entre citoyens romains. Probablement la stipulation était primitivement *juris civilis* et plus tard on la rendit *juris gentium* en réservant aux citoyens romains une formule qu'ils pouvaient seuls employer. Il est un seul cas dans lequel un pérégrin puisse s'obliger par cette formule, encore ce cas a-t-il trait, comme on va le voir, au droit international public et non au droit privé.

GAII Institutionum Comm. III.	GAIUS, Institutes, comm. III.
§ 93. Ait illa verborum obligatio DARI SPONDES, SPONDEO, adeo propria civium Romanorum est, ut ne quidem in Græcum sermonem per interpretationem proprie transferri possit; quamvis dicatur a Græca voce figurata esse.	§ 93. Mais cette obligation par paroles : DARI SPONDES? SPONDEO, est tellement propre aux citoyens romains qu'elle ne peut même pas être transportée en grec par traduction, quoiqu'on dise que ce mot est tiré du grec.
§ 94. Unde dicitur uno casu hoc verbo peregrinum quoque obligari posse, velut si imperator noster principem alicujus peregrini pòpuli de pace ita interroget, PACEM FUTURAM SPONDES ? vel ipse eodem modo interrogetur. Quod nimium subtiliter dictum est; quia si quid adversus pactionem fiat, non ex stipulatu agitur, sed jure belli res vindicatur.	§ 94. C'est pourquoi on dit qu'un pérégrin ne peut contracter d'obligations, à l'aide de ce mot, que dans un seul cas, savoir : si notre général interroge sur la paix le prince d'un peuple pérégrin en ces termes : PACEM FUTURAM SPONDES? ou si lui-même est interrogé de cette façon. Et cela est même un peu trop subtil; car si la convention n'est pas respectée, on n'agit pas en vertu de la stipulation, mais la sanction de cette obligation est dans la déclaration de guerre.

(1) *Adde* L. 1, § 6, D., *De verb. obl.* (XLV, 1).

Une constitution de l'empereur Léon vint supprimer d'une manière définitive tout terme solennel (1). Cette constitution ne supprime pas la stipulation : elle se borne à décider qu'il suffira de la forme de la demande et de la réponse en quelques termes que se soient exprimées les parties. Cela résulte de ce que le paragraphe 7 du titre XIX de notre livre décide que le muet et le sourd ne peuvent s'obliger ou devenir créanciers par stipulation, tandis qu'au contraire ils peuvent devenir créanciers ou débiteurs, lorsqu'il s'agit d'un contrat parfait *solo consensu* (2) ; ils ne peuvent prendre part à une stipulation, le muet parce qu'il ne parle pas, le sourd parce qu'il ne peut entendre. De même le paragraphe 12 du même titre, et Paul dans ses *Sentences* (3), nous apprennent que la stipulation ne peut se former *inter absentes* : il en serait autrement d'un contrat parfait *solo consensu*. Enfin la preuve qu'il existe encore après la constitution de Léon un contrat *verbis* exigeant nécessairement comme *causa civilis obligationis* une demande et une réponse conforme à la demande résulte de ce que Justinien nous a conservé au Digeste un texte, qui décide qu'on n'est pas même obligé naturellement quand à la demande on a répondu par un signe affirmatif, *nutu*. Voici ce texte :

L. 1, § 2, D., *De verb. oblig.* (XLV, 1).

ULPIANUS, lib. 48, ad Edictum.

Si quis ita interroget, DABIS ? responderit, QUIDNI ? et is utique in ea causa est ut obligetur. Contra si sine verbis adnuisset. Non tantum autem civiliter, sed nec naturaliter obligatur qui ita adnuit : et ideo recte dictum est non obligari pro eo nec fidejussorem quidem.

ULPIEN, livre 48, sur l'Édit.

Si quelqu'un interroge ainsi, donnerez-vous ? et que l'autre réponde pourquoi pas ? celui-ci sera obligé : il en serait autrement s'il eût répondu sans paroles par un signe de tête. Celui qui répond par un tel signe non-seulement n'est pas obligé civilement, mais il ne l'est pas même

(1) Elle est datée de 469 et forme la loi 10, C., *De contrahenda et committ. stipul.* (VIII, 38).

(2) L. 48, D., *De oblig. et act.* (XLIV, 7).

(3) Lib. V, tit. VII, § 2.

naturellement, et c'est pourquoi on dit avec raison qu'un fidéjusseur ne peut pas s'obliger pour lui.

Une demande suivie d'une réponse conforme à la demande, voilà donc tout ce qui est absolument nécessaire pour qu'il y ait stipulation, mais c'est rigoureusement exigé : néanmoins on avait admis que lorsque le promettant aurait, par sa réponse, ajouté une modalité non comprise dans la demande, ou retranché une modalité qui y était comprise, la stipulation n'en serait pas moins valable, si immédiatement le stipulant avait déclaré accepter ces modifications (1).

Le *principium* de notre titre nous dit que le mot *stipulatio* vient de *stipulus*, synonyme vieilli de l'adjectif *firmus*, parce que la stipulation a pour effet de confirmer l'accord des volontés, de lui faire produire des effets juridiques. La même étymologie nous est donnée par Paul : « *et appellatæ (stipulationes) quod per eas firmitas obligationum constringitur : stipulum enim veteres firmum appellaverunt.* » Cette étymologie est cependant contestée par ceux qui pensent que l'origine de la stipulation se trouve dans l'ancienne obligation *per æs et libram*, dont Gaïus nous parle en même temps que du mode d'extinction appelé *solutio per æs et libram*, qui était spécial à ces sortes d'obligations (2). D'après ces auteurs, la stipulation ayant été considérée comme remplaçant le pesage des pièces de monnaie, et ne s'étant d'abord appliquée qu'aux obligations consistant à donner une somme certaine, avait été étendue aux obligations de donner des quantités certaines de choses *quæ pondere, numero, mensurave constant*, et enfin à toute espèce d'obligations. Dans cette opinion *stipulatio* viendrait de *stips*, petite pièce de monnaie de cuivre, d'où venait aussi le mot *stipendium* : « *stipendium a stipe appellatum est quod per stipes, id est modica æra, colligatur* (3). »

(1) L. 1, § 3, D., *De verb. obl.* (XLV, 1). Cette loi a été citée textuellement et traduite *supra*, page 43.

(2) Comm. III, §§ 172 et 174.

(3) L. 27, § 1, D., *De verb. sign.* (L, 16).

Quoi qu'il en soit, il est certain que déjà au temps des jurisconsultes, la stipulation s'appliquait à toute espèce d'obligations, soit de donner, soit de faire.

La stipulation est un contrat unilatéral : le stipulant devient créancier, le promettant débiteur. Si on veut s'obliger réciproquement, on peut faire des stipulations réciproques, ce qui sera utile toutes les fois que le contrat synallagmatique qu'on a en vue n'est pas un des contrats nommés : on évitera la nécessité de l'exécution préalable de la part de l'une des parties ; il faut remarquer qu'il y aura alors deux contrats bien distincts sans liaison aucune entre eux.

La stipulation étant un contrat unilatéral, il en résulte qu'elle ne produit qu'une seule action, laquelle est accordée au stipulant, mais cette action n'est pas toujours la même : la nature de l'action accordée dépend de ce qui a été promis, on donne la *condictio certi* lorsque la stipulation est *certa*, et la *condictio incerti* ou *actio ex stipulatu* lorsque la stipulation est *incerta* (1). La *condictio certi* a une *intentio certa* portant : SI PARET NUMERIUM NEGIDIUM AULO AGERIO DARE OPORTERE, telle chose parfaitement déterminée, tandis que la *condictio incerti* a pour *intentio* : QUIDQUID PARET NUMERIUM NEGIDIUM AULO AGERIO DARE FACERE OPORTERE. Il suit de là que le juge devant absoudre le défendeur toutes les fois que l'*intentio* n'est pas vérifiée, le demandeur courra dans la *condictio certi* un danger qu'il n'a pas à craindre dans la *condictio incerti* : ce danger consiste dans la perte du procès pour le cas où il aurait prétendu qu'il lui était dû plus qu'on ne lui avait promis en réalité : c'est là ce qu'on appelait perdre son procès pour cause de plus-pétition (2). Il est donc très-important de savoir dans quels cas il y avait *stipulatio certa*, dans quels cas *stipulatio incerta*, afin de savoir dans quels cas l'on donnait la *condictio certi*, dans quels la *con-*

(1) Le terme d'*actio ex stipulatu* est plus particulièrement réservé à la *condictio incerti* ; néanmoins lorsque la *condictio certi* résulte d'une stipulation, elle est quelquefois aussi appelée *actio ex stipulatu*.

(2) Just. Inst. § 33, *De actionibus* (IV, 6).

dictio incerti. Voici d'abord des textes qui nous donnent le principe général :

L. 74, D., *De verb. obl.* (XLV, 1).

GAIUS, lib. 8, ad Edictum provinciale.

Stipulationum quædam certæ sunt, quædam incertæ. Certum est, quod ex ipsa pronunciatione apparet, quid, quale, quantumque sit : ut ecce aurei decem, fundus Tusculanus, homo Stichus, tritici Africi optimi modii centum, vini Campani optimi amphoræ centum.

GAIUS, livre 8, sur l'Edit provincial.

Parmi les stipulations, les unes sont certaines, les autre incertaines. La chose promise est certaine lorsque, des paroles prononcées, il appert clairement quelle est cette chose, quelle en est la qualité et quelle en est la quantité, comme par exemple : dix pièces d'or, le fonds Tusculan, l'esclave Stichus, cent mesures d'excellent blé d'Afrique, cent amphores d'excellent vin de Campanie.

L. 75, pr., D., *De verb. obl.* (XLV, 1).

ULPIANUS, lib. 22, ad Edictum.

Ubi autem non apparet, quid, quale, quantumque est in stipulatione, incertam esse stipulationem dicendum est.

ULPIEN, livre 22, sur l'Edit.

Lorsqu'il n'apparaît pas clairement quelle chose a été promise, de quelle qualité et en quelle quantité, la stipulation est incertaine.

Ainsi, la *stipulatio* est *certa* quand on a stipulé quelque chose de déterminé comme genre, quantité et qualité, de manière à ce qu'il ne puisse y avoir aucune espèce d'erreur, ni sur le genre, ni sur la quantité, ni sur la qualité : il faut qu'il résulte des termes de la stipulation *quid*, *quale*, *quantumque sit*. Il n'y a de stipulations certaines que celles qui consistent dans une obligation *ad dandum* ; toute stipulation de faire ou de s'abstenir est nécessairement incertaine : « *qui id quod in faciendo aut non fa-* « *ciendo stipulatur incertum stipulari videtur* (1). » De même sont toujours incertaines les stipulations consistant dans l'obligation de transférer un démembrement de propriété, mais sur ce point

(1) L. 75, § 7, D., *De verb. obl.* (XLV, 1).

il y avait eu doute : « *fundi certi si quis usumfructum stipulatus fuerit, incertum intelligitur in obligationem deduxisse, hoc enim magis jure utimur* (1). » Il ne reste donc à vrai dire de stipulations certaines que celles qui ont pour objet l'obligation de transférer le *dominium plenum*, à la condition, comme nous l'avons dit, qu'il résulte des termes mêmes de la stipulation *quid, quale, quantumque sit*. Pour les denrées qui se pèsent ou se mesurent, il fallait que la stipulation pour être *certa* indiquât bien exactement le genre et la provenance de la denrée ainsi que la mesure ; quant à la qualité, elle devait être indiquée par l'adjectif *optimus*, sinon la stipulation était *incerta*.

L. 75, § 2, D., *De verb. oblig.* (XLV, 1).

ULPIANUS, lib. 22, ad Edictum.

Usque adeo ut si quis ita stipulatus sit, *tritici Africi boni modios centum : vini Campani boni amphoras centum?* incertum videatur stipulari, quia bono melius inveniri potest; quo fit, ut *boni* appellatio non sit certæ rei significativa, cum id, quod bono melius sit, ipsum quoque bonum sit. At cum *optimum* quisque stipulatur, id stipulari intelligitur, cujus bonitas principalem gradum bonitatis habet : quæ res efficit, ut ea appellatio certi significativa sit.

ULPIEN, livre 22, sur l'Édit.

Tellement que si quelqu'un a stipulé *cent mesures de bon blé d'Afrique, cent amphores de bon vin de Campanie*, il a fait une stipulation incertaine, parce qu'il y a meilleur que le bon ; d'où il suit que l'épithète de bon n'est pas assez significative pour déterminer une chose, puisque ce qui est meilleur que le bon est lui-même bon. Mais lorsque quelqu'un stipule la chose la meilleure, il stipule la chose dont la bonté atteint le premier degré de bonté : d'où il résulte que cette désignation détermine une chose certaine.

Il va sans dire que la stipulation d'une chose déterminée *in specie, in individuo, fundum cum propria appellatione, hominem cum proprio nomine* (1), était toujours une *stipulatio certa*.

(1) L. 75, § 3, D., *De verb. obl.* (XLV, 1). Ce texte est emprunté à Ulpien, et la question est tellement controversée que le même Ulpien décide (L. 1, pr., D., *De condict. trit.* (XIII, 3) que la stipulation d'un usufruit ou d'une servitude réelle est une *stipulatio certa*.

(2) L. 74 et L. 75, § 1, D., *De verb. obl.* (XLV, 1).

Sous l'empire de la procédure formulaire, toute condamnation était pécuniaire, ainsi que nous l'apprend Gaïus :

GAII Institutionum Comm. IV, § 48.

Omnium autem formularum quæ condemnationem habent, ad pecuniariam æstimationem condemnatio concepta est. Itaque etsi corpus aliquod petamus, velut fundum, hominem, vestem, aurum, argentum, judex non ipsam rem condemnat eum cum quo actum est, sicut olim fieri solebat; sed æstimata re pecuniam eum condemnat.

GAIUS, Institutes, Comm. IV, § 48.

Dans toutes les formules qui ont une *condemnatio*, la condamnation prononcée par le juge consiste dans une estimation pécuniaire. C'est pourquoi lors même que nous demandons un objet corporel, comme un fonds, un esclave, un vêtement, un lingot d'or ou d'argent, le juge ne condamne pas le défendeur à nous donner la chose même, comme cela se faisait autrefois ; mais faisant l'estimation de la chose, il le condamne à payer une somme d'argent.

Il semblerait résulter de là que la *condictio certi* n'était à l'époque classique possible que lorsque l'on prétendait que le défendeur était tenu de *dare certam pecuniam*, et que dès lors il n'y avait de *stipulatio certa* que celle dans laquelle on aurait stipulé *certam pecuniam;* aussi y avait-il deux espèces de *condictiones certi :* la *condictio certæ pecuniæ* ayant une *intentio* et une *condemnatio* toutes les deux *certæ*, et la *condictio triticaria* ayant une *intentio certa*, de telle sorte que la perte du procès pour cause de plus-pétition fût possible, et une *condemnatio incerta : quanti ea res erit tantam pecuniam condemna*. C'est ce qui a fait dire à Ulpien : « *Qui certam pecuniam numeratam petit*, *illa actione utitur*, *si certum* » *petetur. Qui autem alias res per triticariam condictionem* » *petet* (1). »

2. Omnis stipulatio aut pure, aut in diem, aut sub conditione fit : pure, veluti QUINQUE AUREOS DARE SPONDES? idque confestim peti potest; in diem,

Toute stipulation est ou pure et simple, ou à terme, ou sous condition : pure et simple, par exemple : *promettez-vous de donner cinq pièces*

(1) L. 1, pr., D., *De condict. tit.* (XIII 3).

cum adjecto die quo pecunia solvatur, stipulatio fit, veluti DECEM AUREOS CALENDIS PRIMIS MARTIIS DARE SPONDES? Id autem quod in diem stipulamur, statim quidem debetur ; sed peti priusquam dies venerit, non potest. At ne eo quidem ipso die in quem stipulatio facta est, peti potest, quia totus is dies arbitrio solventis tribui debet ; neque enim certum est eo die in quem promissum est, datum non esse, priusquam is præterierit.

d'or? alors la chose promise peut être demandée immédiatement ; à terme lorsque la stipulation se fait en ajoutant le jour auquel la somme promise devra être payée, par exemple : *promettez-vous de donner dix pièces d'or le premier jour des calendes de mars?* Ce que nous stipulons ainsi est dû immédiatement, mais ne peut être demandé avant l'échéance du terme. Mais on ne peut pas demander la chose promise le jour même fixé par la stipulation pour le payement, parce que ce jour tout entier doit être laissé au débiteur pour effectuer le payement, et on n'est pas certain que la chose n'a pas été donnée le jour pour lequel on l'avait promise avant que ce jour ne soit entièrement écoulé.

INST., lib. III, tit. XIX, § 26. — Qui hoc anno aut hoc mense dari stipulatus est, nisi omnibus partibus anni vel mensis præteritis, non recte petet.

Celui qui a stipulé qu'on lui donnerait dans le cours de cette année ou de ce mois, ne peut agir régulièrement que lorsque cette année ou ce mois sont complétement écoulés.

5. Loca etiam inseri stipulationi solent, veluti CARTHAGINE DARE SPONDES? Quæ stipulatio, licet pure fieri videatur, tamen reipsa habet tempus injectum, quo promissor utatur ad pecuniam Carthagine dandam ; et ideo si quis Romæ ita stipuletur : HODIE CARTHAGINE DARE SPONDES? inutilis erit stipulatio, cum impossibilis sit repromissio.

On a coutume de mentionner aussi dans la stipulation le lieu où le payement devra être effectué, par exemple : *promettez-vous de donner à Carthage?* Une pareille stipulation, bien qu'elle paraisse pure et simple, renferme cependant par la force des choses l'adjonction d'un espace de temps qui permette au promettant de donner la somme à Carthage. C'est pourquoi si quelqu'un stipule à Rome en ces termes : *promettez-vous de donner aujourd'hui à Carthage?* la stipulation sera inutile, parce que c'est un fait impossible qui aura été promis.

INST., lib. III, tit. XIX, § 27. — Si fundum dari stipularis vel hominem, non poteris continuo agere, nisi tantum spatium prætcrierit quo traditio fieri possit.

Si vous stipulez la dation d'un fonds ou d'un esclave, vous ne pourrez pas agir immédiatement ; vous ne le pourrez que lorsqu'il se sera écoulé un espace de temps suffisant pour que la tradition ait pu être opérée.

Les stipulations sont, comme tous les contrats, susceptibles de diverses modalités : elles sont tantôt pures, tantôt à terme, tantôt conditionnelles. Lorsque la stipulation est pure et simple, l'obligation est immédiatement créée et immédiatement exigible. Lorsqu'elle est à terme, l'obligation naît immédiatement, mais l'exécution ne peut en être exigée qu'après l'expiration du terme. Si la stipulation est conditionnelle, il n'en résulte pas immédiatement la création d'une obligation; cette création est subordonnée à l'arrivée d'un événement futur et incertain, et selon que cet événement s'accomplira ou ne s'accomplira pas, l'obligation prendra naissance ou n'aura jamais d'existence. Pour indiquer que l'obligation était née, les Romains disaient : *dies cessit*; pour indiquer que le créancier pouvait agir contre le débiteur, ils disaient : *dies venit*. Aussi ce que nous venons d'exposer a-t-il pu être dit d'une manière fort brève et avec une concision admirable : « *Cedere diem*, dit Ulpien, *significat, incipere deberi pecaniam; venire diem significat, eum diem venisse quo pecunia peti possit. Ubi pure quis stipulatus fuerit, et cessit et venit dies : ubi in diem, cessit dies, sed nondum venit : ubi sub conditione, neque cessit, neque venit dies, pendente adhuc conditione* (1). »

Il faut remarquer que le dernier jour du terme appartient en entier au débiteur, et que dès lors le créancier ne peut agir que le jour suivant. Mais lorsque la stipulation est pure et simple, le jour de la stipulation n'appartient pas en entier au promettant et le créancier peut agir immédiatement après la stipulation : « *Idque confestim peti potest*, » nous dit notre paragraphe 2. « *Ubi pure quis stipulatus fuerit, et cessit et venit dies*, » vient de nous dire Ulpien. Aussi s'était-on demandé si l'addition du mot *hodie*

(1) L. 213, pr., D., *De verb. sign.* (L, 16).

dans la stipulation la transformait en une stipulation à terme, en sorte que le stipulant ne pût agir que le lendemain. Sur ce point on avait admis la négative : le mot *hodie* était considéré comme ajouté pour mieux montrer que le créancier pourrait agir immédiatement, le jour même de la stipulation, laquelle était dans ce cas pure et simple.

L. 118, § 1, D., *De verb. oblig.* (XLV, 1).

PAPINIANUS, lib. 27 Quæstionum.

DECEM HODIE DARI SPONDES? Dixi posse vel eo die pecuniam peti : nec videri præmaturius agi, non finito stipulationis die : quod in aliis temporibus juris est; nam peti non debet quod intra tempus comprehensum solvi potest : in proposito enim diem non differendæ actionis insertum videri, sed quo præsens ostendatur esse responsum.

PAPINIEN, livre 27 des Questions.

Promettez-vous de donner dix aujourd'hui? J'ai dit que la somme peut être demandée le jour même, et qu'on n'agira pas prématurément, quoique le jour de la stipulation ne soit pas écoulé : c'est là cependant la décision pour les autres termes, car on ne doit pas demander ce qui peut être payé pendant le cours d'une période de temps dans laquelle on se trouve encore ; mais dans la stipulation proposée la mention du jour n'a pas pour but de différer l'action, mais de montrer qu'on a promis de payer tout de suite.

Néanmoins la stipulation pure et simple peut renfermer virtuellement un terme tacite : « *Interdum pura stipulatio ex re ipsa* » *dilationem capit* (1). » Ce terme tacite résulte de la nature de la chose ou du fait promis, et nous en trouvons des exemples dans le paragraphe 27 du titre *De inutilibus stipulationibus* (2). Paul ajoute les exemples suivants : « *Veluti si id quod in utero sit, aut* » *fructus futuros, aut domum ædificari stipulatus sit.* » Et il nous dit : « *Tunc enim incipit actio cum ea per rerum naturam præstari* » *potest* (3). » En ce qui touche le dernier exemple donné par

(1) L. 73, pr. D., *De verb. oblig.* (XLV, 1).
(2) Inst. lib. III, tit. XIX. Voir *supra* ce paragraphe et sa traduction.
(3) L. 73, pr., D., *De verb. oblig.* (XLV, 1).

Paul, il y avait discussion sur la question de savoir à quel moment le créancier pouvait agir. Pomponius partage le sentiment de Paul et décide que le créancier ne pourra agir que lorsqu'il se sera écoulé tout le temps nécessaire à la construction de l'édifice.

L. 14, D., *De verb. oblig.* (XLV, 1).

POMPONIUS, lib. 3, ad Sabinum.

Si ita stipulatus essem abs te, *domum ædificari ?* vel heredem meum damnavero *insulam ædificare :* Celso placet non ante agi posse ex ea causa, quam tempus præteriisset, quo insula ædificari posset; nec fidejussores dati ante diem tenebuntur.

POMPONIUS, livre 3, sur Sabinus.

Si j'ai stipulé de vous la construction d'une maison, ou si j'ai condamné mon héritier à en édifier une, Celse pense qu'on ne peut agir à ce titre avant qu'il ne se soit écoulé le temps nécessaire pour élever une maison, et les fidéjusseurs ne seront pas tenus avant l'expiration du terme ainsi fixé.

Ulpien au contraire décide que le créancier peut agir dès l'instant que le débiteur a été mis en demeure de commencer les travaux : « *Non est exspectandum..... ut tantum temporis prætereat,* » *quanto insula fabricari possit ; sed ubi jam cœpit mora faciendæ* » *insulæ fieri, tunc agetur : diesque obligationi cedit* (1). »

L'existence d'un terme tacite résulte aussi de l'indication d'un lieu de payement, lorsque ce lieu n'est pas celui où la stipulation intervient, et cela est si vrai, d'après notre paragraphe 5, que si on stipulait à Rome une chose payable aujourd'hui à Carthage, HODIE CARTHAGINE DARE SPONDES ? la stipulation serait nulle, comme ayant pour objet un fait impossible à exécuter.

Ainsi que nous l'avons déjà dit, l'effet du terme n'est pas d'empêcher l'obligation de naître ; il diffère seulement l'exigibilité de cette obligation : *præsens obligatio est, in diem autem dilata solutio* (2). Le débiteur à terme est donc débiteur, à tel point que, d'une part, il a le droit de payer (3), le terme étant toujours jusqu'à preuve contraire censé ajouté à la stipulation dans l'in-

(1) L. 72, § 2, D., *De verb. oblig.* (XLV, 1).
(2) L. 46, pr., D., *De verb. oblig.* (XLV, 1).
(3) L. 70, D., *De solut. et liberat.* (XLVI, 3).

térêt du débiteur qui peut y renoncer, et que, d'autre part, lorsqu'il a ainsi payé avant le terme, il ne peut répéter, se fût-il trompé sur le jour de l'échéance (1).

Il résulte aussi de ce que, malgré l'existence d'un terme, l'obligation est née dès le jour de la stipulation, que le créancier qui aurait intenté en vertu de cette stipulation une *condictio certi* avant l'échéance du terme, aurait commis une plus-pétition *tempore*, perdrait son procès et ne pourrait plus le renouveler.

Le terme pouvait être certain, PRIMIS CALENDIS MARTIIS DARE SPONDES ? ou incertain, ce qui avait lieu lorsque les parties avaient fixé l'exigibilité de l'obligation à l'époque incertaine de l'arrivée d'un événement d'ailleurs certain : c'est ce que les Romains appelaient *dies incertus*.

Dans les dispositions testamentaires le *dies incertus* était considéré comme une condition : *dies incertus conditionem in testamento facit* (2), parce qu'il n'est pas certain que le légataire survive à l'événement pris pour terme, et que le testateur n'a pas eu en vue les héritiers du légataire. Ces héritiers profiteraient cependant du legs, si on le considérait comme un legs à terme, puisque le bénéfice des legs à terme est transmis aux héritiers du légataire, lorsque celui-ci, vivant au jour où *dies legati cedit* (3), vient à décéder avant l'arrivée du terme. Au contraire les legs conditionnels n'étaient pas transmissibles aux héritiers des légataires morts avant l'accomplissement de la condition, et c'est pour appliquer cette règle d'intransmissibilité aux legs à terme incertain qu'on les avait rangés parmi les legs conditionnels. Dans la stipulation, au contraire, et en général dans tous les contrats, le *dies incertus* n'est qu'un terme et tous les principes du *dies certus* lui sont appplicables : c'est ainsi que le débiteur qui payerait *ante diem incertum* ne pourrait répéter.

Il faut remarquer cependant qu'il ne faut pas s'en rapporter à

(1) L. 10 et L. 17, D., *De condict. indeb.* (XII, 6).

(2) L. 75, D., *De condit. et demonst.* (XXXV, 1).

(3) C'est le jour du décès du testateur ; sous l'empire des lois caducaires, c'était le jour de l'ouverture des tables du testament, *dies aperturæ tabularum*.

la forme de langage employée par les parties, et qu'il y aurait condition et non pas seulement terme incertain, si l'événement pris pour terme dans la stipulation était un événement qui pût ne pas arriver. Ainsi, si on avait dit : DECEM AUREOS MIHI DARE IN EO DIE QUO UXOREM DUCAM SPONDES-NE? il y aurait là une stipulation conditionnelle, car il pourrait arriver que le stipulant ne se mariât pas ; il y aurait là, disons-nous, une stipulation conditionnelle tout aussi bien que si les parties avaient dit : DECEM AUREOS MIHI DARE SI UXOREM DUCAM SPONDES-NE? Peu importe la forme, il faut voir si le fait est de ceux qui ne peuvent manquer d'arriver ou si au contraire son arrivée est incertaine. En sens inverse, si les parties avaient pris la forme de la stipulation conditionnelle et que l'événement fût un de ceux qui doivent nécessairement arriver, cette forme n'empêcherait pas la stipulation de recevoir tous les principes des stipulations à terme. Ainsi, si l'on avait dit : SI MORIERIS SPONDES-NE? ce serait absolument comme si on avait dit : CUM MORIERIS (1).

3. At si ita stipuleris : DECEM AUREOS ANNUOS QUOAD VIVAM DARE SPONDES? et pure facta obligatio intelligitur et perpetuatur, quia ad tempus deberi non potest; sed heres petendo pacti exceptione submovebitur.

Mais si vous avez stipulé en ces termes : Promettez-vous de me donner dix pièces d'or par an tant que je vivrai? l'obligation est pure et simple et se perpétue, parce qu'on ne peut pas devoir pour un temps; mais l'héritier sera repoussé dans son action par l'exception tirée du pacte.

Le terme, pour nous servir des expressions du jurisconsulte Paul, peut être considéré sous deux aspects : *circa diem duplex inspectio est* (2). Nous venons de le considérer à l'état de jour à partir duquel la dette commencera à être exigible : notre paragraphe l'examine à l'état de jour fixé comme étant celui où le droit du créancier prendra fin : DECEM AUREOS ANNUOS QUOAD VIVAM DARE SPONDES ? et il décide que l'obligation est dans ce cas perpétuelle, *quia ad tempus deberi non potest*. Paul dit aussi : *placet ad tempus*

(1) L. 45, § 3, D., *De verb. oblig.* (XLV, 1).
(2) L. 44, § 1. D., *De oblig. et act.* (XLIV, 7).

obligationem constitui non posse, et, développant cette raison, le jurisconsulte ajoute : *nam quod alicui deberi cœpit certis modis desinit deberi* (1). Or le temps n'est pas au nombre des modes d'extinction des obligations. Les Romains, en effet, ne connurent pas la prescription libératoire et extinctive des actions, laquelle ne fut introduite que dans le Bas-Empire par l'empereur Honorius. Au temps de Paul, les actions étaient perpétuelles, du moins en principe général. Cette raison donnée par Paul est peu satisfaisante : car enfin, pourrait-on dire, l'obligation n'a pas été créée pour le temps qui suivra le temps fixé et il n'y a pas dès lors lieu de s'occuper de l'extinction d'un droit qui n'a pas pris naissance. D'autre part, un texte nous apprend qu'après discussion l'on avait admis que la stipulation d'une somme payable annuellement pendant trois ans devait être considérée comme valable, parce que, disait-on, il y avait là trois stipulations :

L. 140, § 1, D., *De verb. oblig.* (XLV, 1).

PAULUS, lib. 3, ad Neratium.	**PAUL, livre 3, sur Nératius.**
De hac stipulatione, ANNUA, BIMA, RIMA DIE ID ARGENTUM QUAQUE DIET DARI? apud veteres variatum fuit. Paulus, sed verius, et hic tres esse trium summarum stipulationes.	Les anciens ont discuté sur la stipulation de donner en trois termes égaux d'année en année. Paul pense qu'il faut voir là trois stipulations de trois sommes.

Pourquoi n'avoir pas vu une série de stipulations dans l'espèce citée par les Institutes? On peut répondre que dans cette espèce on ne sait pas pour combien de temps le débiteur est obligé; on peut répliquer qu'on aurait pu voir dans l'espèce des Institutes une obligation pure et simple ou conditionnelle pour la première année et conditionnelle pour les autres années, la condition étant l'existence du créancier au jour de l'échéance. N'est-ce pas ainsi qu'on envisageait les legs de rentes viagères (2), en se fondant sur l'interprétation de la volonté du défunt? Pourquoi ne pas en dire autant de la stipulation? Cela tient probablement à ce que dans le cas où pour la première année l'obligation eût

(1) L. 44, § 1, D., *De oblig. et act.* (XLIV, 7).
(2) L. 16, § 1, D., *De verb. oblig.* (XLV, 1).

été pure et simple, une seule formule était considérée comme ne pouvant créer des obligations de diverses natures, savoir une obligation pure et simple pour la première année, des obligations conditionnelles pour les années suivantes. Cela tenait aussi sans doute à ce que les stipulations sont toujours interprétées strictement, tandis que *non stricte interpretandæ sunt defunctorum voluntates*, et ce qui le prouve, c'est que ces détestables subtilités ne s'appliquaient pas dans les contrats *bonæ fidei* (1) : dans ces contrats *ad tempus deberi potest*.

Notre texte ajoute que si, se fondant sur la rigueur du droit civil, l'héritier du créancier poursuit le débiteur, celui-ci pourra le repousser à l'aide de l'exception *pacti conventi* tirée du pacte *de non petendo* contenu dans les termes de la stipulation elle-même. La nécessité pour le promettant poursuivi par l'héritier du créancier d'avoir ici recours à l'exception *pacti conventi* semble au premier aspect en désaccord avec la règle que le pacte intervenu *in continenti* dans un contrat de droit strict en faveur du débiteur a pour effet de diminuer l'obligation *ipso jure* et non *exceptionis ope*, règle qui avait fini par prévaloir dès l'époque classique (2). Mais il faut remarquer que dans notre espèce le droit civil n'admettant pas qu'on pût constituer une obligation *ad tempus*, admettre qu'un pacte résultant des termes mêmes de la stipulation aurait pour effet de la limiter *ipso jure ad tempus*, c'eût été contrarier trop directement le droit civil, et que dès lors force était bien de recourir à un moyen prétorien.

La stipulation dont nous nous occupons était, d'après les principes du droit civil, *perpetua*, ainsi que nous venons de le voir ; elle était en outre *una et incerta* (3); elle produisait la *condictio incerti* ou *actio ex stipulatu* portant : QUIDQUID PARET NUMERIUM NEGIDIUM AULO AGERIO DARE OPORTERE : il en résultait que le créancier en demandant la première annuité qui ne lui était pas payée déduisait *in judicium totam obligationem* et se trouvait ainsi avoir épuisé son droit tout entier, quoiqu'il n'eût pu obtenir condamna-

(1) L. 1, pr., D., *Pro socio* (XVII, 2).
(2) L. 11, § 1 et L. 40, D., *De reb. cred.* (XII, 1).
(3) L. 16, § 1, D., *De verb. oblig.* (XLV, 1).

tion que pour les termes échus. Gaïus nous apprend que le créancier qui voulait éviter ce résultat et ne déduire *in judicium* que les termes échus devait faire mettre en tête de la formule une *præscriptio* ainsi conçue : *ea res agatur, cujus rei dies fuit*. Quand il avait pris soin de limiter ainsi le débat, il conservait son action pour les *futuræ obligationis præstationes* (1).

On appliquait aux legs de rente viagère des principes en tous points différents de ceux que nous venons d'expliquer. Ces legs produisaient une *condictio certi* (sauf le cas rare dans la pratique où les arrérages auraient consisté en des choses non suffisamment déterminées quant à leur qualité ou quant à leur quantité). Aucune *præscriptio* n'était nécessaire pour empêcher le légataire de perdre son droit pour les annuités suivantes, et après la mort du légataire la dette était éteinte *ipso jure*, en sorte que l'héritier débiteur du legs n'avait besoin d'aucune *exceptio* pour se défendre contre les poursuites de l'héritier du légataire. On considérait par interprétation de la volonté du défunt qu'il y avait là une série de legs conditionnels, qu'en conséquence on pouvait du vivant du légataire dire chaque année à un certain jour *dies legati cedit*, et qu'après sa mort il ne pouvait plus y avoir de *dies legati cedens*. La stipulation d'une rente viagère était *una, incerta et perpetua* (2) ; dans le legs d'une rente viagère on voyait *plura legata certa*, et *jure civili* l'obligation s'éteignait (*non perpetuabatur*) par la mort du légataire.

4. Sub conditione stipulatio fit, cum in aliquem casum differtur obligatio, ut si aliquid factum fuerit aut non fuerit, stipulatio committatur : veluti, SI TITIUS CONSUL FUERIT FACTUS, QUINQUE AUREOS DARE SPONDES ? Si quis ita stipuletur, SI IN CAPITOLIUM NON ASCENDERO, DARE SPONDES ? perinde erit ac si stipulatus esset cum morietur sibi dari. Ex conditionali

La stipulation se fait sous condition lorsque l'obligation est différée jusqu'à un événement, de telle sorte qu'elle naisse si tel événement a lieu ou si tel événement n'a pas lieu : *si Titius devient consul, promettez-vous de donner cinq pièces d'or?* Si quelqu'un stipule ainsi : *si je ne monte pas au Capitole, promettez-vous de donner?* ce sera

(1) Inst., Comm. IV, § 131.

(2) L. 16, § 1, D., *De verb. oblig.* (XLV. 1).

stipulatione tantum spes est debitum iri, eamque ipsam spem in heredem transmittimus, si priusquam conditio existat, mors nobis contigerit.

comme s'il avait stipulé pour le moment de sa mort. D'une stipulation conditionnelle il résulte seulement une espérance qu'il sera dû et nous transmettons cette espérance à notre héritier, si nous mourons avant l'accomplissement de la condition.

Lib. III, tit. XIX, § 25. Cum quis sub aliqua conditione stipulatus fuerit, licet ante conditionem decesserit, postea existente conditione heres ejus agere potest. Idem et ex promissoris parte.

L'héritier de celui qui a stipulé sous condition peut agir contre le débiteur, lorsque la condition s'est accomplie après le décès du stipulant. Il en est de même du côté du promettant.

6. Conditiones quæ ad præteritum vel præsens tempus referuntur, aut statim infirmant obligationem, aut omnino non differunt, veluti SI TITIUS CONSUL FUIT, vel SI MOEVIUS VIVIT, DARE SPONDES ? nam si ea ita non sunt, nihil valet stipulatio ; sin autem ita se habent, statim valet. Quæ enim per rerum naturam sunt certa non morantur obligationem, licet apud nos incerta sint.

Les conditions qui se rapportent soit au passé, soit au présent, ou bien infirment aussitôt l'obligation ou ne la diffèrent en aucune façon ; par exemple : *si Titius a été consul*, ou *si Mœvius vit, promettez-vous de donner ?* car, si ces faits ne sont pas exacts, la stipulation est nulle, s'ils sont exacts, elle est immédiatement productrice d'une obligation ; car un fait existant en réalité ne retarde pas la création de l'obligation, bien qu'il soit pour nous incertain.

Le mot *condition* tire son étymologie du mot *conditum*, supin du verbe *condere ;* aussi le mot *condition* pris dans un sens large signifie-t-il tout événement, toute circonstance, toute chose nécessaire à l'existence soit d'un droit, soit d'une opération juridique. Dans un sens plus restreint (et c'est dans ce second sens que nous avons à l'examiner) le mot *condition* signifie tout événement futur et incertain à l'arrivée duquel est subordonnée soit la création, soit l'extinction d'une obligation. Au moment où l'événement pris pour condition s'accomplit cet événement vient *condere obligationem*. Nous disons tout événement futur et incertain, parce que l'avenir seul est susceptible d'incertitude : un événement présent ou passé ne peut former une condition ; les parties fussent-elles dans l'ignorance de l'existence ou de la non-existence de ce fait, tout est fixé dès à présent. L'événement pris pour condition est-il déjà accompli, l'obligation est dès à présent créée : *quæ enim per rerum naturam sunt certa non morantur obligationem, licet apud nos incerta sint.* Si, au contraire, il est dès à présent certain que le fait pris pour condition ne pourra jamais arriver, il est dès à présent certain que l'obligation ne prendra jamais naissance (1).

La condition est *suspensive*, lorsque c'est la création même de l'obligation qui est subordonnée à l'arrivée de l'événement pris pour condition. Si, au contraire, l'obligation est dès à présent créée, mais doit être considérée comme n'ayant jamais existé si tel événement arrive, la condition est dite *résolutoire*. Dans ce dernier cas, les Romains disaient que l'obligation était pure et sa résolution conditionnelle : *obligatio pura quæ sub conditione resolvitur*.

Les Institutes ne parlent de la condition qu'à propos de la stipulation. Néanmoins les autres contrats peuvent être affectés de cette modalité (2). Aussi croyons-nous utile de traiter de la condition d'une manière générale, quel que soit le contrat que cette modalité affecte.

Occupons-nous d'abord de la condition suspensive. L'étude des effets de la condition suspensive exige que l'on examine séparément : 1° l'état des choses *pendente conditione;* 2° l'état des choses après l'accomplissement de la condition.

Pendente conditione il n'y a pas encore d'obligation, *nihil interim debetur*, nous dit Marcien (3) ; en conséquence le créancier n'a pas encore d'action : aussi Ulpien nous a-t-il déjà dit : *Ubi quis sub conditione stipulatus fuerit neque cessit, neque venit dies*

(1) Exceptionnellement il en serait autrement s'il s'agissait d'un fait dès à présent certain, mais tel qu'il fût impossible à tout homme d'en vérifier actuellement l'existence ou l'inexistence, d'un fait sur lequel il y eût pour tous les hommes une *inscientia* nécessaire, imposée par la nature même des choses. Dans ce cas ce fait, quoique dès à présent certain, formerait une véritable condition. Voir L. 28, § 5, D., *De judiciis* (v, 1) et LL. 37, 38, 39, D., *De reb. cred.* (XII, 1).

(2) On en avait douté pour le contrat de société. Voir L. 6, C., *Pro socio* (IV, 37).

(3) L. 13, § 5, D., *De pign. et hypoth.* (XX, 1).

pendente adhuc conditione (1). Si le débiteur a payé par erreur *pendente conditione* (2), il aura payé l'indu et il pourra le répéter. « *Sub conditione debitum*, nous dit Pomponius, *per errorem solutum* » *pendente quidem conditione repetitur* (3). » Si la chose due vient à périr *pendente conditione*, le débiteur en supportera la perte, sans pouvoir exiger la chose promise en retour (4). Si nous supposons qu'il y ait eu tradition, la tradition ne transférant la propriété qu'autant que telle est l'intention des parties, et la translation de la propriété par ce mode étant soumise aux modalités que les parties y ont attachées, cette tradition faite *pendente conditione* n'aura pas pour effet de rendre le créancier propriétaire en la supposant émanée *a domino*, et émanée *a non domino* elle ne mettrait pas ce créancier *in causa usucapiendi* (5).

Cependant, dès le moment du contrat conditionnel, il y a un lien créé *inter partes*, et s'il n'est pas encore dû, il y a *spes debitum iri*. Cette chance de devenir créancier est une partie intégrante du patrimoine de ce futur créancier, qui, s'il venait à mourir *pendente conditione*, la transmettrait à ses héritiers : « *Ex* » *conditionali stipulatione*, nous dit notre texte, *tantum spes est* » *debitum iri*, *eamque ipsam spem in heredem transmittimus*, *si* » *priusquam conditio existat*, *mors nobis contigerit*. » Cette transmissibilité de la créance conditionnelle s'écarte des règles applicables en matière d'institution d'héritier et de legs. L'héritier institué *sub conditione*, la personne à laquelle on a légué conditionnellement ne transmettraient rien à leurs héritiers, si elles venaient à décéder *pendente conditione*. Le testateur en effet a eu en vue la personne même de l'héritier ou du légataire. Or, pour les jurisconsultes romains, une simple espérance n'est quelque chose en droit qu'autant qu'elle est transmissible héréditairement. Aussi ces jurisconsultes refusent-ils *pendente conditione* le nom de *creditor* à celui à qui une chose à été léguée

(1) L. 213, pr., D., *De verb. signif.* (L, 16).

(2) Nous disons par erreur, parce qu'autrement il y aurait de sa part libéralité.

(3) L. 16, pr., D., *De cond. indeb.* (XII, 6).

(4) L. 8, pr., D., *De peric. et comm. rei vend.* (XVIII, 6).

(5) L. 8, pr., D., *De peric. et comm. rei vend.* (XVIII, 6).

conditionnellement *per damnationem*, tandis que ce titre est accordé à celui qui est créancier conditionnel *ex contractu.*

L. 42, pr., D., *De oblig. et act.* (XLIV, 7).

ULPIANUS, lib. 21, ad Edictum.	ULPIEN, livre 21, sur l'Edit.
Is, cui sub conditione legatum est, pendente conditione non est creditor, sed tunc cum exstiterit conditio; quamvis cum, qui stipulatus est sub conditione, placet etiam pendente conditione creditorem esse.	Celui auquel on a légué sous condition n'est pas, tant que la condition n'est pas arrivée, un créancier, quoique l'on admette que, la condition étant encore en suspens, celui qui a stipulé conditionnellement soit créancier.

De là résultaient les conséquences suivantes: 1° le créancier conditionnel *ex contractu* agissant *ante conditionem* perd son droit pour cause de plus-pétition; il en est autrement du légataire conditionnel : ce dernier lorsqu'il agit *ante conditionem nihil facit*, et la condition accomplie, il pourra utilement renouveler son action (1) ; 2° l'espérance du créancier conditionnel *ex contractu* peut être valablement garantie par un fidéjusseur ou une hypothèque ; il en est autrement de l'espérance née d'un legs conditionnel ; 3° une créance conditionnelle née *ex contractu* peut être éteinte par novation ou acceptilation, lesquelles n'existeront et n'auront éteint l'obligation qu'autant que la condition s'accomplira ; si au contraire nous supposons un legs conditionnel, l'espérance qui en résulte étant considérée comme le néant ne peut être l'objet d'aucun mode d'extinction, et, si plus tard la condition s'accomplit, le legs sera dû nonobstant le mode d'extinction intervenu. Un seul texte nous suffira pour démontrer nos deux dernières propositions quant aux effets du legs conditionnel. Ce texte suppose que *pendente conditione* le légataire a reçu de l'héritier un fidéjusseur auquel il a fait acceptilation ; la condition s'accomplit, le jurisconsulte décide que le legs est dû ; donc le fidéjusseur n'a jamais été obligé, l'acceptilation n'a pas pris

(1) L. 1, § 4, D., *Quando dies usuf. legati cedat* (VII, 3).

naissance à l'état d'acceptilation conditionnelle, ce qui serait au contraire arrivé s'il eût été question d'une obligation conditionnelle *ex contractu*. Voici ce texte :

L. 13, § 8, D., *De acceptilatione* (XLVI, 4).

ULPIANUS, lib. 50, ad Sabinum.

Si legatorum sub conditione relictorum fidejussori dato accepto latum sit, legata debebuntur, postea conditione eorum existente.

ULPIEN, livre 50, sur Sabinus.

Si acceptilation a été consentie à un fidéjusseur donné pour des legs conditionnels, ces legs seront néanmoins dus, si plus tard la condition qui les affectait s'accomplit.

La chance de dette est suffisante pour lier le débiteur dans une certaine mesure; il est au moins obligé à ne rien faire pour empêcher la condition de s'accomplir, et si c'est par son fait que la condition ne s'accomplit pas, elle est réputée accomplie. Ce principe, ainsi qu'on va le voir, s'applique à toutes les matières du droit :

L. 161, D., *De regulis juris* (L, 17).

ULPIANUS, lib. 77, ad Edictum.

In jure civili receptum est, quotiens per eum, cujus interest, conditionem non impleri, fiat, quominus impleatur, perinde haberi, ac si impleta fuisset, quod ad libertatem, et legata, et ad heredum institutiones perducitur : quibus exemplis stipulationes quoque committuntur, cum per promissorem factum esset, quominus stipulator conditioni pareret.

ULPIEN, livre 77, sur l'Édit.

En droit civil, il est admis que toutes les fois qu'une condition ne s'accomplit pas par le fait de celui qui avait intérêt à son non-accomplissement, elle doit être considérée comme accomplie. Ce principe s'applique aux legs de liberté, aux autres legs et aux institutions d'héritier. De même les stipulations sont encourues lorsque le promettant a par son fait empêché le stipulant d'accomplir la condition.

Les détériorations subies *pendente conditione* par la chose due, sont supportées par le créancier, lequel après, l'événement de la condition, ne peut pas demander une diminution de prix (1).

(1) L. 8, pr., D., *De peric. et comm. rei vendit.* (XVIII, 6).

Supposons maintenant la condition accomplie. A ce moment, *stipulatio committitur*, disent les jurisconsultes. Par l'accomplissement de la condition, l'obligation est créée rétroactivement au jour du contrat, et par suite de cet effet rétroactif, il faut la considérer comme ayant toujours été pure et simple *ab initio contractus*. Ainsi les créanciers hypothécaires étant classés entre eux suivant la date des conventions hypothécaires, si nous supposons une chose hypothéquée pour la garantie d'une obligation conditionnelle, et postérieurement hypothéquée de nouveau pour la garantie d'une obligation pure et simple, nous devrons décider que si la condition s'accomplit, la préférence doit appartenir au créancier conditionnel. C'est ce que nous dit le texte suivant :

L. 11, § 1, D., *Qui potiores in pignore*, etc. (XX, 4).

GAIUS, lib. sing., De formula hypothecaria.

Videamus an idem dicendum sit, si, sub conditione stipulatione facta, hypotheca data sit, qua pendente alius credidit pure, et accepit eamdem hypothecam, tunc deinde prioris stipulationis exsistat conditio, ut potior sit, qui postea credidisset? Sed vereor, num hic aliud sit dicendum : cum enim semel conditio exstitit, perinde habetur, ac si illo tempore quo stipulatio interposita est, sine conditione facta esset : quod et melius est.

GAIUS, livre unique, De la formule hypothécaire.

Voyons s'il faudra dire la même chose dans le cas où, une stipulation conditionnelle ayant eu lieu, une hypothèque a été constituée pour garantie de cette stipulation, et où avant l'accomplissement de la condition une autre personne aurait prêté purement, de telle sorte que, la condition qui affectait le premier contrat venant à s'accomplir, celui qui a prêté en second lieu soit préféré? Mais je crains bien qu'il ne faille ici dire le contraire, car lorsque la condition est accomplie, c'est comme si la stipulation avait eu lieu purement; et c'est là la décision préférable.

Cet effet rétroactif de la condition accomplie nous servira à expliquer ce que nous avons dit plus haut touchant la perte de l'objet dû ou les détériorations qu'il a subies, lorsque cette perte ou ces détériorations sont arrivées *pendente conditione*. Nous avons vu en effet que la perte est supportée par le débiteur et les détériorations par le créancier; si nous supposons une vente conditionnelle, et qu'au moment de l'accomplissement de la condition, la chose n'existe plus, ayant péri sans le fait ni la faute du vendeur, celui-ci supportera cette perte et ne pourra pas exiger de l'acheteur le payement du prix : en effet, au moment où s'accomplit la condition, l'un des éléments essentiels au contrat de vente fait défaut; ce contrat ne peut dès lors prendre naissance, et ne se formant pas, il ne peut rétroagir. Si au contraire nous supposons que la chose vendue conditionnellement a subi des détériorations sans le fait ou la faute du vendeur, la perte procurée par ces détériorations sera subie par l'acheteur, qui ne pourra prétendre à aucune diminution de prix. Ici, en effet, lorsque la condition s'accomplit, la chose vendue, quoique détériorée, existe encore, et aucun élément essentiel du contrat ne fait défaut, dès lors ce contrat prend naissance, et il doit produire les mêmes effets, vu la rétroactivité de la condition accomplie, que si primitivement il avait été fait sans condition.

L'effet rétroactif de la condition accomplie, que nous venons de rencontrer dans les obligations conditionnelles nées *ex contractu*, n'a pas lieu dans les legs conditionnels. En effet, si cette rétroactivité était admise en matière de legs conditionnels, elle conduirait directement à la transmissibilité héréditaire de l'espérance qui résulte de ces sortes de legs, ce qui serait contraire à l'intention du testateur; c'est une dernière différence entre les contrats conditionnels et les legs conditionnels.

Nous arrivons à l'étude de la condition résolutoire.

Les Romains considéraient comme contrat pur et simple celui qui était affecté d'une condition résolutoire, de telle sorte qu'au cas de vente sous condition résolutoire, le vendeur non propriétaire de la chose vendue ayant fait tradition, l'acheteur aurait pu l'usucaper *pro emptore*, même *pendente conditione*. Pour les Romains donc toutes les conditions se ressemblent, elles sont toutes suspensives. Si le contrat est affecté d'une condition résolutoire, les jurisconsultes disent que le contrat est pur et la résolution conditionnelle. C'est ce que nous dit Ulpien pour le contrat de vente. Les parties étant convenues qu'il n'y aurait pas vente, si dans tel délai des propositions plus avantageuses étaient offertes au vendeur (clause que les Romains appelaient *in diem addictio*), Ulpien se demande si la vente est conditionnelle, ou si au contraire on doit dire qu'elle est pure avec résolution conditionnelle. Cela dépend, répond-il, de l'intention des parties.

L. 2, pr., D., *De in diem addictione* (XVIII, 2).

ULPIANUS, lib. 28, ad Sabinum.

Quotiens fundus in diem addicitur, utrum pura emptio est, sed sub conditione resolvitur ; an vero conditionalis sit magis emptio, quæstionis est? Et mihi videtur verius, interesse quid actum sit : nam si quidem hoc actum est, ut meliore allata conditione discedatur, erit pura emptio, quæ sub conditione resolvitur; sin autem hoc actum est, ut perficiatur emptio, nisi melior conditio afferatur, erit emptio conditionalis.

ULPIEN, livre 28, sur Sabinus.

Toutes les fois qu'un fonds est vendu avec la clause qu'il n'y aura pas vente si des propositions plus avantageuses sont faites au vendeur, y aura-t-il une vente pure résoluble sous condition, ou, au contraire, la vente elle-même sera-t-elle conditionnelle? c'est une question que l'on pose. Il me paraît que tout dépend ici de l'intention des parties, car si les parties ont voulu que, les propositions plus avantageuses étant faites, il y eût résolution, la vente sera pure et résoluble sous condition : que si, au contraire, elles ont voulu que la vente ne fût parfaite qu'autant qu'il ne serait pas fait de propositions plus avantageuses, la vente elle-même sera conditionnelle.

Nous avons vu plus haut, en expliquant le § 3 de notre titre que l'on ne pouvait, en vertu de la stipulation ou d'autres contrats *stricti juris*, être tenu *ad tempus;* ce qui au contraire pouvait avoir lieu dans les contrats *bonæ fidei*. Nous avons vu qu'en conséquence la stipulation d'une somme payable annuellement au stipulant pendant tout le temps de sa vie continuait à produire ses effets après le décès de celui-ci, sauf au débiteur à se défendre contre l'action de l'héritier du stipulant à l'aide de l'*exceptio pacti conventi.* Les mêmes principes doivent rendre inefficace l'insertion d'une condition résolutoire dans une stipulation. L'obligation ne se résoudrait pas plus par l'arrivée de la condition résolutoire qu'elle n'était éteinte par l'arrivée du terme final; tout ici est rigoureux. Paul nous l'a déjà dit : « *Quod alicui deberi cœpit certis modis desinit deberi* (1). » On applique ici le même remède que dans le cas auquel nous venons de nous reporter. Si, après l'arrivée de la condition résolutoire, le créancier poursuit le débiteur, ce dernier le repoussera par l'*exceptio pacti conventi* ou par l'*exceptio doli.*

L. 44, § 2, D., *De oblig. et act.* (XLIV, 7).

PAULUS, lib. 74, ad Edictum prætoris.	PAUL, livre 74, sur l'Edit du préteur.
Conditio vero efficax est, quæ in constituenda obligatione inseritur, non quæ post perfectam eam ponitur : veluti, CENTUM DARE SPONDES NISI NAVIS EX ASIA VENERIT ? Sed hoc casu existente conditione locus erit exceptioni pacti conventi, vel doli mali.	La condition est efficace lorsqu'elle affecte l'obligation elle-même; elle ne l'est pas si, l'obligation étant créée d'une manière parfaite, elle est destinée à en procurer la résolution, par exemple : *promettez-vous cent à moins toutefois que tel navire ne revienne d'Asie?* Mais, dans ce cas, la condition étant accomplie, il y aura lieu à l'exception de pacte, ou à celle de dol.

Le jurisconsulte suppose dans le texte que nous venons de citer que le créancier a agi après l'arrivée de la condition; mais il eût agi régulièrement avant cette arrivée, et le débiteur eût été obligée de payer. Si ce payement a eu lieu, et que la condition vienne à s'accomplir, l'exception ne pouvant plus suffire, il faudra nécessairement accorder au débiteur la répétition de

(1) L. 44, § 1, D., *De oblig. et act.* (XLIV, 7).

l'indu. L'effet rétroactif de la condition accompli fait qu'il doit être considéré comme ayant toujours été *tutus exceptione perpetua*, et celui qui a payé étant *tutus exceptione perpetua* est considéré comme ayant payé l'indu.

Nous avons vu que dans la vente d'un corps certain faite sous condition suspensive, la perte totale de la chose arrivée *pendente conditione* était supportée par le vendeur, tandis que les détériorations et pertes partielles arrivées aussi *pendente conditione* étaient supportés par l'acheteur. Ce sont les décisions opposées qu'il faudra donner dans le cas de vente d'un corps certain faite sous condition résolutoire, ou, pour parler comme les Romains, dans le cas de vente pure avec résolution conditionnelle. Dans le cas de perte totale arrivée *pendente conditione*, la résolution ne peut pas plus prendre naissance que la vente elle-même dans le cas précédent et cela par les mêmes motifs. Dans le cas de perte partielle et de détérioration, la résolution peut s'accomplir; mais l'acheteur doit être quitte en rendant la chose dans l'état où elle se trouve, et n'en a pas moins le droit d'exiger la restitution entière du prix qu'il a payé.

Après avoir examiné l'effet de la condition résolutoire sur la question des risques, on peut se demander quel est celui qu'elle produit sur la translation de la propriété opérée en exécution du contrat résolu. Le *tradens* redevient-il propriétaire de la chose *ipso jure*, sans aucun mode de rétrocession; ou bien a-t-il simplement une action personnelle contre son cocontractant pour se faire retransférer la propriété par un des modes ordinaires(1)?

Cette dernière opinion était celle de la majorité des jurisconsultes au temps classique. Cependant Ulpien et Marcellus professaient la doctrine contraire (2): ainsi le premier, supposant un fonds vendu avec pacte d'*in diem addictio*, décide que l'acheteur cessera d'avoir la *rei vindicatio* dès que la condition sera réalisée : ce qui montre bien que la *rei vindicatio* est aussitôt et d'elle-même

(1) Quelle était cette action personnelle? C'est un point examiné *suprà*, page 39.

(2) L. 4, § 3, D., *De in diem addict.* (XVIII, 2).

passée aux mains du vendeur (1). Il en est de même au cas de donation à cause de mort : je vous ai donné, et je vous ai actuellement transféré la propriété de la chose, mais vous me la rendrez (et c'est ici la condition) si je relève de maladie, ou si je reviens d'un combat ou d'un voyage : l'un de ces faits se réalise ; aurai-je la *rei vendicatio*, ou bien une *condictio* pour vous obliger à la rétrocession ? Ulpien répond : *potest defendi in rem competere donatori* (2) : on peut soutenir que l'action réelle appartient au donateur.

Cette manière de voir avait prévalu sous Justinien ; et ce point nous est révélé par un remaniement d'une vieille constitution fait par les compilateurs du Code :

L. 2, C., *De don. quæ sub modo* (VIII, 55).

Impp. Dioclet. et Maxim. AA. et CC. Zenoni.	**Les empereurs Dioclétien et Maximien Augustes et Césars, à Zénon.**
Si rerum tuarum proprietatem dono dedisti, ita ut post mortem ejus, qui accipit, ad te rediret, donatio valet : cum etiam ad tempus certum, vel incertum ea fieri potest, lege scilicet, quæ ei imposita est, conservanda. — P. P. 5 id. Mart. Maximo 2 et Aquilino conss. 286.	Si vous avez fait don de la nue propriété de choses vous appartenant à la condition qu'elle vous ferait retour après la mort du donataire, la donation est valable : en effet elle peut se faire pour un temps certain ou indéterminé, et on doit observer la condition ainsi imposée. — Préfecture du prétoire, le 5 des ides de mars, sous le deuxième consulat de Maxime et celui d'Aquilinus. — 286.

D'autre part on lit dans les *Fragmenta Vaticana*, § 283 :

Idem Aurelio Carrenoni. Si stipendiariorum proprietatem dono dedisti, ita ut post mortem ejus qui	Les mêmes à Aurelius Carrenon. Si vous avez fait don de la nue propriété de fonds stipendiaires à la

(1) L. 41, pr. D., *De rei vindicatione* (VI, 1).
(2) L. 29, D., *De mortis causa don.* (XXXIX, 6).

accepit, ad te rediret, donatio irrita est, cum ad tempus proprietas transferri nequiverit. . . . . P. P. V. id. Mart. Maximo et Aquilino conss. 286.

condition qu'elle vous ferait retour après la mort du donataire, la donation est sans effet, parce que la nue propriété n'a pas pu être transférée jusqu'à un certain temps. . . . . Préfecture du prétoire, le 5 des ides de mars sous le consulat de Maxime et d'Aquilinus. 286.

Ces deux constitutions données le même jour sur la même question ne pouvaient à l'origine porter des décisions divergentes ; aussi la première a-t-elle dû être accommodée à la théorie dominante sous Justinien (1).

Mais pourquoi la majorité des jurisconsultes du temps classique refusait-elle l'action réelle à celui en faveur duquel s'était réalisée la condition résolutoire? C'est qu'à Rome le domaine des droits réels et celui des droits personnels étaient distincts et n'empiétaient pas l'un sur l'autre comme chez nous : de même que la *mancipatio*, l'*in jure cessio*, etc., étaient impuissantes à créer des liens d'obligation ou à les faire passer d'une personne à une autre (2), de même aussi les contrats ne pouvaient engendrer que des obligations et ne transféraient pas la propriété. Pour transférer la propriété, il ne suffit pas que je m'oblige à le faire ; le

(1) Notre illustre doyen, M. Pellat, pense que les deux constitutions précitées n'en faisaient qu'une, « que les rédacteurs du Code de Justinien » ont complétement remaniée, tout en maintenant en tête les noms de » Dioclétien et de Maximien et la date, avec cet étrange scrupule histo» rique qui conserve soigneusement le nom de l'auteur primitif en lui » faisant dire précisément le contraire de ce qu'il disait dans l'œuvre » originale (sur le titre *De rei vindicatione* du Digeste, page 284). » Nous pensons au contraire que deux constitutions semblables ont été rendues le même jour par les empereurs Dioclétien et Maximien. Ce qui nous porte à le croire, c'est que celle qui est rapportée au Code est adressée à Zénon (*Zenoni*), et celle que l'on retrouve dans les fragments du Vatican à Aurelius Carrenon (*Aurelio Carrenoni*). Qu'il y ait là deux constitutions ou une seule, peu importe ; toujours est-il que celle qui est rapportée au Code de Justinien a été remaniée par les compilateurs byzantins, avec l'étrange scrupule historique relevé par M. Pellat.

(2) Gaïus, Comm. II, § 38.

contrat crée l'obligation et ne déplace pas de droit réel, il faut ajouter au contrat un mode d'acquérir, la tradition par exemple. Si donc le contrat ne suffit pas pour faire passer de l'une des parties à l'autre la propriété, s'il faut en outre un mode d'acquérir, comment une clause ajoutée à ce contrat aurait-elle la puissance de retransférer *ipso jure* sans l'intervention nouvelle d'un mode d'acquérir, à une époque ultérieure déterminée ou indéterminée, la propriété à celui qui s'en est primitivement dépouillé? Il est donc rationnel d'admettre que la condition accomplie n'aura d'autre effet que celui de créer à la charge de l'*accipiens* l'obligation de retransférer la chose au *tradens*, qui s'en était dépouillé complétement, mais avec l'espoir d'en devenir un jour créancier.

En outre les modes eux-mêmes nécessaires pour faire passer la propriété d'une personne à une autre ne se prêtaient pas en général aux modalités dont les parties auraient voulu en affecter le transport; ainsi la *mancipatio* et l'*in jure cessio* ne reçoivent ni terme ni condition (1), en sorte que d'une part on ne peut par la condition insérée dans un contrat réfléchir sur la translation de propriété, et d'autre part, on ne peut imposer cette condition à cette translation elle-même : il faut transporter purement et simplement, comme si c'était pour toujours, sauf à se faire rétrocéder plus tard, si la condition se réalise.

Ces observations ne s'appliquent pas au legs *per vindicationem* : d'une part il est une manière d'acquérir la propriété et non pas un contrat productif d'obligation, et d'un autre côté il reçoit des conditions expresses, sans parler de la condition tacite qui affecte tous les legs : *si le légataire accepte*. Aussi nous allons rechercher à quel moment et comment la propriété se transporte dans cette espèce de legs, et quel est à cet égard l'effet de la condition soit tacite, soit expresse.

Supposons d'abord le legs pur et simple, c'est-à-dire soumis seulement à la condition d'acceptation par le légataire : *do, lego Titio fundum Cornelianum :* le testateur est mort et l'héritier a fait

(1) L. 77, D., *De regulis juris* (L, 17).

adition : depuis ce moment jusqu'à celui de l'acceptation ou de la répudiation du légataire il s'écoule un certain espace de temps; à qui appartient *interim* le fonds Cornélien? C'est ainsi que la question s'était posée à Rome, et Gaïus y répond :

GAII Institutionum comm. II, § 195.

In eo vero dissentiunt prudentes, quod Sabinus quidem et Cassius ceterique nostri præceptores, quod ita legatum sit, statim post aditam hereditatem putant fieri legatarii, etiamsi ignoret sibi legatum esse dimissum : et posteaquam scierit et repudiaverit, tum perinde esse atque si legatum non esset. Nerva vero et Proculus, ceterique illius scholæ auctores, non aliter putant rem legatarii fieri quam si voluerit eam ad se pertinere. Sed hodie ex divi Pii Antonini constitutione hoc magis jure uti videbimur quod Proculo placuit ; nam cum legatus fuisset Latinus per vindicationem coloniæ, deliberent, inquit, Decuriones, an ad se velint pertinere, proinde ac si uni legatus esset.

GAIUS, Institutes, comm. II, § 195.

Les prudents sont en désaccord en ce point : Sabinus, Cassius, et nos autres maîtres pensent que la chose ainsi léguée (*per vindicationem*) devient aussitôt après l'adition d'hérédité la propriété du légataire, ignorât-il la disposition faite en sa faveur : et si, après l'avoir connue, il répudie, à leur avis les choses se passent comme s'il n'y eût pas eu de legs. Mais pour Nerva, Proculus et les autres auteurs de cette école, la chose ne devient la propriété du légataire que s'il a manifesté la volonté qu'elle lui appartienne. Mais aujourd'hui, d'après une constitution d'Antonin le Pieux, cette dernière opinion paraît l'emporter : car comme un Latin avait été légué *per vindicationem* à une colonie, que les Décurions, dit l'empereur, délibèrent pour savoir s'ils veulent que le Latin leur appartienne, comme s'il eût été légué à un particulier.

Ainsi pour les Sabiniens le légataire de la chose léguée purement et simplement *per vindicationem* en devient propriétaire dès l'adition de l'hérédité, et son droit se dissout par la répudiation sans qu'il ait besoin de le rétrocéder à l'héritier ; c'est donc à lui que la chose appartient *interim*. Pour les Proculiens, le légataire n'est pas ainsi *dominus* sous la condition résolutoire de la répudiation, il le devient seulement par l'acceptation et dès ce moment; mais *interim*, depuis l'adition jusqu'à ce moment, à qui appartient la chose? à personne : elle est pour eux *res nullius*, nous le verrons tout à l'heure.

Gaïus passe condamnation sur l'opinion des siens en présence d'une constitution d'Antonin-le-Pieux; mais tout le monde ne l'avait pas trouvée aussi probante. La doctrine des Sabiniens l'avait emporté, et nous avons ainsi un cas de domaine résoluble à Rome, un cas de propriété passant du légataire qui répudie à l'héritier par la seule force de l'accomplissement de la condition. La doctrine des Sabiniens l'avait, disons-nous, emporté; nous nous bornerons pour le prouver à citer le texte suivant de Papinien (1) :

L. 80, D., *De legatis et fideicommissis* 2° (XXXI).

PAPINIANUS, lib. 1 Definitionum.	**PAPINIEN, livre 1 des Définitions.**
Legatum ita dominium rei legatarii facit, ut hereditas heredis res singulas : quod eo pertinet, ut, si pure res relicta sit, et legatarius non repudiavit defuncti voluntatem : recta via dominium, quod hereditatis fuit, ad legatarium transeat, nunquam factum heredis.	Le legs fait passer la chose dans la propriété du légataire comme l'hérédité les objets héréditaires dans celle de l'héritier : en sorte que, si une chose a été léguée purement et si le légataire ne répudie pas la volonté du défunt, la propriété passe directement de l'hérédité au légataire sans jamais avoir été à l'héritier.

Si le legs est conditionnel : *do, lego Titio fundum Cornelianum, si navis ex Asia venerit*, nous retrouvons la même controverse sur la propriété dans le temps qui s'écoule entre l'adition d'hérédité et l'arrivée de la condition : écoutons encore Gaïus :

GAII Institutionum comm. II, § 200	**GAIUS, Institutes, comm. II, § 200.**
Illud quæritur, quod sub conditione per vindicationem legatum est,	On demande à qui appartient avant l'arrivée de la condition la

(1) Voir aussi LL. 33, 34 et 35, pr., D., *Ad leg. Aquiliam* (IX, 2).

pendente conditione cujus esset. Nostri præceptores heredis esse putant exemplo statuliberi, id est, ejus servi qui testamento sub aliqua conditione liber esse jussus est, quem constat interea heredis servum esse. Sed diversæ scholæ auctores putant nullius interim eam rem esse: quod multo magis dicunt de eo quod sine conditione pure legatum est, antequam legatarius admittat legatum.

chose léguée sous condition *per vindicationem* : nos maîtres pensent qu'elle est à l'héritier, comme le *statuliber*, c'est-à-dire l'esclave auquel la liberté a été léguée sous quelque condition, et qui jusqu'à ce qu'elle se réalise, est certainement l'esclave de l'héritier. Mais les auteurs de l'école adverse pensent qu'en attendant la chose léguée n'est à personne, et ils le disent bien davantage de celle qui a été léguée purement et sans condition tant que le légataire n'a pas accepté le legs.

Ici les Sabiniens attribuent la chose à l'héritier *pendente conditione*, mais par l'arrivée de la condition le légataire acceptant deviendra aussitôt propriétaire de la chose léguée et le domaine sera résolu entre les mains de l'héritier ; ici encore nous trouvons, à la différence de ce que nous avons vu pour les contrats, une condition résolutoire opérant transport de la propriété parce qu'elle affecte le mode même de translation.

Les Proculiens au contraire estiment que la chose est *nullius*, qu'elle n'appartient à personne : mais leur opinion n'avait pas prévalu plus que tout à l'heure, et dans les textes nous voyons la propriété intérimaire de la chose attribuée dans ce cas à l'héritier (1).

Mais pourquoi les Sabiniens donnent-ils la propriété de la chose léguée purement au légataire en attendant son acceptation, et celle de la chose léguée conditionnellement à l'héritier en attendant l'arrivée de la condition? Les deux situations semblent pareilles, et les résultats différents : c'est parce que, dans le cas du legs vraiment conditionnel, la suspension du droit du légataire est directement un effet du mode d'acquérir affecté de la condition ; celle-ci empêche le mode d'agir et de porter la propriété

(1) L. 29, § 1, D., *Qui et a quibus manum.* (XL, 9); L. 12, § 5, D., *De usufr. et quemad.* (VII, 1).

sur le légataire : où doit-elle demeurer alors? entre les mains de celui qui continue la personne du défunt, entre les mains de l'héritier auquel elle appartiendra définitivement, si le mode de translation ne vient pas la lui enlever un jour : en un mot le legs est encore non avenu, et les choses doivent en principe se passer comme s'il n'existait pas. Au contraire, dans le cas du legs pur et simple, le mode de transport du *dominium* n'est arrêté par rien; dès que l'adition d'hérédité a donné toute sa force au testament, il produit son effet, qui est de faire passer la propriété sur la tête du légataire, sauf plus tard la résolution, s'il y a répudiation; et la condition résolutoire tacite est considérée comme n'existant pas jusqu'à la réalisation. Si, pour rendre raison de cette différence, nous pouvions employer le langage du droit français, nous dirions : le legs pur et simple est en réalité un legs fait sous condition résolutoire tacite : donc il doit produire tous ses effets à l'instant. Le legs conditionnel est au contraire sous condition suspensive : son effet est donc suspendu, il n'en produit quant à présent aucun, et la chose reste à l'héritier.

Quoi qu'il en soit, nous avons vu déjà deux cas dans lesquels les Romains admettaient la résolution de la propriété par l'arrivée d'une condition; mais chaque fois nous avons vu que la condition affectait le mode d'acquérir, le legs lui-même, et c'est ce qui nous a expliqué ce résultat. Nous le retrouvons, et toujours pour le même motif, dans la donation entre époux : on sait que vers la fin de la république ces donations furent interdites, en sorte que le transport de la propriété ne se produisait pas à cause de l'incapacité des parties. Plus tard un sénatus-consulte porté sur la proposition d'Antonin-Caracalla, tout en maintenant la prohibition et par conséquent la nullité de ces donations, les déclara néanmoins rétroactivement valables, si le donateur avait persisté jusqu'à sa mort dans sa volonté (1). Avant ce moment le transport de la propriété ne signifiait rien; mais la mort du donateur sans révocation remplissant la condition dont ce transport avait été tacitement affecté, relevant les parties de leur

(1) L. 32, pr., D., *De donat. inter virum et ux.* (XXIV, 1).

incapacité, conférait le *dominium* au donataire. C'est encore là un passage de la propriété d'une personne à une autre par l'effet d'une condition accomplie, la mort du donateur sans révocation, condition suspensive au point de vue du donataire, résolutoire au point de vue du donateur (1).

Enfin les textes nous offrent des exemples de ce qu'ils appellent *dominium in pendenti* : il ne s'agit plus ici de savoir si la chose est à celui-ci ou à celui-là, on ne dit pas actuellement à qui elle appartient : il faut pour le déterminer attendre un événement. Ici la chose a été acquise aussi bien pour l'une des parties que pour l'autre, et l'arrivée d'un certain fait montrera laquelle des deux est propriétaire : celle-ci alors aura le *dominium* sans qu'il soit besoin d'aucun mode nouveau à cet effet : j'ai par exemple l'usufruit d'un esclave, il en achète un à son tour et, sans le payer, en devient propriétaire non pour lui évidemment, mais pour le nu-propriétaire ou l'usufruitier: lequel des deux? Cela dépendra de la provenance des écus qui serviront à payer l'esclave acheté : s'ils viennent de l'usufruitier, il lui appartiendra, si le nu-propriétaire les a fournis, l'esclave sera pour lui; en attendant le *dominium* de l'esclave acheté est *in pendenti* (2). De même si j'ai l'usufruit d'un troupeau, je dois remplacer les têtes mortes à l'aide du croît : s'il est mort trois brebis et qu'il soit né cinq agneaux, jusqu'à ce que j'aie remplacé les brebis mortes par trois de ces agneaux déterminés, le *dominium* des cinq sera *in pendenti* : on ne saura s'ils appartiennent au nu-propriétaire ou à l'usufruitier (3).

Nous venons de voir la propriété passer ou se fixer sur quelqu'un par l'effet d'une condition résolutoire affectant le mode d'acquérir ou par l'arrivée d'un événement : y a-t-il dans tous ces cas rétroactivité, ou bien celui qui acquiert ainsi ne reçoit-il

(1) Si on suppose que les époux aient employé la *mancipatio* ou l'*in jure cessio*, la condition dont nous nous occupons ne les aurait pas viciées par application de la règle : *expressa nocent, non expressa non nocent* (L. 77, D., *De regulis juris* (L. 17)). Nous étudierons bientôt cette règle.

(2) L. 25, § 1, D., *De usufructu et quemad.* (VII, 1).

(3) L. 70, § 1, D., *De usuf. et quemad.* (VII, 1); L. 12, § 5, D., *eod tit.*

que pour l'avenir? Avant d'examiner cette question, il n'est pas déplacé d'en rechercher l'intérêt. Quelle qu'en soit la solution, le propriétaire intérimaire aura pu faire sur la chose tous les actes de maître; mais les droits qu'il aura transférés seront tous affectés de la même condition que son droit lui-même, c'est-à-dire seront considérés soit comme n'ayant jamais existé si tel événement arrive en supposant qu'on admette la rétroactivité, soit comme devant cesser pour l'avenir au cas d'accomplissement de la condition, si cette rétroactivité n'est pas admise. Peu importe donc la solution de notre question au point de vue des actes de maître faits par le propriétaire intérimaire, dans tous les cas la propriété revient à l'autre partie franche et quitte de tous droits constitués par ce propriétaire intérimaire : on lui avait cependant complétement interdit comme ayant un caractère irrémédiable l'affranchissement d'un esclave, car la liberté une fois donnée ne se reprend plus. Ces propositions résultent du texte que voici :

L. 26, § 1, D., *Qui et a quibus manum.* (XL, 9).

GAIUS, lib. 1, de Manumissionibus.

Sub conditione servus legatus pendente conditione pleno jure heredis est : sed nullam libertatem ab eo consequi potest, ne legatario injuria fieret.

GAIUS, liv. 1, des Affranchissements.

L'esclave légué sous condition est en attendant dans la pleine propriété de l'héritier ; mais il ne peut en recevoir la liberté pour qu'il ne soit pas fait tort au légataire.

Ce n'est donc pas au point de vue de l'héritier que la question peut être intéressante : c'est au point de vue du légataire et en général de celui que l'arrivée de la condition ou du fait rend propriétaire. S'il n'y a pas rétroactivité, il n'aura pu faire *interim* sur la chose aucun acte qui suppose le *dominium*. Si au contraire il y a rétroactivité, tout lui a été possible, il aura pu faire *mancipatio*, *in jure cessio*, léguer *per vindicationem;* car il se comporte dans tous ces cas comme plein propriétaire, et au cas où il aurait fait *mancipatio* ou *in jure cessio*, il n'aura pas mentionné dans *l'actus legitimus* la condition, et on lui appliquera la maxime : *expressa nocent*, *non expressa non nocent*, et si plus tard la condition se réalise, rien ne manquera à la validité de l'acte accompli.

Revenant à la question, nous pensons que dans les quatre cas ci-dessus examinés le droit romain admettait la rétroactivité.

Pour le legs pur et simple Gaïus le dit formellement : l'héritier par la répudiation du légataire devient rétroactivement *dominus*, *perinde atque si legatum non esset* (1). Si le legs est conditionnel, la même décision doit être donnée en ce point que pour la condition résolutoire tacite, qui affecte le legs pur et simple, et même à plus forte raison ; car si la condition tacite de la répudiation a l'effet de rendre l'héritier rétroactivement propriétaire, *a fortiori* une condition expressément formulée doit-elle avoir pour effet, dès qu'elle sera accomplie, de rendre le légataire conditionnel propriétaire du jour de l'adition d'hérédité.

De même dans les donations entre époux, le donataire au moment de la mort du donateur devient rétroactivement *dominus* de la chose donnée, à moins cependant que cela ne lui soit nuisible ; dans ce dernier cas, *quando emergunt vitia*, il n'acquiert que du jour de la mort du donateur : cela arriverait, par exemple, s'il s'agissait d'un époux donataire qui est *sui juris* au moment de la mort de son conjoint, et qui était en puissance lors de la donation ; la rétroactivité lui nuirait, car il devrait partager la chose avec les autres héritiers de son père (2).

Enfin, dans le cas du *dominium in pendenti*, Ulpien dit, d'après Julien : *Nam si ex re fructuarii, retro fructuarii esse* (3), si l'esclave acheté est payé des deniers de l'usufruitier, il devient sa propriété *rétroactivement*.

Nous pouvons maintenant revenir à notre point de départ, c'est-à-dire aux contrats portant une condition résolutoire, et en exécution desquels la propriété a été transportée : tandis que la majorité des auteurs n'accorde à celui qui bénéficie de la condition réalisée qu'une action personnelle pour se faire rétrocéder,

(1) Comm. II, § 195.

(2) L. 11, §§ 2 et seq. D., *De donat. inter virum et ux.* (XXIV, 1).

(3) L. 25, § 1. D., *De usufructu et quemadm.* (VII, 1).

Ulpien et Marcellus inclinaient à lui rendre directement la propriété ; mais auraient-ils admis dans ce cas la rétroactivité? L'intérêt est le même que précédemment, mais la solution est différente comme on peut le voir par le texte suivant :

L. 4, § 3, D., *De in diem addictione* (XVIII, 2).

ULPIANUS, lib. 5, ad Sabinum.

Sed et Marcellus lib. 5 Digestorum scribit, pure vendito, et in diem addicto fundo, si melior conditio allata sit, rem pignori esse desinere, si emptor eum fundum pignori dedisset. Ex quo colligitur quod emptor medio tempore dominus esset : alioquin nec pignus teneret.

ULPIEN, livre 5, sur Sabinus.

Marcellus écrit au livre 5 de son Digeste qu'un fonds vendu purement, mais avec *in diem addictio*, si un meilleur marché est offert au vendeur, cesse d'être tenu de l'hypothèque si l'acheteur l'avait hypothéqué ; d'où il résulte que l'acheteur était propriétaire dans le temps intérimaire : autrement l'hypothèque n'aurait pas été valable.

Ulpien et Marcellus ne diraient pas sans réserve que l'acheteur a été *dominus* dans le temps intérimaire, s'ils admettaient la rétroactivité. La raison de la différence des décisions provient de ce que, dans les cas qui nous ont précédemment occupé, le mode lui-même d'acquérir disparaissait par l'accomplissement de la condition résolutoire qui l'affectait et faisait corps avec lui ; au contraire, dans cette dernière hypothèse, le transport de propriété avait été pur et simple, la cause de ce transport conditionnelle. La cause disparaissant, Ulpien et Marcellus veulent bien que l'effet disparaisse aussi, et que la propriété fasse retour au *tradens*, mais non pas sans laisser une trace, un fait accompli que rien ne peut effacer, la propriété intérimaire acquise purement et simplement par l'acheteur.

Outre la division des conditions en suspensives et résolutoires, on les divise encore en :

1° Positives et négatives, suivant que c'est l'arrivée ou la non-arrivée d'un événement qui doit faire naître l'obligation. Notre paragraphe 4 nous indique lui-même cette division des conditions : « *Sub conditione stipulatio fit cum in aliquem casum differ-* » *tur obligatio, ut si aliquid factum fuerit aut non fuerit stipu-* » *latio committatur.* » Lorsque la condition est négative, il faut pour que le droit puisse prendre naissance, qu'il soit bien certain que l'événement pris pour condition ne pourra plus s'accomplir, à moins toutefois qu'il n'ait été fixé un délai, comme si l'on a dit : *Me promettez-vous cent, si dans le délai de deux ans tel navire n'arrive pas d'Asie ?* Dans ce cas, si les deux ans sont écoulés sans que l'arrivée du navire ait eu lieu, la condition est accomplie ; elle le serait également si avant l'expiration du délai, on acquérait la certitude que l'événement ne pourra pas se réaliser. Il suit de là que, si la condition négative est telle que le créancier puisse à son gré faire arriver ou non l'événement pris pour condition, le droit ne prendra naissance qu'au dernier moment de la vie du créancier.

Il suit encore de là que lorsqu'un legs était fait sous une condition négative potestative de la part du légataire, par exemple, *si in Capitolium non ascenderit*, le légataire n'aurait pas pu profiter de ce legs, car ce n'est qu'à sa mort qu'on aurait pu être certain qu'il ne monterait pas au Capitole ; d'autre part, si la condition ne s'accomplit pas du vivant du légataire, l'héritier de celui-ci ne peut profiter du legs. De semblables legs n'eussent donc rien signifié ; on prit le parti de les considérer comme purs, mais sous la condition résolutoire positive inverse. Le légataire recevra la chose léguée et donnera une *satisdatio*, appelée caution Mutienne, de restituer la chose léguée s'il contrevient à la condition, c'est-à-dire, dans notre espèce, s'il monte au Capitole. Ces principes furent étendus à l'institution d'héritier.

2° En potestatives, casuelles et mixtes.

La condition est potestative lorsqu'il dépend de l'une ou de l'autre des parties contractantes de la faire accomplir ou de l'empêcher de se réaliser ; elle est casuelle lorsque sa réalisation ou sa non-réalisation ne dépendent que du hasard ; elle est mixte lorsqu'elle dépend à la fois de la volonté de l'une des parties et de celle d'un tiers. Si la condition est potestative de la part du débiteur, la stipulation est inutile : *Illam autem stipulationem*, nous dit Paul, SI VOLUERIS DARI? *inutilem esse constat* (1). » « *Stipulatio*, nous dit Ulpien, *non valet in rei promittendi arbitrium collata conditione* (2). » Mais si la condition potestative de la part du débiteur est énoncée dans la stipulation de telle sorte que ce débiteur soit obligé d'exécuter un fait ou une dation pour éviter d'être obligé, l'obligation sera valable. Exemple : SI ALEXANDRIAM NON IERIS, CENTUM DARE SPONDES (3)? Il y aurait là une obligation facultative. Je ne puis pas exiger le voyage d'Alexandrie, mais si le débiteur ne va pas à Alexandrie, je puis exiger cent ; de son côté le débiteur peut éviter de payer les cent en exécutant le voyage. En conséquence on dit que le voyage à Alexandrie est *in facultate solutionis*, et que les cent sont *in obligatione*.

3° En tacites et expresses.

La condition est expresse lorsqu'elle prend sa source dans la volonté des parties contractantes exprimée dans le contrat ; elle est tacite lorsque ce n'est pas la volonté des parties, mais une règle de droit qui fait dépendre la création de l'obligation d'un événement futur : c'est ainsi, par exemple, que tout legs pur et simple est soumis à la condition tacite : *si heres hereditatem adierit*. Les conditions tacites n'empêchent pas les legs d'être purs et simples, et ne leur font pas appliquer les principes des legs conditionnels ; il faut bien qu'il en soit ainsi, car autrement tout legs serait conditionnel : « *Conditiones extrinsecus*, » nous dit Papinien, *non ex testamento venientes, id est quæ tacite* » *inesse videantur, non faciunt legata conditionalia* (4). »

Il y a une autre différence entre les conditions expresses et les conditions tacites ; certains actes juridiques venant de l'ancien droit et appelés *actus legitimi* sont viciés par l'insertion

(1) L. 46, § 3, D., *De verb. oblig*. (XLV, 1).

(2) L. 17, D., *De verb. oblig*. (XLV, 1); *adde*, L. 108, § 1, D., *eod. tit.*, et L. 8, D., *De oblig. et act.* (XLIV, 7).

(3) L. 8, L. 27, § 1, L. 72, § 1, L. 85, § 6, L. 99, § 1, L. 115, §§ 1 et 2, D., *De verb. oblig*. (XLV, 1).

(4) L. 99, D., *De condit. et demonst.* (XXXV, 1).

d'une condition expresse, tandis que l'existence d'une condition tacite ne leur enlève rien de leur validité : *expressa nocent, non expressa non nocent.*

L. 77, D., *De reg. juris* (L, 17).

PAPINIANUS, lib. 28 Quæstionum.

Actus legitimi, qui recipiunt diem vel conditionem, veluti mancipatio, acceptilatio, hereditatis aditio, servi optio, datio tutoris, in totum vitiantur per temporis, vel conditionis adjectionem. Nonnunquam actus supra scripti tacite recipiunt, quæ aperte comprehensa vitium adferunt : nam si acceptum feratur ei, qui sub conditione promisit, ita demum egisse aliquid acceptilatio intelligitur, si obligationis conditio exstiterit. Quæ si verbis nominatim acceptilationis comprehendatur, nullius momenti faciet actum.

PAPINIEN, livre 28 des Questions.

Les actes légitimes, tels que la mancipation, l'acceptilation, l'adition d'hérédité, l'option d'un esclave, la dation d'un tuteur, qui reçoivent un terme ou une condition, sont totalement viciés par l'adjonction de ce terme ou de cette condition. Cependant ces actes reçoivent souvent à l'état tacite des conditions, qui ouvertement exprimées les vicieraient : ainsi, si l'on fait acceptilation à celui qui a promis sous condition, l'acceptilation ne produira d'effet qu'autant que la condition affectant l'obligation se réalisera, et si cette condition était expressément insérée dans l'acceptilation, cette insertion la rendrait nulle.

4° En possibles et impossibles ;

5° En licites et illicites ;

Les conditions impossibles et les conditions illicites sont considérées comme non écrites dans les dispositions testamentaires qu'elles ne vicient pas par leur présence (1), sauf le cas particulier où elles seraient apposées à l'institution d'héritier qu'un père ferait de son fils *in potestate*, cas auquel le testament est *injustum* (2). Nous verrons tout à l'heure, en commentant le paragraphe 11 *De inutilibus stipulationibus*, que la condition im-

(1) L. 3, D., *De cond. et demonst.* (XXXV, 1).

(2) L. 15, D., *De cond. instit.* (XXVIII, 7).

possible et la condition illicite annulent les contrats, même à titre gratuit, dans lesquels elles seraient insérées.

A côté du terme et de la condition, se place une autre modalité des obligations. On peut, en effet, devenir créancier ou propriétaire d'une chose à la charge d'en faire un emploi déterminé; cette modalité est appelée dans les textes *modus*. Il ne faut pas confondre la condition et le *modus*. Ainsi, quand je fais tradition en soumettant le transfert de la propriété à une condition suspensive, je ne cesse pas d'être propriétaire; je cesse au contraire immédiatement d'être propriétaire si je fais tradition *sub modo*. Dans le premier cas, si la condition fait défaut, je puis revendiquer; dans le second cas, je n'ai pas la revendication, mais si la charge n'est pas exécutée, j'ai le choix entre la *condictio ob rem dati re non secuta*, et l'action *præscriptis verbis*. Il y a encore un autre intérêt à distinguer la condition du *modus*. Quand on est créancier *sub modo*, l'obligation est pure et simple, et l'on peut immédiatement agir, ce que l'on ne peut faire dans les obligations sous condition suspensive qu'après l'accomplissement de la condition. Le légataire *sub modo* est légataire pur et simple; en conséquence, il transmettrait son droit héréditairement, vînt-il à mourir avant d'avoir exécuté le *modus*.

7. Non solum res in stipulatum deduci possunt, sed etiam facta, ut si stipulemur aliquid fieri vel non fieri. Et in hujusmodi stipulationibus optimum erit pœnam subjicere, ne quantitas stipulationis in incerto sit, ac necesse sit actori probare quid ejus intersit : itaque si quis ut fiat aliquid stipuletur, ita adjici pœna debet : SI ITA FACTUM NON ERIT, TUNC POENÆ NOMINE DECEM AUREOS DARE SPONDES? Sed si quædam fieri, quædam non fieri, una eademque conceptione stipuletur, clausula hujusmodi erit adjicienda : SI ADVERSUS EA FACTUM ERIT, SIVE QUID ITA FACTUM NON ERIT,

Non-seulement on peut stipuler des choses, mais encore des faits, comme si nous stipulons que tel fait sera exécuté ou ne le sera pas. Et il est très-prudent d'ajouter une peine à de semblables stipulations, afin que l'importance de la stipulation ne reste pas incertaine, et pour éviter au demandeur la nécessité de prouver quel est le montant de l'intérêt qu'il avait à l'exécution du fait promis. C'est pourquoi, si quelqu'un stipule qu'on exécutera un fait, il doit ajouter une peine en ces termes : *Faute de ce faire, promettez-vous de donner dix à titre de peine?*

TUNC PŒNÆ NOMINE DECEM AUREOS DARE SPONDES.

mais lorsqu'on stipule en même temps l'exécution de certains faits et la non-exécution de certains autres faits, on doit ajouter la clause suivante : *En cas de contravention ou à défaut d'exécution, promettez-vous de donner dix à titre de peine?*

Nous avons déjà vu que les stipulations au point de vue de l'objet stipulé se divisent en deux classes. En effet, nous stipulons *aliquid dari fierive*, c'est-à-dire, soit des choses (*res*) que le promettant s'engage à donner, soit des faits (*facta*) qu'il s'engage à exécuter, ou dont il s'engage à s'abstenir, *aliquid fieri vel non fieri*. Nous avons vu aussi que toute stipulation de faire ou de s'abstenir est une stipulation incertaine (1). Le stipulant agira donc contre le promettant par la *condictio incerti:* QUIDQUID PARET NUMERIUM NEGIDIUM AULO AGERIO DARE FACERE OPORTERE, et pour prononcer une condamnation contre le promettant, le juge devra estimer en argent l'intérêt que le stipulant avait à l'exécution du fait promis, qu'il soit positif ou négatif; ce sera au demandeur à faire la preuve de l'existence de cet intérêt et à fournir les éléments de son évaluation. Pour éviter la nécessité de faire cette preuve, les parties ajouteront à la stipulation une sanction que les Romains nommaient *pœna*, et que nous nommons clause pénale. Cette sanction est jointe à la stipulation principale par une seconde stipulation. Cette seconde stipulation est conditionnelle; elle ne produit son effet (*committitur*) que lorsque le débiteur est en demeure d'exécuter la première. Alors le créancier demande non pas *id quod sua interest* par la *condictio incerti*, mais la somme déterminée, la *certa pecunia* qui forme l'objet de la seconde obligation, et cela, par la *condictio certi* (2). C'est précisément pour que la stipulation ne reste pas incertaine, et pour que le créancier ne soit pas dans la nécessité de prouver *id quod interest*, et enfin pour que la

(1) L. 75, § 7, D., *De verb. oblig.* (XLV, 1).
(2) L. 68, D., *De verb. oblig.* (XLV, 1).

condamnation prononcée par le juge ne soit pas tout à fait exiguë, que notre paragraphe 7 invite ceux qui stipulent un fait à stipuler aussi une clause pénale, dont du reste il fournit plusieurs formules. Le même conseil est donné au stipulant pour tous les cas de stipulation produisant la *condictio incerti* dans le texte suivant :

L. 11, D., *De stip. præt.* (XLVI, 5.)

VENULEIUS, lib. 8 Actionum.	VENULEIUS, livre 8. Des actions.
In ejusmodi stipulationibus, quæ quanti res est, promissionem habent, commodius est certam summam comprehendere : quoniam plerumque difficilis probatio est, quanti cujusque intersit, et ad exiguam summam deducitur.	Dans les stipulations qui ont pour objet des quantités indéterminées, il est avantageux de stipuler une certaine somme, parce que, la plupart du temps, la preuve de l'intérêt qu'avait le demandeur à l'exécution de l'obligation est difficile, ce qui amène une condamnation à payer une somme exiguë.

Ordinairement lorsque, à une stipulation incertaine, les parties ont ajouté une clause pénale, la mise en demeure du débiteur donne au créancier le choix entre l'action qui naît de la stipulation principale (*condictio incerti*) et celle qui naît de la stipulation pénale (*condictio certi*), sans qu'il puisse cumuler avec la peine le bénéfice de l'obligation principale. Ce cumul pourrait, au contraire, avoir lieu lorsque la peine a été stipulée pour réparation du retard apporté à l'exécution de l'obligation principale. Dans ce cas, les Romains disaient que la peine était stipulée *rato manente pacto* (1).

LIVRE III, TIT. XIX.

De inutilibus stipulationibus.	Des stipulations inutiles.

Le Titre dont nous commençons l'étude n'est à proprement parler que le développement de celui que nous venons de com-

(1) Voir C. N., art. 1228 et 1229.

menter. En effet, les Romains appelaient *stipulatio utilis* celle qui était efficace, comme étant parfaitement conforme aux règles du droit civil et à celles du droit prétorien, et *stipulatio inutilis* celle qui était inefficace, soit en droit civil, soit en droit prétorien. Traiter des stipulations inutiles, c'est donc rechercher quelles sont les conditions essentielles à l'existence des stipulations d'après le droit civil, et à leur validité d'après le droit prétorien. Le titre *De inutilibus stipulationibus* complète donc le titre *De verborum obligatione*, et dès lors sa place est marquée après celui dont il n'est que le complément.

D'après ce que nous venons de dire, l'on voit qu'il existait deux degrés d'invalidité des stipulations : — premier degré, la stipulation est nulle *ipso jure* comme contrevenant à une règle de droit civil ; — second degré, la stipulation est valable d'après le droit civil, et l'action qu'elle produit conduirait inévitablement à une condamnation du promettant ; mais le préteur intervient et accorde une exception qui paralyse l'action et amène l'absolution du défendeur, absolution qui aurait eu lieu de plein droit et sans le secours d'une exception, si la stipulation eût été nulle *ipso jure*.

La stipulation peut être inutile à raison même de l'objet auquel elle s'applique ; c'est à la nullité à raison de l'objet que s'appliquent le *principium* et les paragraphes 1, 2, 22 et 24 de notre titre. Nous commencerons par les mettre sous les yeux du lecteur :

Omnis res quæ dominio nostro subjicitur, in stipulationem deduci potest, sive illa mobilis, sive soli sit.

Toute chose susceptible de propriété, soit meuble, soit immeuble, peut faire l'objet d'une stipulation.

1\. At si quis rem quæ in rerum natura non est aut esse non potest, dari stipulatus fuerit, veluti Stichum qui mortuus sit, quem vivere credebat, aut hippocentaurum qui esse non possit, inutilis erit stipulatio.

Mais si quelqu'un avait stipulé qu'on lui donnerait une chose qui n'a ou ne peut avoir aucune existence, par exemple Stichus, qui est mort et qu'il croyait vivant, ou un hippocentaure, chose qui ne peut exister, la stipulation sera inutile.

2. Idem juris est, si rem sacram aut religiosam quam humani juris esse credebat, vel publicam quæ usibus populi perpetuo exposita sit, ut forum vel theatrum, vel liberum hominem quem servum esse credebat, vel cujus commercium non habuerit, vel rem suam dari quis stipuletur : nec in pendenti erit stipulatio ob id quod publica res in privatum deduci, et ex libero servus fieri potest, et commercium adipisci stipulator potest, et res stipulatoris esse desinere potest; sed protinus inutilis est. Item contra licet initio utiliter res in stipulatum deducta sit, si postea in earum qua causa de quibus supra dictum est, sine facto promissoris devenerit, extinguetur stipulatio. At nec statim ab initio talis stipulatio valebit, LUCIUM TITIUM, CUM SERVUS ERIT, DARE SPONDES? et similia : quia quæ natura sui dominio nostro exempta sunt, in obligationem deduci nullo modo possunt.

Il en sera de même si quelqu'un a stipulé qu'on lui donnerait une chose sacrée ou religieuse qu'il croyait être de droit humain, ou une chose publique, qui est destinée d'une manière perpétuelle à l'usage public, comme une place ou un théâtre, ou un homme libre qu'il croyait esclave, ou une chose dont il n'a pas le commerce, ou la chose dont il a la propriété. Et il ne faut pas dire que la stipulation est en suspens parce que la chose publique peut devenir chose privée, l'homme libre devenir esclave, ou parce que le stipulant peut acquérir le commerce de la chose stipulée, ou cette chose cesser d'appartenir au stipulant; mais il faudra dire que la stipulation est immédiatement inutile. De même, en sens inverse, la stipulation cessera d'être utile, quoique primitivement la chose ait été utilement stipulée, si postérieurement cette chose passe sans le fait du stipulant dans une des classes dont nous venons de parler. Et même il faut dire que la stipulation : *Promettez-vous de me donner Lucius Titius quand il sera esclave?* et autres semblables, sont nulles dès l'origine, parce que les choses qui de leur nature ne sont pas susceptibles de propriété ne peuvent en aucune façon être l'objet d'une obligation.

22. Item nemo rem suam futuram, in eum casum quo sua sit, utiliter stipulatur.

De même personne ne peut utilement stipuler une chose qui doit plus tard lui appartenir, pour l'époque où elle lui appartiendra.

24. Quod turpi ex causa promissum est, veluti si quis homicidium vel sacrilegium se facturum promittat, non valet.

Les promesses dont la cause est illicite, comme si quelqu'un a promis de commettre un homicide ou un sacrilége, ne sont pas valables.

Toutes les choses qui sont susceptibles de propriété privée peuvent être l'objet d'une stipulation; elles peuvent être stipulées à l'état de corps certains, déterminés *in individuo*, *in specie*. On peut aussi stipuler des choses *in genere*; mais dans ce dernier cas il faut que la quantité soit déterminée ou au moins déterminable (1).

On peut aussi stipuler des faits, si bien que le paragraphe 7 du titre précédent vient de nous apprendre que, dans ce cas, on agirait prudemment en ajoutant à la stipulation principale la stipulation d'une peine, pour le cas d'inexécution de la part du débiteur. Il faut également que le fait stipulé soit suffisamment déterminé: ainsi serait nulle la stipulation de bâtir une maison sans détermination de lieu, *insulam ædificari non demonstrato loco* (2).

Il faut en outre que le fait stipulé soit possible : *impossibilium nulla obligatio est* (3). Il doit aussi être moral et licite (4). Si la chose qui a été stipulée avait cessé d'exister au moment de la stipulation ou n'était pas susceptible d'exister selon les lois de la nature, la stipulation serait nulle (5). Il en est de même lorsque la chose stipulée existe, mais n'est pas susceptible de propriété privée, ne peut entrer dans le patrimoine d'un particulier (6). Ces deux dernières règles peuvent être considérées comme des applications du principe que *impossibilium nulla obligatio est*. La bonne foi du stipulant est ici indifférente : notre texte nous donne pour exemple le cas où une personne aurait stipulé un homme libre qu'elle croyait esclave. Cependant les Institutes nous disent que celui qui a acheté un homme libre qu'il croyait esclave a l'*actio empti*, naissant du contrat de vente, pour obtenir du vendeur le *quod sua intererat deceptum non esse*. Notre texte nous donne encore pour exemple le cas où l'on aurait

(1) L. 94 et L. 115, pr., D., *De verb. oblig.* (XLV, 1); Voir C.-N., art. 1120.

(2) L. 115, pr., D., *De verb. obl.* (XLV, 1).

(3) L. 185, D., *De reg. juris*, (L, 17).

(4) § 24, *h. tit.*

(5) § 1, *h. tit.*

(6) § 2, *h. tit.*

stipulé une chose sacrée, religieuse ou publique qu'on croyait être dans le commerce ; et néanmoins les Institutes nous apprennent que celui qui aurait acheté l'une de ces choses comme étant dans le commerce aurait contre le vendeur l'*actio empti*. Voici le passage des Institutes qui contient cette décision :

Just. Institutionum lib. III, tit. XXIII.

§ 5. Loca sacra vel religiosa, item publica, veluti forum, basilicam, frustra quis sciens emit. Quæ tamen si pro profanis vel privatis deceptus a venditore emerit, habebit actionem ex empto quod non habere ei liceat, ut consequatur quod sua interest deceptum non esse. Idem juris est, si hominem liberum pro servo emerit.

Celui qui achète sciemment des lieux sacrés, religieux ou publics, fait un contrat nul. Mais si quelqu'un, trompé par son vendeur, a acheté une de ces choses comme profane ou privée, il aura contre son vendeur l'action née du contrat de vente, à l'effet d'obtenir l'estimation pécuniaire de l'intérêt qu'il avait à n'être pas trompé. Il en est de même lorsqu'on a acheté un homme libre que l'on croyait être esclave.

La différence que nous venons de signaler entre la stipulation et le contrat de vente tient à la nature différente de ces deux contrats. La stipulation étant *stricti juris*, la *condictio* qui en résulte ne peut naître lorsque la chose stipulée ne peut être l'objet d'une obligation ; au contraire, en matière de vente, contrat *bonæ fidei*, l'action *empti* soumettra au juge une question à juger *ex æquo et bono*, et dès lors on comprend très-bien que l'acheteur trompé obtienne des dommages-intérêts. Allons plus loin et supposons que, dans la stipulation, le promettant est de mauvaise foi ; cette circonstance serait-elle de nature à faire accorder une action au stipulant? Il est évident que, malgré cette mauvaise foi du promettant, la stipulation manquant d'objet n'en restera pas moins *inutilis*, et que dès lors aucune action ne pourra naître de cette stipulation. Mais n'y aurait-il pas lieu d'accorder au stipulant une action autre que celle qui naît ordinairement du contrat de stipulation? Il faut distinguer : si le stipulant n'a fourni aucun équivalent, si le promettant s'obligeait *animo donandi*, aucune action ne sera accordée contre lui ; si au contraire le stipulant a fourni un équivalent, qu'il y ait bonne ou mauvaise foi de la part du promettant, il aura le droit de répéter cet équivalent par la *condictio ob rem dati re non secuta*, ou, s'il le préfère, il pourra demander le *quod sua interest deceptum non esse* par l'*actio præscriptis verbis*, et, avant l'admission définitive de cette action *præscriptis verbis* dans la jurisprudence romaine, il aurait obtenu le même résultat par une *actio in factum* dans le cas de bonne foi et par l'*actio de dolo* dans l'hypothèse contraire. En un mot, il y a lieu d'appliquer la théorie expliquée *supra* des contrats innomés.

La maxime *impossibilium nulla obligatio est* se réfère à un empêchement naturel, à une impossibilité existant au même degré pour tout homme, et non à une difficulté d'exécuter personnelle au débiteur ; difficulté qu'il ne faut pas confondre avec une impossibilité résultant des lois de la nature. De là dérive la possibilité d'être tenu *ad dandam rem alienam*, ce qui arrive très-fréquemment lorsqu'on s'oblige à donner des choses *in genere*, et ce qui peut aussi arriver lorsqu'on s'oblige à donner un corps certain. On peut donc très-régulièrement stipuler d'une personne une chose appartenant à un tiers, de même que l'on peut valablement léguer la chose d'autrui *per damnationem*. C'est au débiteur héritier ou promettant à se procurer la propriété de la chose due, pour la transmettre au créancier. Ce peut être là un fait qui lui soit personnellement difficile, mais ce n'est pas un fait impossible. S'il ne peut se procurer la chose due qui appartient à autrui, il en payera l'estimation.

L. 137, § 4, D., *De verb. oblig.* (XLV, 1).

VENULEIUS, lib. 1 Stipulationum.

Illud inspiciendum est, an qui centum dari promisit confestim teneatur, an vero cesset obligatio, donec pecuniam conferre possit ? Quid ergo si neque domi habet, neque inveniat creditorem ? Sed hæc recedunt ab impedimento natu-

VENULEIUS, livre 1, des Stipulations.

Il faut examiner si celui qui a promis de donner cent est tenu immédiatement, ou si au contraire l'obligation cesse jusqu'à ce qu'il puisse payer cette somme ? Que dire en effet s'il n'a pas cette somme, et qu'il ne trouve pas à l'emprunter ? Mais ce

rali, et respiciunt ad facultatem dandi. Est autem facultas, personæ commodum incommodumque, non rerum quæ promittuntur : et alioquin, si quis Stichum dari spoponderit, quæremus ubi sit Stichus : aut si non multum referre videatur, Ephesi daturum se, an quod Ephesi sit, cum ipse Romæ sit, dare spondeat; nam hoc quoque ad facultatem dandi pertinet : quia in pecunia et in Sticho illud commune est, quod promissor in præsentia dare non potest. Et generaliter causa difficultatis ad incommodum promissoris, non ad impedimentum stipulatoris pertinet : ne incipiat dici eum quoque dare non posse, qui alienum servum, quem dominus non vendat, dare promiserit.

n'est pas là un empêchement naturel, ce n'est qu'une difficulté personnelle d'exécution. Il s'agit là du plus ou moins de facilité que présente pour le débiteur personnellement l'exécution de l'obligation, et non d'un empêchement tenant à la nature des choses promises : car autrement si quelqu'un avait promis de donner Stichus, nous devrions rechercher où se trouve Stichus, ou s'il n'importe pas beaucoup d'examiner si quelqu'un qui se trouve à Rome n'a pas promis de donner quelque chose qui est à Ephèse ; car cela aussi se rapporte à une difficulté personnelle d'exécution. En effet, dans l'espèce de la somme d'argent et dans celle de Stichus il y a cela de commun, que pour le moment le promettant ne peut exécuter son obligation. Il faut donc dire en thèse générale que les difficultés d'exécution sont à la charge du promettant et ne nuisent pas au droit du stipulant, afin qu'on ne vienne pas dire que celui-là est dans l'impossibilité d'exécuter son obligation qui a promis de transférer la propriété d'un esclave d'autrui que son maître refuse de vendre.

Je ne puis stipuler ma propre chose, ce qui veut dire que je ne puis pas stipuler qu'on m'en transférera la propriété : on ne peut, en effet, me rendre deux fois propriétaire pour le tout d'une même chose, ce qui se réfère encore à la règle *impossibilium nulla obligatio est*. Il ne faudrait pas croire cependant que toute stipulation m'est interdite à l'occasion de ma chose. C'est ainsi que je puis valablement stipuler qu'on m'en restituera la possession ; c'est ainsi encore que je puis valablement stipuler le prix de la chose qui m'appartient (1).

(1) L. 82, pr., D., *De verb. oblig.* (XLV, 1).

On ne peut valablement stipuler une chose dont on n'a pas le commerce, dont on ne saurait acquérir la propriété. Il en est ainsi soit qu'il s'agisse d'une chose hors du commerce d'une manière absolue, soit qu'il s'agisse d'une chose dont l'acquisition est interdite au stipulant. En sens inverse, s'il s'agissait d'une chose dont l'acquisition serait interdite au promettant, la stipulation serait parfaitement valable; l'exécution de l'obligation n'est pas en effet impossible dans ce cas-là. C'est au promettant à s'imputer d'avoir promis une chose de cette espèce: il lui sera difficile, mais non impossible, d'exécuter son obligation; c'est à lui à s'arranger de manière à procurer la chose promise au stipulant, sans l'acquérir lui-même, puisqu'il ne peut en devenir propriétaire. C'est ainsi qu'un président de province, qui ne peut acquérir des immeubles dans la province qu'il administre, peut néanmoins les promettre par stipulation (1). C'est ainsi encore qu'un tuteur ne peut acquérir la propriété d'une chose appartenant à son pupille, et peut néanmoins s'obliger à en transférer la propriété à autrui (2). Le texte suivant expose nettement le principe que nous venons de développer :

L. 34, D., *De verb. oblig.* (XLV, 1).

ULPIANUS, lib. 48, ad Sabinum.

Multum interest utrum ego stipuler rem cujus commercium habere non possum, an quis promittat. Si stipuler rem cujus commercium non habeo, inutilem esse stipulationem placet; si quis promittat, cujus commercium non habet, ipsi nocere, non mihi.

ULPIEN, livre 48, sur Sabinus.

Il importe beaucoup de distinguer le cas où je stipule une chose dont je n'ai pas le commerce, du cas où quelqu'un promet une chose dont il n'a pas le commerce. Si je stipule une chose dont je n'ai pas le commerce, la stipulation est inutile; si quelqu'un me promet une chose dont il n'a pas le commerce, cela lui nuira et non à moi.

Notre paragraphe 2 nous dit, *in fine*, qu'il faut bien se garder de

(1) L. 62, pr., D., *De contr. empt.* (XVIII, 1).
(2) L. 34, § 7, D., *De contr. empt.* (XVIII, 1).

croire que la stipulation d'un homme libre, d'une chose sacrée, religieuse ou publique, ou de toute autre chose qui n'est pas dans le commerce, doive être regardée comme étant *in pendenti*, par cette considération que l'homme libre peut devenir esclave, la chose sacrée profane, la chose publique privée. La stipulation est nulle *ab initio* faute d'objet, elle restera nulle quels que soient les événements qui se produisent ultérieurement. On pourrait croire que c'est là un effet de la règle Catonienne appliquée aux stipulations. Il n'en est rien cependant ; car, de même que l'on ne peut pas plus léguer conditionnellement qu'on ne le peut purement un homme libre, une chose sacrée, religieuse ou publique, de même on ne peut pas plus stipuler conditionnellement que purement l'une de ces choses. Dans ce cas, en effet, la nullité de la stipulation, comme celle du legs, tient à un principe supérieur à la volonté, soit du testateur, soit des parties. L'application de la règle Catonienne, au contraire, est subordonnée à cette volonté, puisque le testateur au cas de legs, ou les parties au cas de contrats, peuvent écarter cette règle en ajoutant une condition. Si je stipule ma propre chose purement, la stipulation sera nulle ; mais je puis éviter cette nullité par l'addition d'une condition (1).

L. 31, D., *De verb. oblig.* (XLV, 1).

POMPONIUS, lib. 24, ad Sabinum.	POMPONIUS, liv. 24, sur Sabinus.
Si rem meam sub conditione stipuler, utilis est stipulatio, si conditionis existentis tempore mea non sit.	Si je stipule ma propre chose sous condition, la stipulation est valable, si au moment de l'arrivée de la condition, cette chose ne m'appartient plus.

Il ne s'agit pas ici d'un défaut absolu de *commercium* en

(1) A plus forte raison pourrais-je stipuler ma propre chose pour le cas où elle cesserait de m'appartenir. — Pour les legs, même théorie, Instit., § 10, *de Legatis* (II, 20); L. 98, D., *De condit. et demonst.* (XXXV, 1) ; L. 41, § 2, D., *de Leg.* 1° (XXX).

ce qui touche l'objet de la stipulation. La chose stipulée est bien dans le commerce, il n'y a que moi qui ne puisse pas la stipuler; un autre le pourrait, et il m'est permis de prévoir le cas où cette chose cesserait d'être mienne. Il en serait autrement si le défaut de *commercium* était absolu, la stipulation conditionnelle ne me serait pas plus permise dans ce cas que la stipulation pure et simple. Ainsi seraient inutiles les stipulations suivantes: ILLUM QUUM SERVUS ESSE COEPERIT DARE SPONDES? EUM LOCUM QUUM EX SACRO RELIGIOSOVE PROFANUS ESSE COEPERIT, DARI (1)? — En ce qui touche la stipulation d'un homme libre, les textes donnent encore une autre raison d'en défendre la stipulation même conditionnelle : *Casum adversamque fortunam spectari homines liberi neque civile neque naturale est* (2).

Si nous supposons une stipulation valable à l'origine, que faudra-t-il décider si, postérieurement, l'exécution de l'obligation contractée par le promettant devient impossible à réaliser? Ici il faut distinguer : si cette impossibilité d'exécution s'est produite sans le fait du promettant, il est délié de son obligation; si, au contraire, c'est par son fait que l'exécution de l'obligation est devenue impossible, il devra indemniser le stipulant (3).

Je dois un esclave et je l'affranchis, je serai tenu d'indemniser le créancier, sans qu'il y ait à rechercher si je savais ou non être tenu de cette obligation. Au contraire, je dois l'esclave d'autrui et son propriétaire l'affranchit, je suis libéré. Sur ce point, nulle difficulté ; mais si l'affranchi redevient esclave, l'obligation renaîtra-t-elle ? Oui, d'après Celse (4); non, d'après Paul, parce

(1) L. 83, § 5, D., *De verb. oblig.* (XLV, 1); même théorie relativement aux legs. Voir l'excellente étude sur la règle Catonienne de notre savant collègue, M. Machelard, n°s 29 à 33.

(2) Loi 83, § 5, D., *De verb. oblig.* (XLV, 1).

(3) Loi 83, § 5, D., *De verb. oblig.* (XLV, 1); même théorie pour les legs et fidéicommis, Instit., § 16, *de Leg.* (II, 20); L. 25, § 2, D., *Ad senat. Trebell.* (XXXVI, 1).

(4) L. 79, § 3, D., *De leg.* 3° (XXXII).

que le même homme n'est plus le même esclave, *novus enim videtur homo esse* (1).

Nous avons déjà vu ce que les Romains entendaient par *causa civilis obligationis*. Sans cette *causa*, il n'y a qu'un simple pacte et l'obligation n'est pas munie d'une action. Dans le contrat *verbis* la *causa civilis obligationis* consiste, ainsi que nous l'avons vu, dans la formalité d'une demande et d'une réponse conforme à la demande. En droit français, le mot *cause* a un autre sens : la cause d'une obligation c'est le but immédiat que se propose d'obtenir celui qui s'oblige, et l'art. 1131 du Code Napoléon dispose : « L'obligation sans cause ou sur une fausse » cause, ou sur une cause illicite ne peut avoir aucun effet. » En droit romain, il en était autrement. Si celui qui promettait le faisait en vue de retirer de son obligation un certain avantage, et que son but ne fût pas atteint, *jure civili* la stipulation était valable; mais si le créancier le poursuivait, le débiteur avait pour repousser son action l'*exceptio doli*, alors même qu'au temps du contrat le stipulant n'aurait commis aucun dol, parce qu'il y avait dol de ce dernier dans le fait de persister à exiger l'exécution d'une obligation contractée sans cause, ou en vue d'une cause qui ne s'était pas réalisée (2). Bien plus, le débiteur avait dans ce cas, aussitôt qu'il était certain que le but pour lequel il s'était obligé ne pourrait être atteint, une *condictio* pour obliger le stipulant à le libérer (3). Les mêmes décisions devaient-elles être admises lorsque la cause en vue de laquelle l'obligation avait été contractée était illicite? Oui, si nous en croyons Paul (4); mais Papinien décide au contraire que, dans ce cas, la stipulation est inutile *jure civili* (5), en sorte que le promettant poursuivi par le stipulant n'aurait besoin de faire insérer dans la formule de l'action aucune exception. On a cherché à concilier ces deux

(1) L. 27, D., *De adim. vel transf. leg.* (XXXIV, 4), et L. 98, § 8, D., *De solut.* (XLVI, 3).

(2) L. 2, § 3, D., *De doli mali et metus except.* (XLIV, 4).

(3) L. 5, § 1, D., *De action. empt. et vend.* (XIX, 1).

(4) L. 8, D., *De condict. ob turp. vel inj. causam* (XII, 5).

(5) L. 123, D., *De verb. obl.* (XLV, 1).

textes en disant que Papinien suppose que le stipulant convient devant le magistrat que l'obligation a une *causa turpis*, tandis qu'au contraire Paul se placerait dans l'hypothèse où le créancier ne voudrait pas convenir devant le magistrat de l'immoralité de la cause et indiquerait une cause licite, hypothèse dans laquelle le magistrat, au lieu de refuser l'action comme dans le cas précédent, délivrerait une formule avec insertion de l'*exceptio doli*. Cette conciliation ne nous paraît pas admissible, parce que, si l'on part du principe que la cause illicite entraîne une nullité *ipso jure*, principe qui est celui de Papinien (*stipulatio .....ab initio non valet*), le magistrat devrait refuser l'action dans le premier cas et la délivrer sans exception dans le second, une exception étant inutile pour que le débiteur puisse opposer une nullité reconnue par le droit civil; donc, dans le système de Papinien, il n'y aura jamais lieu d'insérer une exception dans la formule, tandis que Paul suppose cette insertion pour le cas où la *turpis causa* serait déniée. Le mieux est donc de reconnaître que les deux textes sont inconciliables et qu'il y avait probablement divergence entre les jurisconsultes.

Nous arrivons maintenant aux causes de nullité des stipulations provenant de ce que, dans notre langage juridique moderne, nous appellerions l'incapacité de l'une ou de l'autre des parties contractantes. — Voici les paragraphes de notre titre qui sont consacrés à ce sujet :

6. Item inutilis est stipulatio, si vel ab eo stipuleris qui tuo juri subjectus est, vel si is a te stipuletur. Sed servus quidem, non solum domino suo obligari non potest, sed nec alii quidem ulli; filii vero familias obligari possunt.

De même la stipulation est inutile, si vous stipulez de celui qui est soumis à votre puissance, ou si cette personne stipule de vous. Mais l'esclave non-seulement ne peut s'obliger vis-à-vis de son maître, mais encore vis-à-vis de personne. Les fils de famille, au contraire, peuvent s'obliger.

7. Mutum neque stipulari neque promittere posse palam est, quod et in surdo receptum est; quia et is qui stipulatur, verba promittentis, et is

Il est évident que le muet ne peut ni stipuler, ni promettre : la même décision a été appliquée au sourd, parce que celui qui stipule doit en-

qui promittit, verba stipulantis audire debet : unde apparet, non de eo nos loqui qui tardius exaudit, sed de eo qui omnino non audit.

tendre les paroles du promettant, et celui qui promet, les paroles du stipulant. Il suit de là que nous n'entendons pas parler de celui qui n'entend que difficilement, mais seulement de celui qui est complétement sourd.

8. Furiosus nullum negotium gerere potest, quia non intelligit quid agit.

Toute opération juridique est interdite au fou, parce qu'il n'a pas l'intelligence de ce qu'il fait.

9. Pupillus omne negotium recte gerit, ut tamen sicubi tutoris auctoritas necessaria sit, adhibeatur tutor, veluti si ipse obligetur : nam alium sibi obligare etiam sine tutoris auctoritate potest.

Le pupille fait régulièrement toute espèce d'opération juridique, pourvu toutefois que le tuteur intervienne dans les cas où son autorisation est nécessaire, par exemple lorsqu'il s'agit, pour le pupille, de s'obliger ; mais, s'agit-il de devenir créancier, il le peut sans l'autorisation de son tuteur.

10. Sed quod diximus de pupillis, utique de iis verum est qui jam aliquem intellectum habent : nam infans et qui infanti proximus est, non multum a furioso distant, quia hujus ætatis pupilli nullum habent intellectum ; sed in proximis infanti, propter utilitatem eorum, benignior juris interpretatio facta est, ut idem juris habeant quod pubertati proximi. Sed qui in potestate parentis est impubes, ne auctore quidem patre obligatur.

Ce que nous avons dit des pupilles n'est vrai que de ceux qui ont déjà quelque intelligence ; car l'enfant et celui qui sort à peine de l'enfance diffèrent bien peu des fous, les pupilles de cet âge n'ayant aucune intelligence. Mais quant à ceux qui sortent à peine de l'enfance, on a, dans leur intérêt, admis une interprétation moins rigoureuse, qui les assimile à ceux qui approchent de la puberté. L'impubère soumis à la puissance paternelle ne peut s'obliger, même avec l'autorisation de son père.

12. Item verborum obligatio inter absentes concepta inutilis est. Sed cum hoc materiam litium contentiosis hominibus præstabat, forte post tempus tales allegationes opponentibus, et non præsentes esse vel se vel adversarios suos contendentibus, ideo nostra constitutio propter celeritatem dirimendarum litium introducta est, quam ad Cæsarienses

De même une stipulation intervenue entre absents est inutile. Mais comme ce principe fournissait ample matière de procès aux hommes de mauvaise foi, qui longtemps après venaient prétendre qu'eux ou leurs adversaires n'étaient pas présents lors de la stipulation, nous avons promulgué une constitution adressée aux avocats de Césarée,

advocatos scripsimus, per quam disposuimus tales scripturas quæ presto esse partes indicant, omnimodo esse credendas, nisi ipse qui talibus utitur improbis allegationibus, manifestissimis probationibus vel per scripturam vel per testes idoneos adprobaverit, in ipso toto die quo conficiebatur instrumentum, sese vel adversarium suum in aliis locis esse.

ayant pour but de faire arriver plus promptement à la solution des procès. Cette constitution ordonne que lorsqu'un écrit constatera que les parties étaient présentes, il devra faire foi complète, à moins que celui qui prétendrait le contraire ne prouve que lui ou son adversaire ont passé dans un autre lieu le jour tout entier de la confection de l'acte, et cela par des preuves bien certaines, par exemple par d'autres écrits ou par des témoins irréprochables.

Nous avons à rechercher quelles personnes peuvent stipuler, et quelles personnes peuvent promettre. A l'exemple des textes qui précèdent nous généraliserons cette question et nous rechercherons quelles personnes peuvent devenir créancières en vertu d'un contrat, quelles personnes peuvent s'obliger; en ayant soin, bien entendu, de faire remarquer quels sont les principes qui ne s'appliquent qu'à la stipulation. Les Institutes nous apprennent que la qualité de citoyen romain n'était pas nécessaire pour qu'on pût devenir créancier ou débiteur. Presque tous les contrats appartenaient au *jus gentium* (1). Cependant, d'après la manière dont les jurisconsultes romains envisageaient le *jus gentium*, qu'ils considéraient comme se composant seulement des règles juridiques qui se retrouvent dans la législation de tous les peuples (2), on serait porté à croire que la stipulation est du droit civil, de ce droit *quod quisque populus ipse sibi constituit* (3), puisqu'elle est une création arbitraire du droit romain, et ne doit pas se retrouver nécessairement dans toute législation, tandis qu'il en est autrement pour la plupart des autres contrats, sans l'existence desquels on ne peut comprendre de société, et qui ont été introduits *usu exi-*

(1) Instit., § 2, *in fine*, *De jure naturali gentium et civili* (I, 2).
(2) Instit., ibid.
(3) Instit., § 1, *eod. tit.*

gente et humanis necessitatibus (1). Aussi est-il très-probable qu'originairement la stipulation n'était pas un mode de création des obligations accessible aux *peregrini*; mais au temps classique on avait admis depuis longtemps, par faveur pour les relations internationales, que les pérégrins pourraient stipuler et promettre (2). Pour les contrats *litteris* (*nomina transcripticia*), qui ont à un degré plus prononcé que la stipulation le cachet quiritaire, il y eut discussion entre les écoles pour savoir s'ils étaient *juris civilis* ou *juris gentium* (3), de sorte que, même pour les contrats *litteris*, nous voyons l'esprit de progrès se faire jour.

La qualité de personne *sui juris* n'est pas non plus indispensable pour pouvoir prendre part à une stipulation, soit qu'il s'agisse d'y jouer le rôle actif, soit au contraire qu'il s'agisse de devenir débiteur, et ce principe est applicable à toute espèce de contrats. Il y a néanmoins plusieurs distinctions à faire à cet égard. Une première distinction nous est indiquée par le paragraphe 9 de notre titre.

La personne *alieni juris* contracte-t-elle avec celui sous la puissance duquel elle se trouve; *jure civili*, le contrat est nul, parce qu'il y a ici *una eademque persona*, et que le chef de famille, pour qui la personne *alieni juris* acquiert, ne peut être tout à la fois créancier et débiteur par rapport à une même obligation. Cependant les jurisconsultes admettaient qu'il y avait dans ce cas obligation naturelle (4). Lorsque le fils de famille a un pécule castrense ou quasi-castrense, la règle que nous venons d'étudier n'est pas applicable, parce que, à l'égard de ces sortes de pécules, le fils de famille est *quasi paterfamilias*.

Lorsqu'il s'agit de contrats intervenus entre la personne *alieni juris* et des personnes autres que celle sous la puissance de laquelle elle est placée, il faut distinguer s'il s'agit d'un esclave ou d'un fils de famille. Si nous en croyons notre paragraphe 6, l'esclave ne

(1) Instit., § 2, *eod. tit.*

(2) Sauf l'exception ci-dessus mentionnée pour la formule SPONDES NE? SPONDEO, propre aux citoyens romains. Voir Gaïus, Com. III, §§ 93-94.

(3) Gaïus, Com. III, § 133.

(4) *Instit.*, § 1, *De fidejuss.* (III, 20).

pourrait obliger personne envers lui, et ne pourrait s'obliger envers personne; mais ce principe n'est vrai que s'il s'agit d'obligations civiles; car le contrat de l'esclave produit des obligations naturelles. En effet, si l'esclave, en contractant avec son maître, peut l'obliger naturellement ou s'obliger naturellement envers lui, pourquoi n'en serait-il pas de même quand il contracte avec toute autre personne? L'esclave s'oblige même civilement *ex delicto* ou *quasi ex delicto*. Dans ce cas, il pourrait être poursuivi après son affranchissement; et, même avant cet affranchissement, la personne lésée pourrait agir contre le maître *noxaliter*, c'est-à-dire de telle sorte que le maître eût le choix entre indemniser complétement du dommage causé par cet esclave ou faire abandon de l'auteur du délit.

L. 14, D., *De oblig. et act.* (XLIV, 7).

ULPIANUS, lib. 7 Disputationum.

Servi ex delictis quidem obligantur; et si manumittantur, obligati remanent : ex contractibus autem civiliter quidem non obligantur, sed naturaliter et obligantur, et obligant. Denique, si servo, qui mihi mutuam pecuniam dederat, manumisso solvam, liberor.

ULPIEN, livre 7 des Disputes.

Les esclaves s'obligent par leurs délits, et, après leur affranchissement, ils demeurent obligés. Par leurs contrats ils ne s'obligent pas civilement, mais ils s'obligent naturellement et obligent de même envers eux. Enfin, si un esclave m'a prêté de l'argent et qu'après son affranchissement je paye entre ses mains, je suis libéré.

Le fils de famille est aussi capable de contracter qu'un père de famille, et s'il s'oblige, le créancier aura action contre lui, quoiqu'il n'ait pas de patrimoine. Il y a donc à ce point de vue, une grande différence entre le fils de famille et l'esclave, entre les effets de la puissance dominicale et ceux de la puissance paternelle.

L. 39, D., *De obligat. et act.* (XLIV, 7).

GAIUS, lib. 3, ad Edictum provinciale.	GAIUS, livre 3, sur l'Édit provincial.
Filiusfamilias ex omnibus causis tanquam paterfamilias obligatur, et ob id agi cum eo tanquam cum patrefamilias potest.	Le fils de famille s'oblige à l'instar du père de famille, quelle que soit la source de l'obligation, et, en conséquence, on peut agir contre un fils de famille comme on agirait contre un père de famille.

Le muet ne pouvait ni stipuler ni promettre; il en était de même de celui qui était complétement sourd. Ceci tenait à la forme du contrat *verbis;* notre texte nous le dit : le muet ne pouvant parler ne peut contracter dans cette forme, *palam est*, cela est évident. Quant au sourd, il ne prendra point part à la stipulation, *quia*, dit notre paragraphe 7, *et is qui stipulatur verba promittentis, et is qui promittit verba stipulantis audire debet.* Il y a là ce que nous appellerions aujourd'hui des incapacités naturelles. Aussi les contrats *verbis* sont seuls interdits aux muets et aux sourds; en effet dans les autres contrats le consentement nécessaire peut se manifester autrement que par des paroles.

L. 48, D., *De obligat. et act.* (XLIV, 7).

PAULUS, lib. 16, ad Plautium.	PAUL, livre 16, sur Plautius.
In quibuscunque negotiis sermone opus non est, sufficiente consensu, iis etiam surdus intervenire potest, quia potest intelligere et consentire, velut in locationibus conductionibus, emptionibus, et ceteris.	Dans tous les contrats où, le consentement suffisant, il n'est pas besoin d'user de la parole, le sourd peut intervenir, puisqu'il peut comprendre et consentir. Il en est ainsi en matière de louage, de vente, etc.

C'est par les mêmes motifs que la stipulation ne pouvait se faire entre absents, tandis qu'il en était autrement des autres contrats. De ce principe que la stipulation ne peut se faire *inter absentes* (ce qui veut dire qu'elle ne peut intervenir entre personnes qui ne sont pas présentes l'une et l'autre dans le même lieu au moment de la stipulation), il résultait un grand inconvénient. Les débiteurs de mauvaise foi, poursuivis en vertu d'un écrit fait pour constater qu'une stipulation était intervenue, prétendaient qu'eux ou leur adversaire se trouvaient, au moment de la stipulation, dans un lieu autre que celui indiqué comme ayant été le théâtre de la stipulation. De là un très-grand nombre de procès. Justinien, pour y mettre fin, décida, par une constitution datée des calendes de novembre 531, qu'à l'avenir tous ceux qui prétendraient, contrairement à un écrit présenté en justice par l'adversaire, qu'eux ou leur adversaire ne s'étaient pas trouvés au moment de la stipulation dans le lieu indiqué, ne seraient admis à faire cette preuve contraire que par écrit ou par témoins irréprochables, et sous la condition de prouver soit leur absence, soit celle de leur adversaire, pendant le jour tout entier indiqué comme étant celui où la stipulation avait eu lieu (1). Cette constitution est remarquable en ce qu'elle prouve, au moins selon nous, que le droit romain admettait, en principe général, la possibilité de combattre une preuve écrite par la preuve testimoniale. Les motifs de la constitution le démontrent : elle n'a pas pour but d'admettre, dans un cas particulier et sous certaines conditions, la preuve testimoniale contre le contenu d'un écrit. L'empereur nous dit au contraire que l'admissibilité de la preuve testimoniale contre la preuve littérale, étant, dans le cas particulier qu'il prévoit, la source d'un grand nombre de procès, un remède est nécessaire, et ce remède consistera en ce que la preuve testimoniale ne sera ici admise contre le contenu de l'écrit que sous certaines conditions.

Le paragraphe 8 de notre titre nous dit que le fou (*furiosus*) ne peut s'obliger par aucun contrat, *nullum negotium gerere potest*, parce qu'il ne comprend pas ce qu'il fait, *quia non intelligit quid agit*, et cette raison s'applique en effet à tous les contrats et quel que soit le rôle que le fou y joue, soit qu'il s'agisse pour lui de devenir créancier, soit qu'au contraire il contracte des obligations (2). La folie est rarement un état constant; elle présente plus habituellement des intervalles lucides. Pendant ces intervalles, le

(1) L. 14, C., *De contrah. et committ. stip.* (VIII, 38).
(2) L. 1, § 12, D., *De oblig. et act.* (XLIV, 7).

furiosus est pleinement capable et contracte très-régulièrement, même en s'obligeant. Il peut aussi faire son testament dans un moment lucide (1). En droit romain, la capacité du fou pendant les intervalles lucides était la règle générale, ainsi que le prouve surabondamment le texte suivant :

L. 2, C., *de Contrah. empt.* (IV, 38).

Impp. DIOCLET. et MAXIM. AA. AVITO.

Emptionem et venditionem consensum desiderare, nec furiosi ullum esse consensum manifestum est. Intermissionis autem tempore furiosos majores viginti quinque annis venditiones, et alios quoslibet contractus posse facere non ambigitur.

Les Empereurs DIOCLÉTIEN et MAXIMIEN, AUGUSTES, à AVITUS.

Il est certain que la vente exige le consentement des parties, et que le consentement donné par un fou est nul. Mais aussi il est hors de toute controverse que les fous majeurs de vingt-cinq ans peuvent, pendant les intervalles lucides, faire des ventes et tous autres contrats.

Dans notre droit, au contraire, on interdit les personnes qui sont dans un état habituel d'imbécillité, de démence ou de fureur (art. 489, C. N.), et postérieurement au jugement d'interdiction, il existe en leur faveur une présomption légale de non-lucidité constante (art. 502, C. N.), laquelle n'admet pas de preuve contraire (art. 1352, C. N.). En droit romain, les fous ne sont donc frappés que d'une incapacité naturelle ; chez nous, au contraire, l'interdiction crée pour les moments lucides une incapacité civile à côté de l'incapacité naturelle qui existe dans les moments non lucides.

Le prodigue qui a été interdit par le préteur a sa raison tout entière, et, l'interdiction dont il a été frappé n'ayant pour but que de le protéger, il en résulte qu'il peut devenir créancier, mais qu'il ne peut s'obliger.

L. 6, D., *De verb. oblig.* (XLV, 1).

ULPIANUS, lib. 1, ad Sabinum.

Is cui bonis interdictum est sti-

ULPIEN, liv. 1, sur Sabinus.

Celui qui a été interdit de l'ad-

(1) Inst., § 1, *Quibus non est permiss. facere testam.* (II, 12).

pulando sibi acquirit; tradere vero non potest, vel promittendo obligari : et ideo nec fidejussor pro eo intervenire poterit, sicut nec pro furioso.

ministration de ses biens peut devenir créancier en stipulant; mais il ne peut ni livrer ni s'obliger; et, par conséquent, un fidéjusseur ne peut s'obliger pour lui, pas plus que pour un fou.

Nous arrivons à une dernière classe d'incapables, à la classe des impubères dont notre texte s'occupe dans les paragraphes 9 et 10. L'examen de ce sujet exige plusieurs distinctions. Le texte s'occupe d'abord de l'impubère *sui juris*, et la dernière phrase du paragraphe 10 contient le principe général applicable à l'impubère *alieni juris*. Nous suivrons l'ordre des Institutes, et en conséquence nous nous occuperons en premier lieu de l'impubère *sui juris*, du pupille. Le paragraphe 9 nous dit qu'il peut sans l'*auctoritas tutoris* obliger envers lui, mais que cette *auctoritas* lui est nécessaire lorsqu'il veut contracter des obligations. Ce n'est là que l'application du principe général que le pupille peut faire sa condition meilleure *sine tutoris auctoritate*, mais que cette *auctoritas* lui est nécessaire pour faire sa condition pire. Le pupille est donc à peu près dans la même position que le prodigue interdit. A s'en tenir au texte du paragraphe 9, aucune distinction ne serait nécessaire en ce qui concerne les impubères *sui juris ;* mais le paragraphe 10 nous présente la division suivante comme très-importante : le pupille est ou *infans* ou *infanti proximus* ou *pubertati proximus*. Primitivement le *pubertati proximus* jouit seul de la capacité d'obliger envers lui *sine tutoris auctoritate*, et de s'obliger lui-même *cum tutoris auctoritate*. L'*infans* et l'*infanti proximus* ne peuvent prendre part à aucune opération juridique : *Non multum a furioso distant hujus ætatis pupilli, nullum habent intellectum ;* ils ne peuvent donc pas même devenir créanciers. Mais dans la suite des temps, et à une époque qu'il nous semble impossible de préciser, une *benignior interpretatio* assimila l'*infanti proximus* au *pubertati proximus*, et il ne resta plus d'absolument incapables que les *pupilli infantes*. Reste à savoir à quel moment cessait l'*infantia*, ce que les Romains entendaient par un *infans*. Sur ce point deux systèmes sont en présence.

Premier système. — Comme l'indique l'étymologie du mot, l'*infans* (de *in* privatif et de *fari*, parler) est celui qui ne peut pas matériellement prononcer les paroles de la stipulation. Dès qu'un pupille peut parler, peut matériellement prononcer les paroles nécessaires à une opération juridique, il n'est plus *infans;* mais comme il parle sans comprendre les paroles qu'il prononce, comme il est vrai de dire que *nullum intellectum habet*, il est dès ce moment *infanti proximus*. A sept ans il est vrai de dire que *aliquem habet intellectum*, et à cet âge il commence à être *pubertati proximus*; à douze ou quatorze ans, selon le sexe, il acquiert le *plenum judicium* et devient capable de tous les actes de la vie civile, sauf la *restitutio in integrum*, dont le préteur accorde le bénéfice à tout mineur de vingt-cinq ans lésé par une opération juridique quelconque. Dans ce premier système on arrive à décider qu'au temps classique, et à raison de la *benignior interpretatio* dont nous parlent les Institutes, laquelle assimile l'*infanti proximus* au *pubertati proximus*, on arrive, disons-nous, à décider que dès l'instant où un pupille pouvait matériellement prononcer des paroles, il pouvait prendre part à toutes les opérations juridiques, sauf la nécessité de l'*auctoritas tutoris* dans les cas où il aurait rendu sa condition pire. Ainsi il eût suffi qu'un pupille pût matériellement prononcer ces mots : DECEM AUREOS MIHI DARE SPONDES? pour que ces mots prononcés par lui et suivis de la réponse SPONDEO, faite par une autre personne, engendrassent une obligation de la part du promettant, quoique le stipulant eût parlé sans aucune espèce d'intelligence de ce qu'il disait. Les partisans de ce système disent que l'*infantiæ proximitas* a été supprimée et l'*infantia* prolongée jusqu'à sept ans par une constitution, datée du 6 des ides de novembre 426, des empereurs Théodose II et Valentinien III (1). Cette constitution, réunissant en une seule classe les *infantes* et les *infantiæ proximi*, rétablissait ainsi la théorie primitive qui les déclarait tous incapables de contracter. Ce serait un retour au très-ancien droit.

(1) Cette constitution forme la loi 8, C. Th., *De matern. bon.* (VIII, 8), et la loi 18, C., *De jure deliberandi* (VI, 30).

Second système. — Le pupille est *infans* jusqu'à ce qu'il ait atteint l'âge de sept ans ; de sept à douze ou quatorze ans il est *infanti proximus* ou *pubertati proximus*, selon le degré de développement de son intelligence. L'appréciation de ce degré de développement de l'intelligence devant être faite pour chaque individu en particulier, devait être la source de bien des difficultés pratiques ; elle contribua très-probablement beaucoup à faire admettre la *benignior interpretatio*, qui assimile l'*infanti proximus* au *pubertati proximus*. Mais dans ce système, avant comme après la constitution de Théodose II et Valentinien III, l'*infantia* allait jusqu'à sept ans, et le pupille qui n'avait pas atteint cet âge ne pouvait prendre part à aucune opération juridique, même pour rendre sa condition meilleure.

On voit par l'exposé que nous venons de présenter des deux systèmes qu'ils arrivent aux mêmes résultats pratiques en ce qui touche l'époque qui s'étend de la constitution de Théodose II et Valentinien III jusqu'à Justinien, et que, pour l'époque antérieure, la question consiste à savoir s'il n'y a d'incapable d'une manière absolue que le pupille qui ne peut pas matériellement prononcer les paroles, la capacité dont il est question dans le paragraphe 9 de notre texte appartenant à tous ceux qui matériellement peuvent parler ou si au contraire il faut dire que, même au temps classique et antérieurement à la constitution précitée, une incapacité absolue s'étendait sur tous les pupilles au-dessous de sept ans. En d'autres termes, les jurisconsultes romains s'étaient-ils attachés, pour la fixation des limites de l'*infantia*, à un fait purement physique, ou au contraire avaient-ils exigé un âge dénotant une certaine intelligence des paroles prononcées ?

Voyons les arguments produits par les partisans des deux systèmes. Le second semblerait tout d'abord plus raisonnable, on l'avouera sans peine ; mais les partisans du premier disent qu'il n'y avait aucun inconvénient à accorder au pupille, quelque peu avancé que fût le développement de son intelligence, le droit de faire sa condition meilleure, et qu'il n'y en avait pas davantage à lui accorder le droit de faire sa condition pire, *cum tutoris auctoritate;* ils ajoutent que leur système se comprend très-bien dans un droit où certains actes très-importants, par exemple l'adition d'hérédité, n'admettent pas la possibilité d'un représentant. Dans leur système, en effet, s'agit-il de faire adition d'une hérédité échue au pupille *pro herede gerendo* ou *cernendo* : dans le premier cas, comme il s'agit de faire acte de maître sur un des biens héréditaires, si le pupille peut déjà prononcer des paroles, il est, pour les partisans de ce système, sorti de l'*infantia*, et dès lors il suffira, quoique ce pupille ne comprenne pas ce qu'il fait, que le tuteur lui fasse briser un vase faisant partie de l'hérédité, et que lui-même tuteur, *præsens in ipso negotio*, s'empresse de dire *auctor fio*. Au second cas, il s'agit de faire crétion, de *cernere hereditatem* ; dès l'instant que le pupille peut prononcer les paroles sacramentelles de la crétion, il les prononcera et le tuteur interposera son autorisation. Au contraire, ajoutent-ils, dans le système adverse, la difficulté est insurmontable pour les actes de cette espèce, et l'on sera obligé d'attendre que le pupille ait atteint l'âge de sept ans. Aussi les partisans du premier système disent-ils, dans leur argumentation, que le changement opéré par la constitution précitée se comprend parfaitement, puisque, pour l'adition d'hérédité, acte qui présente le plus de difficulté, la constitution admet dorénavant la possibilité d'une adition faite par les représentants légaux de l'impubère. Dans le second système, la difficulté signalée n'est pas insurmontable, et il n'était nullement besoin d'une constitution pour la faire disparaître. Des textes, en effet, nous apprennent que, par exception, le pupille non-seulement *infanti proximus* (ce qui ne peut faire difficulté), mais même *infans* pouvait faire adition d'hérédité ou acquérir la possession *cum tutoris auctoritate. Hoc enim*, dit Paul, *favorabiliter eis præstatur* (1).

Si l'on fait remarquer aux partisans du premier système que le texte des Institutes que nous commentons et qui est tiré des Institutes de Gaïus (2) pose une question de développement

(1) L. 9, D., *De adq. vel omitt. hered.* (XXIX, 2). Voir dans le même sens, L. 65, § 3, D., *ad S. C. Trebell.* (XXXVI, 1) et L. 32, § 2, D., *De adq. vel amit. poss.* (XLI, 2).

(2) Comm. III, § 109.

intellectuel et ne se réfère pas à un fait purement physique, ils peuvent répondre victorieusement à ce premier argument en disant que notre paragraphe 10 présente le *pubertati proximus* comme ayant seul *aliquem intellectum*, et qu'il dît textuellement que l'*infans* et l'*infanti proximus nullum habent intellectum*; de telle sorte qu'on comprend très-bien qu'une *benignior interpretatio* soit nécessaire pour assimiler l'*infantiæ proximus* au *pubertati proximus*. Il est dès lors, dit-on, très-conforme au texte de faire de l'*infanti proximus* un pupille qui parle sans comprendre. Si on leur oppose que, dans leur système, la constitution de Théodose II et Valentinien III, ayant supprimé l'*infantiæ proximitas*, il ne devrait pas être question des *infanti proximi* dans notre paragraphe 10, ils répondent que cela tient à ce que Tribonien a copié les Institutes de Gaïus sans songer à les mettre en harmonie avec le droit de Justinien. Enfin les partisans de ce système argumentent du texte suivant :

L. 1, § 2, D., *De admin. et peric. tutorum.* (XXVI, 7).

ULPIANUS, lib. 35, ad Edictum.

Sufficit tutoribus ad plenam defensionem, sive ipsi judicium suscipiant, sive pupillus ipsis auctoribus : nec cogendi sunt tutores cavere, ut defensores solent; licentia igitur erit utrum malint ipsi suscipere judicium, an pupillum exhibere, ut ipsis auctoribus judicium suscipiatur : ita tamen, ut pro his qui fari non possunt vel absint, ipsi tutores judicium suscipiant : pro his autem qui supra septimum annum ætatis sunt, et præsto fuerint, auctoritatem præstent.

ULPIEN, livre 35, sur l'Edit.

Pour que les tuteurs aient rempli d'une manière complète l'obligation de défendre le pupille contre une action, il suffit qu'ils aient eux-mêmes lié instance avec l'adversaire, ou bien que le pupille l'ait liée avec leur autorisation ; remarquez que les tuteurs ne doivent pas être forcés de fournir satisdation comme ont coutume de le faire les défenseurs. Il leur suffira donc, selon qu'ils préféreront suivre l'une ou l'autre voie, de lier eux-mêmes l'instance ou d'exhiber le pupille, afin que l'instance soit liée avec lui, pourvu toutefois que pour ceux qui sont encore enfants ou qui sont absents, ils lient eux-mêmes l'instance; et qu'ils ne fassent

lier l'instance par le pupille avec
leur autorisation que s'il est présent
et âgé de plus de sept ans.

Laissons M. Ducaurroy, partisan déclaré du premier système, exposer avec sa netteté habituelle l'argument ingénieux qu'il croit pouvoir tirer de ce texte : « Le tuteur peut à son choix se porter » défendeur au nom du pupille, ou autoriser ce dernier, afin » qu'il défende lui-même en son propre nom ; et cependant ce » choix n'a lieu ni lorsque le pupille est absent ou *infans*, ni » lorsqu'il est présent et âgé de plus de sept ans. Le tuteur doit » nécessairement se porter défendeur dans le premier cas et au- » toriser le pupille dans le second. Le choix laissé au tuteur » n'existe donc que dans l'intervalle entre l'enfance et l'âge de » sept ans accomplis, l'enfance ne se prolonge donc pas jusqu'à » ce dernier âge (1). » Nous croyons l'argument qui précède plus ingénieux que solide. Supposons le pupille présent : jusqu'à sept ans dans notre système, c'est-à-dire pendant qu'il est *infans*, aucun choix n'existe pour le tuteur qui doit nécessairement lier l'instance lui-même. Si, au contraire, le pupille a plus de sept ans, alors le choix existe pour le tuteur entre lier l'instance ou la faire lier par le pupille dûment autorisé. Le texte précité ne veut pas dire autre chose. Il commence par donner au tuteur un choix, subordonné par la dernière phrase à cette condition que le pupille ne soit ni absent ni *infans*, puis le jurisconsulte ajoute qu'il pourra donner son autorisation au pupille plaidant personnellement lorsqu'il sera présent et qu'il aura plus de sept ans, mais sans indiquer en quoi que ce soit qu'il lui enlève dans ce cas le droit de lier l'instance comme défenseur de son pupille. Comment ce droit pourrait-il être dénié au tuteur ? Qu'il ne puisse autoriser son pupille, lorsqu'il est *infans* ou absent, et que par suite il ne peut prendre part à l'opération juridique dont il s'agit, cela se conçoit ; mais on ne comprendrait pas qu'il ne pût pas lier l'instance lui-même lorsque le pupille présent a plus de sept ans ; Ulpien ne nous dit-il pas : « *Pupillorum pupillarumque tutores*

(1) *Instit expliquées*, tome 11, n° 1303, note a.

« *et negotia gerunt et auctoritatem interponunt* (1). » *Negotia gerere pupilli* c'est là un droit pour le tuteur dont, sous sa responsabilité, il doit pouvoir user toutes les fois qu'il le juge convenable, et ce qui le prouve de plus en plus, c'est que le tuteur d'un impubère avait à Rome des pouvoirs plus étendus que le curateur d'un adulte, et que, d'après le paragraphe 3 de la loi même dont argumente M. Ducaurroy, le curateur d'un adulte présent peut toujours, soit lier l'instance lui-même, soit la faire lier par l'adulte avec son consentement. D'ailleurs le texte dont M. Ducaurroy argumente n'oppose-t-il pas textuellement *hi qui fari non possunt* à ceux au contraire qui ont dépassé sept ans, *his autem qui supra septimum annum ætatis sunt*. Le texte invoqué par notre illustre maître se retourne donc contre son système.

En outre, le second système que nous préférons s'appuie solidement sur deux textes du Digeste, que l'opinion adverse est obligée de déclarer interpolés, quoiqu'ils ne portent aucune trace d'interpolation. Voici ces textes :

L. 14, D., *De sponsalibus* (XXIII, 1).

MODESTINUS, lib. 4 Differentiarum.	**MODESTIN, liv. 4 des Différences.**
In sponsalibus contrahendis ætas contrahentium definita non est, ut in matrimoniis : quapropter et a primordio ætatis sponsalia effici possunt ; si modo id fieri ab utraque persona intelligatur, id est, si non sint minores, quam septem annis.	Pour contracter des fiançailles il n'y a pas comme pour le mariage d'âge fixé, c'est pourquoi on peut les contracter dès l'âge le plus tendre, pourvu toutefois que chacune des parties comprenne ce qu'elle fait, c'est-à-dire pourvu qu'aucune d'elles ne soit âgée de moins de sept ans.

Quoi de plus clair ? Les *sponsalia* se font par stipulations réciproques *a primordio ætatis*, pourvu toutefois que les parties contractantes puissent prendre part à une stipulation, c'est-à-dire pourvu qu'elles aient sept ans accomplis. On ne peut donc pas, comme le prétend l'opinion adverse, stipuler dès avant l'âge de

(1) *Reg.* tit. XI, § 25.

sept ans quoi qu'on puisse matériellement prononcer les paroles de la stipulation. Sept ans, voilà l'âge fixé pour les *sponsalia*, qu'on déclare pourtant pouvoir se faire *a primordio ætatis* : l'*infantia* va donc jusqu'à sept ans.

L. 70, D., *De verb. oblig.* (XLV, 1).

ULPIANUS, lib. 11, ad Edictum.

Mulier, quæ dotem dederat populari meo Glabrioni Isidoro, fecerat eum promittere dotem, si in matrimonio decessisset, infanti : et decesserat constante matrimonio; placebat ex stipulatu actionem non esse : quoniam qui fari non poterat, stipulari non poterat.

ULPIEN, liv. 11, sur l'Édit.

Une femme, qui avait à titre de dot transféré la propriété de certains biens à mon compatriote Isidore Glabrion, lui en avait fait promettre la restitution, pour le cas où elle mourrait pendant le mariage, à un enfant; et elle était décédée pendant le mariage, on a décidé que de cette stipulation ne résulterait aucune action, parce que celui qui ne peut parler ne peut stipuler.

Il s'agit ici d'un *infans*, qui a matériellement prononcé les paroles de la stipulation, et cependant de cette stipulation, régulière en la forme, il ne résulte aucune action, parce que celui qui ne peut parler ne peut stipuler, c'est-à-dire parce que celui qui ne peut parler avec l'intelligence de ce qu'il dit ne peut stipuler. Donc il ne suffit pas de pouvoir prononcer les paroles d'une stipulation; il faut comprendre ce que l'on dit; et c'est à tort que le système adverse donne pour limite à l'*infantia* le moment où le le pupille peut prononcer des paroles, qu'il les comprenne ou non. Nous maintenons donc notre préférence pour le second système.

Nous venons de voir que dans la stipulation le pupille a besoin de l'*auctoritas tutoris* s'il joue le rôle de promettant, et qu'elle ne lui est pas nécessaire s'il s'agit pour lui de devenir créancier. Mais que décider s'il s'agit d'un contrat synallagmatique, d'un de ces contrats dans lesquels on ne devient créancier qu'à la condition de devenir débiteur ? Le droit romain admettait que, lorsque le pupille avait pris part à l'un de ces contrats *sine tutoris auctoritate*, il devenait créancier, parce qu'il pouvait faire sa condition meilleure *sine tutoris auctoritate*, et ne devenait cependant pas débiteur, parce que l'*auctoritas tutoris* lui était nécessaire pour contracter des obligations. Ainsi supposons qu'il ait acheté *sine tutoris auctoritate*, il sera devenu créancier de la chose vendue sans devenir débiteur du prix. Ce principe demande à être bien compris. Il faut se garder de croire que dans ce cas le pupille pût exiger la chose vendue sans offrir d'en payer le prix. Tout l'avantage pour lui consistait en ce qu'il pouvait, selon son intérêt, exiger ou non l'exécution du contrat, tandis que le vendeur ne pouvait pas se dispenser d'exécuter ses obligations, si le pupille l'exigeait en offrant de payer le prix, et d'autre part devait se résigner à l'exécution du contrat, si tel était le bon plaisir du pupille. En un mot la validité du contrat était à la discrétion du pupille (1).

L. 13, § 29, D., *De action. empti et venditi* (XIX, 1).

ULPIANUS, lib. 32, ad Edictum.	ULPIEN, livre 32, sur l'Édit.
Si quis a pupillo sine tutoris auctoritate emerit, ex uno latere constat contractus; nam qui emit, obligatus est pupillo, pupillum sibi non obligat.	Si quelqu'un a acheté du pupille sans l'autorisation du tuteur, le contrat tient d'un seul côté; car celui qui achète est obligé vis-à-vis du pupille et il n'oblige pas le pupille envers lui.

Mais *quid* si pendant la pupillarité le contrat a été exécuté soit par l'une des parties, soit par les deux? S'il n'a été exécuté que par le pupille, rien de plus simple, le pupille aura la *condictio indebiti*. Si au contraire le contrat n'a été exécuté que par celui qui a traité avec le pupille, la *condictio indebiti* appartiendra bien à celui qui a ainsi exécuté; mais le pupille pourra, au lieu de restituer ce qu'il a reçu, préférer l'exécution du contrat et remplir l'obligation corrélative. Il pourra aussi restituer ce qu'il a reçu,

(1) Même théorie en droit français (art. 1125, C. N.).

mais alors il sera tenu seulement *quatenus locupletior factus est.* Si le contrat avait été exécuté des deux parts, aucune action n'appartiendrait à celui qui a traité avec le pupille, et celui-ci pourrait intenter la *condictio indebiti*, à la charge par lui de restituer ce qu'il a reçu jusqu'à concurrence de ce dont il s'est enrichi. S'il n'a plus la chose qu'il a reçue et qu'il n'ait pas de son côté exécuté l'obligation corrélative, le pupille est tenu civilement, d'après un rescrit d'Antonin le Pieux, et par l'action même du contrat, jusqu'à concurrence de ce dont il s'est enrichi. Dans ces divers cas, c'est à celui qui a traité avec le pupille de prouver que les choses reçues par le pupille en exécution du contrat ont tourné à son profit, et que son patrimoine se trouve augmenté de leur valeur. Reste à savoir si dans le cas où il ne s'est pas enrichi, le pupille n'est pas tenu naturellement, question qui ne rentre pas dans le plan de cet ouvrage, et sur laquelle on peut consulter avec fruit le savant *Traité des obligations naturelles* de notre excellent collègue, M. Machelard (1).

Le pupille qui commet un délit ou l'un de ces faits desquels l'obligation naît comme d'un délit est tenu comme s'il était pubère, pourvu toutefois qu'il soit *doli capax;* dans le cas contraire, le dommage est considéré comme provenant du hasard, et en conséquence la partie lésée n'a droit à aucune indemnité.

Le pupille peut aussi se trouver obligé *quasi ex contractu*, ce qui a lieu toutes les fois que l'obligation naît du fait d'un enrichissement au préjudice d'une autre personne sans qu'il soit besoin du consentement de la partie obligée. C'est ainsi que le pupille sera tenu vis-à-vis de celui qui aurait utilement géré l'une de ses affaires (2). C'est ainsi, qu'il est obligé, comme tout autre, par suite de l'état d'indivision. C'est ainsi, enfin, qu'il est tenu vis-à-vis de son tuteur de l'*actio tutelæ contraria* (3).

(1) 1re partie, § 2e, art. 3e, pages 195 à 233.

(2) L. 37, pr., et L. 6, pr., D., *De negotiis gestis* (III, 5).

(3) Sur l'étendue de l'engagement du pupille, alors qu'il s'agit d'obligations *quasi ex contractu,* comp. les deux textes cités dans la note précédente avec L. 3, § 7, D., *De contraria tutelæ et utili act.* (XXVII, 4), et M. Machelard, *Des obligations naturelles*, pages 202, 203 et 227 en note.

L. 46, D., *De oblig. et act.* (XLIV, 7).

PAULUS, lib. 7, ad Plantium.

Furiosus et pupillus, ubi ex re actio venit, obligantur, etiam sine curatore, vel tutoris auctoritate : veluti si communem fundum habeo cum his, et aliquid in eum impendero, vel damnum in eo pupillus dederit ; nam judicio communi dividundo obligabuntur.

PAUL, lib. 7, sur Plautius.

Le fou et le pupille sont obligés même sans le consentement du curateur ou l'autorisation du tuteur, lorsque l'action naît de la chose même ; comme si j'ai un fonds commun avec l'un d'eux et que je fasse quelque dépense sur ce fonds ou que le pupille le détériore, car alors ils seront tenus de l'action en partage de la chose commune.

Nous arrivons maintenant à l'impubère *alieni juris*. Celui-ci, pourvu qu'il soit sorti de *l'infantia*, pourra acquérir toutes sortes de droits et par conséquent devenir créancier; mais il acquerra pour la personne sous la puissance de laquelle il se trouve. S'agit-il au contraire de s'obliger, il ne le peut aucunement, *ne patre quidem auctore*. Le pupille ayant un patrimoine a besoin de l'administrer et l'on conçoit dès lors qu'il puisse s'obliger *cum tutoris auctoritate :* au contraire, l'impubère *alieni juris* n'a besoin de se mêler à aucune opération juridique, puisqu'il n'a pas de patrimoine, aussi l'*auctoritas patrisfamilias* est-elle inconnue en droit romain. Néanmoins dans le bas-empire, après l'introduction du pécule adventice, l'impubère *alieni juris* aurait pu, dans certains cas, avoir besoin de contracter; mais on y remédia en donnant au père de famillle l'administration des biens adventices dont il avait l'usufruit; on en vint même, lorsqu'il s'agissait d'un contrat consenti par le père administrateur des biens adventices, à donner une action utile contre le fils impubère, lorsqu'il était arrivé à la puberté, pourvu toutefois que le contrat ne fût pas restreint dans ses effets à la jouissance de ces biens.

Nous venons de voir que l'impubère *alieni juris* ne peut, dans aucun cas, contracter d'obligation, *ne patre quidem auctore*. Faut-il généraliser ce principe ? Doit on dire que les Romains en avaient tiré le principe général suivant : toutes les fois qu'en vous supposant *sui juris* vous ne pourriez vous obliger que *tutore auctore*, si vous êtes *alieni juris* vous ne pourrez nullement vous obliger, même avec l'autorisation de celui sous la puissance duquel vous vous trouvez ? Si les jurisconsultes romains ont admis ce principe général, il en résulte qu'à l'époque où les femmes étaient en tutelle perpétuelle, la *filiafamilias* pubère ne pouvait nullement s'obliger, *ne patre quidem auctore*, et qu'il faudrait l'assimiler à l'impubère *alieni juris*. Si au contraire ce principe général n'était pas admis, si la règle que nous étudions n'était applicable qu'à l'impubère *alieni juris*, la *filiafamilias* pubère devrait être assimilée au *filiusfamilias* également pubère. Il est difficile de résoudre cette question dans l'état de contradiction où se trouvent les textes à cet égard.

En effet, d'un côté, nous lisons dans les *Fragmenta Vaticana* : « Paulus *respondit filiamfamilias ex dotis dictione obligari non potuisse* (1). » Il est impossible d'expliquer ce texte par une règle particulière à la *dotis dictio*, règle particulière dont on ne saurait donner aucun motif raisonnable. En outre, le texte suivant semblerait favoriser l'assimilation de la *filiafamilias* pubère à l'impubère *alieni juris*.

L. 141, § 2, D., *De verb. oblig.* (XLV, 1.)

GAIUS, lib. 2, de Verb. obligationibus.	GAIUS, livre 2, des Obligations verbales.
Pupillus licet ex quo fari cœperit recte stipulari potest, tamen si in parentis potestate est, ne auctore quidem patre obligatur; pubes vero qui in potestate est proinde ac si paterfamilias obligari solet. Quod autem in pupillo dicimus, idem et in filiafamilias impubere dicendum est.	Quoique le pupille, dès l'instant qu'il peut parler, puisse stipuler régulièrement, néanmoins s'il est soumis à la puissance paternelle, il ne peut s'obliger, même avec l'autorisation de son père ; quant au pubère qui est soumis à la puissance paternelle, il peut s'obliger comme s'il était père de famille. Ce que nous avons dit du pupille doit être dit aussi de la fille de famille impubère.

(1) § 99.

Il est évident que Justinien aura substitué *impubere* à *pubere* dans la dernière phrase de ce texte, autrement cette phrase serait complétement inutile. Le jurisconsulte vient de dire que le *pupillus* soumis à la puissance paternelle ne peut aucunement s'obliger, *ne patre quidem auctore* : or, *pupillus* dans sa généralité s'applique aux enfants des deux sexes, donc on n'ajoute rien à la proposition énoncée en premier lieu, en disant : « *Quod autem* » *in pupillo dicimus, idem et in filiafamilias impubere dicendum* » *est.* » Pour que cette dernière phrase contienne une proposition utile à exprimer, il faut donc lire : « .... *idem et in filiafami-* » *lias pubere dicendum est.* » Ce texte doit en conséquence être considéré comme appliquant à la *filiafamilias* pubère les mêmes principes qu'aux impubères *alieni juris* des deux sexes.

D'autre part, Ulpien nous dit que le sénatus-consulte Macédonien s'applique aux filles de famille (1), ce qui supposerait que la fille de famille peut s'obliger tout aussi bien que le fils de famille ; car, si elle ne pouvait s'obliger, il serait inutile de lui accorder dans le cas particulier où elle aurait emprunté une somme d'argent l'*exceptio senatusconsulti Macedoniani* pour repousser le prêteur.

Au point de vue des textes, la question reste indécise. Comment la résoudre ? La tutelle perpétuelle des femmes pubères *sui juris* avait pour but d'assurer la conservation de leur patrimoine au profit de leurs héritiers présomptifs, qui étaient en même temps leurs tuteurs, et sans l'autorisation desquels elles ne pouvaient, quoiqu'elles eussent l'administration de leurs biens, faire les actes juridiques les plus importants. Il nous paraîtrait fort singulier que les Romains, qui veillaient avec tant de sollicitude à la conservation du patrimoine de la femme *sui juris* (nous savons dans quel intérêt), lui eussent permis de se ruiner par avance, en contractant pendant qu'elle était *alieni juris* et pubère de nombreuses obligations. Il nous semble donc probable que primitivement la femme pubère *alieni juris* ne pouvait s'obliger, *ne quidem patre auctore*. Plus tard, lorsque la

(1) L. 9, § 2, D., *ad S. C. Macedonianum* (XIV, 6).

tutelle des femmes ne fut plus que nominale, lorsque le préteur obligea les tuteurs à donner leur autorisation dans les cas où elle était nécessaire, la *filiafamilias* pubère dut être assimilée au *filiusfamilias* pubère. C'est donc à l'aide de l'histoire du droit que l'on doit résoudre la question qui nous occupe.

Le préteur accorde le bénéfice de la *restitutio in integrum* à tout mineur de vingt-cinq ans lésé par un acte juridique quelconque, et cela lors même que l'acte dont il s'agit aurait été fait avec l'autorisation du tuteur ou le consentement du curateur. Sauf la possibilité de ce remède, qui doit faire réfléchir les tiers ayant l'intention de contracter avec des pubères mineurs de vingt-cinq ans, ces pubères jouissent, en principe général, d'une pleine capacité. Tel était le droit primitif. Dans la suite les constitutions impériales firent un devoir aux tuteurs de ne remettre à leur ancien pupille l'administration de ses biens qu'autant que celui-ci se serait fait donner un curateur général (1). Cette nécessité de se faire donner un curateur général n'atteignait pas les adultes qui étaient déjà pubères à l'époque où ils devenaient *sui juris*. Dès lors l'on distingua deux classes d'adultes, ceux qui avaient un curateur général et ceux qui n'en avaient pas. Ces derniers continuèrent seuls à jouir d'une pleine capacité, sauf le bénéfice de la *restitutio in integrum*; les premiers au contraire furent assimilés aux prodigues interdits et ne purent dès lors s'obliger qu'avec le *consensus curatoris*, quoiqu'ils pussent seuls rendre leur condition meilleure.

L. 3, C., *De in integ. restit. minor. vig. quinque annis* (II, 22).

Impp. DIOCLETIANUS et MAXIM. AA. CC. ATTIANO.	**Les empereurs DIOCLÉTIEN et MAXIMIEN, AUGUSTES et CÉSARS, à ATTIANUS.**
Si curatorem habens minor quinque et viginti annis post pupillarem ætatem res vendidisti, hunc contractum	Si étant mineur de vingt-cinq ans, ayant atteint la puberté et étant pourvu d'un curateur, vous avez

(1) L. 5, § 5, D., *De administ. et peric. tut.* (XXVI, 7), et L. 1, § 3, D., *De minoribus* (IV, 4).

servari non oportet; cum non absimilis ei habeatur minor curatorem habens, cui a prætore curatore dato, bonis interdictum est. Si vero sine curatore constitutus contractum fecisti : implorare in integrum restitutionem, si necdum tempora præfinita excesserint, causa cognita non prohiberis.

vendu certaines choses, ce contrat n'est pas valable; car le mineur ayant un curateur est assimilé à celui auquel le préteur a donné un curateur en lui interdisant l'administration de ses biens. Si au contraire vous avez fait ce contrat n'ayant pas de curateur, vous pourrez, s'il en est encore temps, demander la restitution en entier, qui vous sera accordée après examen.

Revenons à l'explication des Institutes :

3. Si quis alium daturum facturumve quid spoponderit, non obligabitur, veluti si spondeat Titium quinque aureos daturum. Quod si effecturum se ut Titius daret, spoponderit, obligatur.

Si quelqu'un a promis qu'une autre personne donnerait ou ferait quelque chose, il ne sera pas obligé, comme s'il a promis que Titius donnerait cinq pièces d'or. Que s'il a promis de faire, que Titius donnât il est obligé.

21. Versa vice, qui alium facturum promisit, videtur in ea esse causa ut non teneatur, nisi pœnam ipse promiserit.

En sens inverse, celui qui a promis qu'un autre ferait n'est pas tenu, à moins qu'il n'ait personnellement promis une peine.

19. Alteri stipulari (ut supra dictum est) nemo potest : inventæ sunt enim hujusmodi obligationes ad hoc ut unusquisque sibi adquirat quod sua interest; cæterum, ut alii detur, nihil interest stipulatoris. Plane si quis velit hoc facere, pœnam stipulari conveniet, ut nisi ita factum sit ut comprehensum est, committatur pœnæ stipulatio etiam ei cujus nihil interest; pœnam enim quum stipulatur quis, non illud inspicitur quid intersit ejus, sed quæ sit quantitas in conditione stipulationis. Ergo si quis stipuletur Titio dari, nihil agit; sed si addiderit pœnam, NISI DEDERIS TOT AUREOS DARE SPONDES? tunc committitur stipulatio.

Ainsi que cela a été dit plus haut, personne ne peut stipuler pour autrui. Ce genre de contrats a, en effet, été introduit afin que chacun acquière ce à quoi il a intérêt; or, le stipulant n'a aucun intérêt à ce qu'on donne à autrui. Mais si quelqu'un veut faire cela, il faudra qu'il stipule une peine, afin que si la stipulation principale n'est pas exécutée, la stipulation de la peine soit encourue même au profit de celui qui n'avait aucun intérêt à l'exécution de la stipulation principale, car lorsque quelqu'un stipule une peine, on n'examine pas l'intérêt qu'il avait à l'exécution de la stipulation principale, mais seulement la peine qu'il a stipulée pour le cas d'inexécution de la stipulation principale. Par conséquent, si quelqu'un stipule qu'on donnera à Titius, il fait une stipulation inutile; mais s'il a ajouté une peine : *si vous ne donnez pas à Titius, promettez-vous de me donner tant de pièces d'or?* alors la stipulation est valable.

20. Sed et si quis stipuletur alii, cum ejus interesset, placuit stipulationem valere. Nam si is qui pupilli tutelam administrare cœperat, cessit administratione contutori suo, et stipulatus est rem pupilli salvam fore; quoniam interest stipulatoris fieri quod stipulatus est, cum obligatus futurus esset pupillo si male gesserit, tenet obligatio. Ergo et si quis procuratori suo dari stipulatus sit, stipulatio vires habebit; et si creditori dari stipulatus sit, quod sua interest, ne forte vel pœna committatur, vel prædia distrahantur quæ pignori data erant, valet stipulatio.

Mais on admet que la stipulation est valable, lorsque quelqu'un a stipulé qu'on donnerait à une autre personne et avait intérêt à ce que cette stipulation reçût son exécution. Par exemple, si celui qui avait entrepris l'administration d'une tutelle cède cette administration à son cotuteur, et stipule de lui que les affaires du pupille seront fidèlement administrées, l'obligation est valable, parce que le stipulant avait intérêt à l'exécution de la stipulation, puisque, en cas de mauvaise gestion, il aurait été obligé envers le pupille. C'est pourquoi encore si quelqu'un a stipulé qu'on donnerait à son mandataire, la stipulation vaudra; et si quelqu'un a stipulé que l'on donnerait à son créancier, y ayant intérêt pour éviter, par exemple, qu'une clause pénale fût encourue, ou que les biens qu'il avait donnés en gage ne fussent vendus, la stipulation est valable.

4. Si quis alii quam cujus juri subjectus sit, stipuletur, nihil agit. Plane solutio etiam in extranei personam conferri potest, veluti si quis ita stipuletur : MIHI AUT SEIO DARE SPONDES? ut obligatio quidem stipulatori adquiratur, solvi tamen Seio etiam invito eo recte possit; ut liberatio ipso jure contingat, sed ille adversus Seium habeat mandati actionem. Quod si quis sibi et alii cujus

Si quelqu'un a stipulé pour une personne sous la puissance de laquelle il n'est pas placé, la stipulation est inutile. Toutefois on peut indiquer un étranger pour recevoir le payement, comme si quelqu'un a stipulé ainsi : *promettez-vous de donner à moi ou à Seius?* de telle sorte que la créance soit acquise au stipulant, mais que le débiteur puisse payer régulièrement à Séius même

juri subjectus non sit, dari decem aureos stipulatus est, valebit quidem stipulatio; sed utrum totum debeatur quod in stipulationem deductum est, an vero pars dimidia, dubitatum est; sed placet non plus quam dimidiam partem ei adquiri. Ei qui juri tuo subjectus est, si stipulatus sis, tibi adquiris; quia vox tua tanquam filii sit, sicuti filii vox tanquam tua intelligitur in iis rebus quæ tibi adquiri possunt.

malgré le stipulant, et être libéré par suite de ce payement, sauf au stipulant à poursuivre Séius par l'action de mandat. Que si quelqu'un a stipulé qu'on donnerait dix pièces d'or à lui et à un tiers sous la puissance duquel il n'est pas placé, la stipulation est valable; mais on s'est demandé si toute la somme stipulée sera due ou si le promettant n'en devra que la moitié, et c'est cette dernière opinion qui a prévalu. Si vous stipulez pour celui qui est sous votre puissance, la créance vous est acquise, car votre fils est censé parler par votre bouche, comme vous êtes censé parler par la bouche de votre fils, pour les choses qui sont susceptibles de vous être acquises.

Nous ne pouvons pas, en droit romain, acquérir une créance par une personne qui n'est pas soumise à notre puissance, à moins que nous ne la possédions de bonne foi comme esclave, ou que nous n'ayons sur elle un droit d'usufruit ou d'usage. C'est là une application de la règle *per extraneam personam nihil adquiri posse* (1). Le mandataire agit donc pour le compte du mandant, mais en son propre nom. Lorsqu'il contracte, c'est lui qui devient créancier et c'est lui qui s'oblige. Il ne peut ni obliger le mandant, ni lui acquérir une action contre le tiers avec lequel il traite. Diverses modifications avaient cependant été apportées au principe rigoureux primitif. Mais pour qu'elles soient exposées avec ordre il faut diviser les deux propositions que nous venons d'énoncer.

Première proposition. — C'est le mandataire lui-même qui est obligé, c'est contre lui que le tiers a l'action née du contrat (2), le

(1) Gaïus, Comm. II, § 95; Just. Inst, § 5, *Per quas pers. nob. adq.* (II, 9).

(2) Sauf, bien entendu, au mandataire à se faire indemniser par le mandant, et il a pour atteindre ce but *l'actio mandati contraria.*

mandant n'est nullement obligé. L'influence du droit prétorien vint modifier profondément cette première proposition. Le préteur introduisit une *actio institoria* donnée contre le maître ou le père de famille, qui avait préposé son esclave ou son fils de famille à la direction d'un commerce, pour toutes les obligations contractées par ces derniers dans l'administration de ce commerce, et une *actio exercitoria* donnée contre le maître ou le père de famille, qui, comme armateur, *exercitor navis*, avait préposé à la conduite du navire et au commerce maritime qui en dépendait, son esclave ou son fils, pour toutes les obligations résultant de ce commerce maritime. Plus tard ces actions furent données même contre celui qui avait ainsi préposé à un commerce, soit terrestre, soit maritime, une personne *sui juris*, ou encore l'esclave ou le fils d'autrui. Dès ce moment donc il fut admis que celui qui avait traité avec un mandataire général pourrait agir par l'*actio institoria*, ou l'*actio exercitoria*, contre le mandant, mais seulement en matière commerciale. Cette théorie nouvelle fit de rapides progrès. Elle fut étendue, d'abord aux mandataires généraux en matière purement civile, et plus tard même on l'étendit à des cas de mandat spécial (1). Voilà donc le principe primitif renversé complétement, et dès le temps classique on peut dire en droit romain tout comme on pourrait le dire chez nous, que le mandataire dans les limites de son mandat oblige le mandant, mais l'on ne pourrait pas ajouter, ce que l'on pourrait faire chez nous, que le mandataire ne s'oblige pas. C'est là un reliquat de l'ancienne théorie qui n'a jamais disparu et qui forme toujours une différence entre le droit romain et le droit français. Le mandataire oblige bien le mandant contre lequel on pourra donner soit l'*actio institoria*, soit l'*actio excercitoria*, soit l'une ou l'autre de ces actions, à l'état d'actions utiles, mais il s'oblige en outre lui-même, et celui qui a traité avec lui peut, s'il le veut, ne pas intenter les actions dont nous venons de parler et poursuivre le mandataire avec lequel il a traité.

(1) L. 13, § 25, D., *De act. empti et vend.* (XIX, 1).

Seconde proposition. — Le mandataire acquiert pour lui la créance contre la personne avec laquelle il contracte. Il ne l'acquiert pas pour le mandant, qui n'a aucune action contre le tiers et ne peut que se faire rendre compte par son mandataire en exerçant l'*actio mandati directa*. Ce second principe n'a jamais disparu du droit romain. Il y a subi de nombreuses exceptions (1), tout en persistant à l'état de principe général. Mais il faut remarquer que, pour éviter les inconvénients de ce principe général, les Romains accordaient au mandant une action utile contre le tiers qui avait traité avec le mandataire, toutes les fois que *rem suam aliter servare non potuisset,* ce qui se présentait dans deux cas : 1° lorsque le mandataire était absent ; 2° lorsqu'il était insolvable (2). En effet, dans le premier cas la cession d'actions était impossible, et dans le second cas il eût été inique que l'action acquise par le mandataire à l'aide de valeurs appartenant au mandant continuât à faire partie du patrimoine du mandataire, alors que le mandant n'aurait rien reçu ou n'aurait reçu qu'un dividende. En un mot, les jurisconsultes romains avaient maintenu le principe, sauf certaines exceptions, et, en outre, toutes les fois qu'il se présentait en pratique des inconvénients, on tournait la difficulté à l'aide d'une action utile accordée au mandant contre le tiers qui avait traité avec le mandataire.

Le principe contraire a été admis par le droit français. Chez nous, on peut acquérir un droit de créance par le ministère d'un mandataire : c'est le mandant qui devient créancier et non le mandataire (3).

(1) L. 15, D., *De rebus cred.* (XII, 1) ; L. 5, § 9, D., *De pec. const.* (XIII, 5) ; L. 13, pr., D., *De pign. act.* (XIII, 7) ; L. 1, § 18, D., *De exercit. act.* (XIV, 1) ; L. 2, D., *De inst. act.* (XIV, 3) ; L. 9, pr., D., *De adm. et per. tut.* (XXVI, 7) ; L. 5, D., *De stip. præt.* (XLVI, 5).

(2) L. 2, D., *De inst. act.* (XIV, 3) ; L. 5, D., *De stip. præt.* (XLVI, 5), Voir la même décision réglant en droit français les rapports du commettant, du commissionnaire et du tiers qui a traité avec ce dernier, dans le second alinéa de l'art. 575 du Code de commerce.

(3) Il en est autrement en matière de commission. Voir Code de commerce, art. 91 et suiv.

Il ne faut pas confondre le mandataire, *mandatarius*, ou *procurator* avec l'envoyé, *nuntius*. Le *nuntius* n'a pas comme le mandataire à délibérer pour savoir s'il consentira ou non ; il n'est qu'un porte-voix, il fait l'office d'une lettre, et l'on peut acquérir un droit de créance *per nuntium*, excepté dans la stipulation où la *causa civilis obligationis* consiste dans la formalité de la demande et de la réponse concordantes faites *inter præsentes*.

Les règles que nous venons d'étudier s'appliquaient à tous les contrats. On ne pouvait pas plus acquérir une créance par mandataire ou s'obliger par mandataire dans les contrats *bonæ fidei* que dans les contrats *stricti juris* (1).

Ces principes n'avaient rien de commun avec la règle qu'on ne peut promettre le fait d'autrui, et avec la règle qu'on ne peut stipuler pour autrui. Ces deux règles importantes ont passé dans notre législation (art. 1119, C. N.), tandis que celles que nous venons d'étudier n'y ont pas été admises. En outre ces deux règles ne s'appliquaient, ainsi que nous le verrons tout à l'heure, qu'aux contrats *stricti juris*, tandis que celles que nous venons d'étudier s'appliquaient à toute espèce de contrats. Il importe donc beaucoup de ne pas commettre ici une confusion assez commune, et de bien distinguer les règles qui ont trait à la non-représentation du mandant par le mandataire, des deux règles que nous venons d'énoncer et dont nous allons exposer la théorie.

On ne peut promettre le fait d'autrui signifie, abstraction faite de toute idée de mandat, qu'on n'est pas obligé quand on a promis qu'un tiers ferait ou donnerait. Ici ce n'est pas seulement le tiers qui n'est pas obligé, c'est aussi le promettant qui ne contracte aucune obligation. De même on ne peut stipuler pour autrui : *alteri stipulari nemo potest* signifie, abstraction faite de toute idée de mandat, qu'on ne peut pas acquérir un droit de créance consistant à obliger celui avec lequel on a contracté à faire pour autrui ou à donner à autrui, ce qui ne ressemble en rien à cette autre règle déjà expliquée qu'on ne peut acquérir à autrui un droit de créance.

(1) L. 11, D., *De oblig. et act.* (XLIV, 7).

Expliquons maintenant successivement les deux règles que nous venons d'énoncer en dernier lieu.

Première règle. — Celui qui promet le fait d'autrui, c'est-à-dire qui promet qu'un tiers donnera ou fera, ne s'oblige pas. Peut-être n'a-t-il voulu donner au stipulant qu'une espérance. Sa réponse pouvait signifier ceci : soyez sans inquiétude, un tel vous donnera telle somme ou fera pour vous telle chose. Dès lors il n'y a pas là, dans un contrat *stricti juris*, une suffisante manifestation de l'intention de s'obliger. Notre règle en effet ne s'appliquait qu'aux contrats *stricti juris*. Dans les contrats *bonæ fidei* où tout s'interprète *ex æquo et bono*, l'obligation serait valablement contractée à moins qu'il ne résultât des faits que les parties n'avaient pas eu l'intention de créer une obligation. Aussi est-on étonné de retrouver cette règle dans notre droit français (art. 1119, C. N.), alors que tous les contrats y sont déclarés de bonne foi (art. 1134 et 1135, C. N.).

Même en matière de stipulation, notre règle recevait en droit romain des exceptions assez nombreuses. Et d'abord l'intention de s'obliger eût été suffisamment manifestée par l'addition d'une clause pénale personnelle au promettant, pour le cas où le fait d'autrui promis n'aurait pas été exécuté par le tiers. Indépendamment même de toute clause pénale, la promesse du fait d'autrui était valable, lorsqu'il s'agissait d'une de ces stipulations communes dans la pratique des affaires, et dont la formule était toujours la même. Telles étaient : la stipulation *dolum malum abesse abfuturumque esse ;* la stipulation *habere licere ;* la stipulation *neque per te neque per heredem tuum fieri quominus fiat ;* la stipulation *alium certo die et certo loco sisti*. Il en est de même de la stipulation *de rato*, qui était ainsi conçue : *Ratam rem dominum habiturum*, de la validité de laquelle on n'a jamais douté et qui contient cependant la promesse du fait d'autrui, puisqu'elle consiste de la part de celui qui plaide comme mandataire d'un absent dans la promesse qu'il fait que cet absent ratifiera la liaison de l'instance avec l'adversaire et acceptera les résultats de cette instance, s'ils lui sont défavorables.

Remarquons en finissant que lorsqu'on voulait contracter une obligation valable en promettant le fait d'autrui, il n'y avait qu'à manifester nettement l'intention de s'obliger en promettant de faire qu'autrui fît telle chose ou donnât telle somme. Ainsi, au lieu de dire *alium daturum facturumve,* il fallait promettre *effecturum se ut alius daret :* nouvelle preuve qu'il n'était ici question que de l'interprétation de la volonté des parties, et que si cette interprétation était rigide (sauf les cas dans lesquels les habitudes de la pratique démontraient l'intention de s'obliger), cela tenait uniquement à la nature du contrat de stipulation.

Une controverse s'est élevée entre les anciens interprètes du droit romain sur la question de savoir si celui qui avait promis le fait d'autrui d'une manière valable, c'est-à-dire soit en disant *effecturum se ut*, soit en employant l'une des formules consacrées dans lesquelles le *se effecturum,* le *se curaturum* étaient sous-entendus, était tenu de payer le *quanti actori interest* toutes les fois que le tiers n'avait pas exécuté, ou s'il ne fallait pas dire au contraire qu'il n'était pas tenu, malgré cette inexécution, lorsqu'il avait fait tout ce qu'il lui était possible de faire pour amener le tiers à exécuter le fait promis. C'est la première de ces deux opinions qui avait prévalu dans notre ancienne jurisprudence (1). Mais la seconde paraîtrait plus conforme aux principes qui dominent la théorie des contrats *stricti juris.*

Seconde règle. — On ne peut pas stipuler pour autrui, ou, en d'autres termes, on ne peut par stipulation acquérir une créance consistant à obliger le débiteur à donner à un tiers, ou à faire pour un tiers. Cette seconde règle est, comme celle que nous venons d'étudier, spéciale aux contrats *stricti juris ;* c'est ce que nous démontrerons tout à l'heure. Son insertion dans un code qui déclare tous les contrats de bonne foi (art. 1134 et 1135, C. N.) étonne au même titre que l'insertion dans ce même code de la règle précédente. On ne peut pas stipuler pour autrui : quel est le motif de cette règle ? Notre texte répond : *ut alii detur nihil interest stipulatoris.* Mais, dira-t-on, à défaut d'intérêt pécuniaire

(1) Voir Pothier, *Pandectæ in novum ordinem, ad tit.* DE VERB. OBLIG., n° 26, note 3.

le stipulant a à l'exécution de la promesse qui lui a été faite un intérêt d'affection pour le tiers auquel il a voulu procurer un bénéfice. On répond à cette objection qu'un intérêt d'affection n'est pas assez facilement appréciable en argent, ce qui revient à dire qu'il faut que dans les contrats *stricti juris*, le créancier ait un intérêt appréciable pécuniairement à l'exécution de l'obligation contractée envers lui. Il en est autrement dans les contrats *bonæ fidei*, et c'est ce qui prouve victorieusement que notre règle ne s'applique pas à ces sortes de contrats. En effet, Papinien nous dit très-énergiquement : « *Placuit enim prudentioribus* » *affectus rationem in bonæ fidei judiciis habendam* (1). »

Le motif de la règle que nous étudions étant l'absence pour le stipulant d'un intérêt appréciable en argent, l'addition d'une clause pénale que le créancier stipule pour lui-même rendra notre règle inapplicable et la stipulation sera parfaitement valable. Nous avons vu sur le paragraphe 7 du titre *De verborum obligatione* que, toutes les fois que l'on stipulait un fait, il était bon d'ajouter une clause pénale, pour éviter la nécessité de prouver que l'on avait intérêt à l'exécution de l'obligation, et aussi pour éviter que le débiteur ne fût condamné en cas d'inexécution à une somme trop faible. Si le fait stipulé consiste en ce que le débiteur soit tenu de donner à autrui ou de faire pour autrui, l'addition d'une clause pénale est plus que jamais nécessaire ; car ici la condamnation serait nulle, l'intérêt pécuniaire du créancier étant nul. Telle est, ce nous semble, l'origine bien simple d'une règle : *alteri stipulari nemo potest*, dont on a cependant l'habitude de se faire un fantôme.

Après ce que nous venons de dire il est évident que notre règle cessera d'être applicable toutes les fois que le stipulant aura un véritable intérêt pécuniaire à l'exécution de l'obligation. Notre paragraphe 20 nous en fournit trois exemples : 1° un pupille a plusieurs tuteurs ; l'un de ces tuteurs, après avoir entrepris la gestion de la tutelle, cède cette gestion à l'un de ses

(1) L. 54, pr., D., *Mandati vel contra* (XVII, 1). Voir une application de ce principe dans la loi 71, D., *De evict.* (XXI, 2).

cotuteurs, alors intervient une stipulation par laquelle le tuteur qui cède l'administration stipule de celui qui la prend *rem pupilli salvam fore*. Le tuteur qui cède la gestion n'en reste pas moins responsable de la gestion de son cotuteur; il se trouve donc intéressé à ce que la tutelle soit bien administrée, à ce que le pupille ne souffre aucun dommage par suite de l'administration de cette tutelle. Dès lors, l'intérêt pécuniaire du tuteur stipulant étant démontré, la stipulation est valable. 2° Un mandataire est chargé de l'administration de toutes mes affaires au succès desquelles il importe que ce procureur ne manque pas d'argent. En conséquence, je puis valablement stipuler qu'on donnera une somme à mon procureur. 3° J'ai un créancier qui, faute de payement à jour fixe, pourra se prévaloir d'une clause pénale, ou qui est sur le point de vendre les choses que je lui ai remises en gage. Il est important pour moi de ne pas encourir la clause pénale, de ne pas voir vendre les choses que j'ai engagées. Je puis donc valablement stipuler qu'on donnera à mon créancier la somme que je lui dois.

Les trois exceptions à la règle *alteri stipulari nemo potest*, que vient de nous fournir notre paragraphe 20, l'exception que souffre aussi cette règle dans le cas où celui qui stipule pour autrui ajoute pour lui-même une clause pénale, prouvent de plus en plus que la règle qui nous occupe est tout à fait distincte de celle qui s'oppose à l'acquisition d'une créance par le ministère d'un mandataire. En effet, si *alteri stipulari nemo potest* voulait dire qu'un mandataire ne peut nous acquérir une créance, il en résulterait que dans les cas exceptionnels où on peut valablement stipuler *alteri* l'action résultant du contrat serait acquise à cet *alter*, et non au stipulant. Et, tout au contraire, les textes nous présentent dans ces cas l'action comme acquise par le stipulant lui-même.

Puisque le motif de la règle *alteri stipulari nemo potest* se trouve dans le défaut d'intérêt de la part du stipulant à l'exécution de l'obligation, on pourrait prétendre que cette règle ne s'appliquera jamais, et s'appuyer pour le démontrer sur le raisonnement suivant : Celui qui stipule qu'on donnera à autrui ou qu'on fera pour autrui gère par cela même les affaires de ce tiers; voilà donc sa responsabilité engagée et il commence à être tenu de l'*actio negotiorum gestorum directa;* il a dès lors un intérêt pécuniaire à l'exécution de la promesse qui lui a été faite: d'où il suivrait que toute stipulation pour autrui serait valable. Il faut répondre que par le fait seul de la stipulation pour autrui il n'y a pas encore de la part du stipulant *negotiorum gestio*, il y a seulement *negotiorum susceptio*, et l'*actio negotiorum gestorum directa* n'est pas encore née. Si, ayant entrepris la gestion d'une affaire qui vous concerne, je stipule pour vous relativement à cette affaire, la stipulation est valable; il en naît à mon profit une action, puisque j'ai un intérêt pécuniaire à l'exécution de l'obligation. Mais si la stipulation pour autrui forme le commencement de mon immixtion dans vos affaires, ma responsabilité n'étant pas engagée dès avant cette stipulation, elle ne saurait l'être par le fait même de la stipulation, puisque vous ne pouvez pas vous plaindre de l'inexécution d'une obligation à la naissance de laquelle vous n'aviez pas droit de vous attendre; vous n'avez donc pas contre moi l'action *negotiorum gestorum directa*, et dès lors, faute d'intérêt pécuniaire, je n'ai pas contre le promettant l'action naissant de la stipulation.

Ce n'est pas contrevenir à la règle *alteri stipulari nemo potest*, que de stipuler pour celui sous la puissance duquel vous vous trouvez ou pour celui qui est placé sous votre puissance. Notre paragraphe 4 exprime énergiquement ce principe : *Vox tua tanquam filii, sicuti filii vox tanquam tua intelligitur*. Ainsi le *paterfamilias* acquiert les créances résultant des stipulations faites par lui-même et pour lui-même, les créances résultant des stipulations faites par son fils ou son esclave, stipulant soit *impersonaliter*, soit pour eux-mêmes, soit pour une autre personne placée sous la puissance du même chef de famille. Il acquiert aussi les créances résultant des stipulations faites par lui *filio aut servo suo*, et, en sens inverse, les créances résultant des stipulations faites par le fils ou l'esclave *patri vel domino*. Si ces diverses stipulations ont pour objet une *datio*, une chose dont le promettant s'oblige à transférer la propriété, ou sur laquelle il s'engage à faire acquérir au stipulant un démembrement du *dominium*, le principe que nous venons d'exposer ne présente aucune difficulté. S'agit-il au contraire d'une stipulation de faire, plusieurs distinctions deviennent nécessaires. Si le père stipule pour lui-même, pas de difficulté ; la stipulation est valable. S'il stipule pour la personne placée sous sa puissance, la stipulation, en la supposant valable, conférera au père le droit d'exiger l'exécution du fait promis, mais en faisant intervenir dans ce fait la personne même placée sous sa puissance et pour laquelle il a stipulé. C'est là précisément ce qui pourra amener la nullité de la stipulation ; car le fait peut être de telle nature que le père ait un intérêt pécuniaire à ce qu'il soit exécuté vis-à-vis de son fils ou de son esclave, et alors la stipulation sera valable. Mais aussi le fait peut être de telle nature que le père n'ait qu'un pur intérêt d'affection à le voir exécuter vis-à-vis de la personne pour laquelle il a stipulé, et alors la stipulation sera inutile. Prenons un exemple, afin de nous rendre plus intelligible. J'ai un champ auquel je ne puis arriver que par des chemins détournés, la route serait beaucoup plus directe pour aller de la voie publique à ce champ si l'on pouvait traverser le champ de Titius. Or, je stipule de Titius non pas un droit de passage sur son fonds, mais un simple fait, à savoir qu'il laissera mon fils que j'ai chargé de la culture de mon champ passer sur le sien, *ut filio meo ire agere liceat* : la stipulation est valable. Si au contraire le champ auquel il s'agit d'arriver ne m'appartenait pas, et faisait partie du pécule castrense de mon fils, ou si je stipulais pour mon fils malade qu'on le laissera se promener dans un parc, la stipulation serait inutile parce que je n'aurais qu'un intérêt de pure affection à l'exécution de la promesse qui m'aurait été faite. C'est ainsi que nous croyons devoir interpréter notre paragraphe 4 et les textes du Digeste qui s'occupent de cette question (1).

Si le fils ou l'esclave stipulent un fait, soit pour eux-mêmes

(1) L. 39 et L. 130, D., *De verb. oblig.* (XLV, 1).

soit *impersonaliter,* il ne pourra jamais résulter de cette stipulation, pour la personne sous la puissance de laquelle ils sont placés, d'autre droit que celui d'exiger du promettant qu'il exécute le fait promis vis-à-vis de la personne même qui l'a stipulé.

Just. Institutionum, lib. III, tit. XVII.

§ 2. Sed cum factum in stipulatione continebitur, omnimodo persona stipulantis continetur, veluti si servus stipuletur ut sibi ire agere liceat; ipse enim tantum prohiberi non debet, non etiam dominus ejus.

Lorsque c'est un fait qui est stipulé, la stipulation est toujours personnelle au stipulant. Ainsi lorsqu'un esclave a stipulé qu'on le laisserait passer, c'est à lui-même et non à son maître qu'on doit laisser le passage libre.

Il résulte de là qu'il faudra, dans ce cas comme dans le précédent, examiner si le père ou le maître a un intérêt pécuniaire à l'exécution de la promesse vis-à-vis du fils ou de l'esclave, auquel cas la stipulation sera valable, ou seulement un intérêt de pure affection, auquel cas la stipulation sera inutile. Si le fils a stipulé le fait à l'exécution duquel le père n'a aucun intérêt pécuniaire, la stipulation n'en est pas moins valable, seulement l'action appartiendra au fils, lequel a *ex persona sua* le *jus stipulandi* et acquiert pour lui-même toutes les fois que l'acquisition qu'il fait ne peut profiter au père (1). Si au contraire ce fait, à l'exécution duquel le maître n'a aucun intérêt pécuniaire, a été stipulé par un esclave, la stipulation sera inutile, parce que l'esclave n'a le *jus stipulandi* que *ex persona domini* (2). Si le fils ou l'esclave ont

(1) Nous verrons tout à l'heure en matière d'*adstipulatio* un autre cas dans lequel le fils de famille acquiert pour lui-même le bénéfice d'une stipulation, parce que ce bénéfice ne peut être acquis au père. Voir Gaïus, Comm. III, § 114.

(2) Just. Inst., *De stipulatione servorum* (III, 17). De même dans le cas d'*adstipulatio*, l'esclave *adstipulator* stipule inutilement, le bénéfice d'une pareille stipulation ne pouvant être acquis par son maître. Voir Gaïus. Comm. III, § 114.

stipulé un fait pour la personne sous la puissance de laquelle ils se trouvent, la stipulation sera toujours valable. Il n'y a pas, en effet, à examiner, comme dans le cas où le chef de famille a stipulé *filio aut servo suo*, si le stipulant a ou non un intérêt pécuniaire à l'exécution du fait stipulé vis-à-vis de la personne pour laquelle il a stipulé, parce que le stipulant n'est ici que l'instrument, et que la personne pour laquelle il a stipulé est censée avoir stipulé elle-même. Or cette personne a un intérêt pécuniaire à ce qu'on exécute vis-à-vis d'elle-même le fait promis, donc la stipulation est valable. En d'autres termes, lorsque le père a stipulé pour son fils ou son esclave un fait à l'exécution duquel il n'a lui-même aucun intérêt pécuniaire, il a stipulé *alteri*. Au contraire, lorsque le fils ou l'esclave stipulent pour le chef de famille comme ils servent d'instruments d'acquisition à ce chef de famille, celui auquel par l'effet de la puissance dominicale ou parternelle ils servent ainsi d'instruments d'acquisition et pour lequel ils ont stipulé ne pourra jamais être par rapport à eux un *alter*. Enfin, si nous supposons que le fils ou l'esclave stipulent pour une autre personne placée sous la puissance du même chef de famille, nous arriverons au même résultat que si ce chef de famille avait lui-même stipulé pour cette personne, et la stipulation sera valable ou inutile, selon que le chef de famille aura ou non un intérêt pécuniaire à l'exécution du fait promis.

Je ne puis pas stipuler pour autrui. Que doit-on dès lors décider dans le cas d'une stipulation faite *mihi et Seio?* Il est vrai que je ne puis stipuler pour Séius, mais je puis stipuler pour moi-même et je suis compris dans la formule que j'ai employée pour stipuler. Serai-je créancier pour le tout, sans tenir compte de l'adjonction inutile de Séius, ou bien ne serai-je créancier que pour moitié? Le paragraphe 4 décide que je ne serai créancier que pour moitié. Telle est aussi la décision de Pomponius (1); c'est là en effet l'opinion qui avait prévalu. Gaïus nous apprend que, de son temps, il y avait sur ce point controverse entre les deux écoles. Nous savons par lui que c'est l'opinion proculienne qui a prévalu,

(1) L. 110, pr., D., *De verb. oblig.* (XLV, 1).

et que d'après les Sabiniens la stipulation dont nous nous occupons était valable pour le tout (1).

La même décision ne s'applique pas à la stipulation *mihi aut Seio*, dont il est aussi question dans le paragraphe 4. Dans ce cas la stipulation est valable pour le tout. Le stipulant n'a pas entendu stipuler la moindre partie de l'objet promis pour Séius; il n'a stipulé que pour lui : la stipulation est valable pour le tout et le bénéfice en est acquis en entier au stipulant. Quant à Séius, c'est un mandataire à l'effet de recevoir le payement, un *adjectus solutionis gratia*. Il ne pourrait pas intenter l'action résultant de la stipulation, pas même comme mandataire du stipulant. Il ne pourrait pas céder la créance; son mandat se borne à recevoir le payement, qui pourra être régulièrement effectué par le débiteur, soit entre ses mains, soit entre les mains du stipulant. Le mandat que reçoit ainsi l'*adjectus solutionis gratia* a quelque chose de particulier. Il n'est pas soumis à la règle que le mandant peut, quand bon lui semble, révoquer le mandat par lui donné. Ici le mandat est irrévocable, à moins toutefois que le débiteur ne consente à la révocation que voudrait opérer le créancier. En effet, la faculté de payer à un tiers est une faculté accordée au débiteur, dont le créancier ne peut empirer la condition.

Il ne faut pas confondre l'*adjectus solutionis gratia* avec l'*adstipulator* dont nous parlerons bientôt. L'*adstipulator* interrogeait luimême et devenait un véritable créancier; aussi verrons-nous qu'il pouvait disposer de la créance et qu'il pouvait exercer l'action qui en naissait. Au contraire l'*adjectus solutionis gratia* n'intervient pas dans la stipulation; il peut même arriver qu'il n'y assiste pas. Il n'est pas créancier, il n'est qu'un mandataire et encore n'est-il chargé que de recevoir le payement.

Peut-on stipuler pour ses héritiers? Peut-on promettre pour ses héritiers comme pour soi? Sur cette question un premier point est certain. On peut dans une stipulation, qu'on y joue le rôle de stipulant ou celui de promettant, adjoindre son héritier ou ses héritiers à sa personne : *suæ personæ adjungere quis heredis per-*

(1) Comm. III. § 103.

sonam potest (1). Mais (et c'est là une théorie suivie jusqu'à Justinien) on ne peut réserver le profit de la stipulation ou la charge de la promesse pour ses héritiers, en faisant abstraction de sa propre personne : *Nam inelegans esse visum est ex heredis persona incipere obligationem* (2). De là l'inutilité de la stipulation *post mortem stipulantis* ou *post mortem promittentis*. De là encore l'inutilité de la stipulation PRIDIE QUAM MORIAR, et de la stipulation PRIDIE QUAM MORIERIS DABIS? On ne sait, en effet, quelle a été la veille de la mort d'un homme qu'après sa mort; dans ce cas donc, *ex persona heredis incipit obligatio*. En d'autres termes, pour que je puisse transmettre une action à mon héritier, il faut qu'il ait pu se faire que je l'exerçasse moi-même de mon vivant; de même pour que je transmette une obligation à mon héritier, il faut qu'il ait pu arriver que je fusse poursuivi de mon vivant. Il faut, dans l'un et l'autre cas, qu'à un moment quelconque de mon existence le droit d'agir ait résidé dans ma personne; qu'à un moment quelconque de mon existence le créancier ait eu le droit d'agir contre moi. Les stipulations QUUM MORIAR DARE SPONDES? ou QUUM MORIERIS DARE SPONDES? sont au contraire valables, parce que le moment de la mort fait partie de la vie, *momentum mortis vitæ annumeratur ;* il n'y a que les vivants qui meurent. Dans ces deux derniers cas, au moment précis de la mort, le créancier a eu le droit d'agir, le débiteur a pu être actionné, et l'on ne s'occupe pas de la possibilité ou de l'impossibilité matérielle d'agir (3). Ce dernier principe n'est vrai que lorsqu'il s'agit d'une *datio*. La stipulation d'un fait *quum moriar* ou *quum morieris* serait inutile, parce que le fait qui commencerait à être exigible au moment de la mort ne pourrait évidemment être exécuté que *post mortem*, soit *stipulantis*, soit *promit-*

(1) L. 38, § 14, D., *De verb. oblig.* (XLV, 1).

(2) Gaïus, Comm. III, § 100.

(3) Gaïus, Comm. III, § 100, met sur la même ligne la stipulation *post mortem meam* et la stipulation *cum morieris ;* mais cela ne doit pas nous faire douter de la validité de cette dernière stipulation. Le texte de ce paragraphe a été évidemment altéré ; cela résulte de plusieurs autres textes, et d'abord de Gaïus lui-même, Comm. II, § 232. Voir en outre L. 45, § 3, D., *De verb. oblig.* (XLV, 1) ; L. 7, D., *De reb. auct. jud. possid.* (XLII, 5) ; frag. Vat., § 98.

tentis : d'où il suit qu'ici encore *ex persona heredis incipit obligatio.* Voici d'abord les textes qui ont trait à ces diverses solutions ; après les avoir mis sous les yeux du lecteur, nous les ferons suivre de quelques observations.

13. Post mortem suam dari sibi nemo stipulari poterat, non magis quam post mortem ejus a quo stipulabatur ; ac ne is qui in alicujus potestate est post mortem ejus stipulari poterat, quia patris vel domini voce loqui videtur. Sed et si quis ita stipuletur, PRIDIE QUAM MORIAR vel PRIDIE QUAM MORIERIS dabis ? inutilis erat stipulatio. Sed quum (ut ita dictum est) ex consensu contrahentium stipulatio nesvalent, placuit nobis etiam in hunc juris articulum necessariam inducere emendationem : ut sive post mortem, sive pridie quam morietur stipulator, sive promissor, stipulatio concepta est, valeat stipulatio.

Personne ne pouvait stipuler qu'on lui donnerait après sa mort, pas plus qu'après la mort du promettant ; et celui qui était sous la puissance d'une personne ne pouvait pas stipuler qu'on lui donnerait après la mort de cette personne, parce qu'ici le père ou le maître sont considérés comme parlant par la bouche du fils ou de l'esclave. De même si quelqu'un a stipulé ainsi : *promettez-vous de me donner la veille de ma mort?* ou *la veille de votre mort* la stipulation était inutile. Mais comme, ainsi que nous l'avons déjà dit, les stipulations puisent leur force dans le consentement des parties contractantes, il nous a semblé convenable de corriger ce point de droit et de décider que la stipulation sera valable, soit qu'on ait stipulé pour après la mort du stipulant, ou du promettant, soit qu'on ait stipulé pour la veille de la mort du stipulant ou du promettant.

15. Ita autem concepta stipulatio veluti si Titius dicat : CUM MORIAR, DARE SPONDES ? vel CUM MORIERIS, et apud veteres utilis erat, et nunc valet.

Mais la stipulation que Titius ferait en ces termes : *promettez-vous de me donner, lorsque je mourrai?* ou bien *lorsque vous mourrez* était valable chez les anciens et l'est encore aujourd'hui.

L. 46, § 1, D., *De verb. oblig.* (XLV, 1.)

PAULUS, lib. 12, ad Sabinum.

Id autem, quod in facto est, in

PAUL, livre 12, sur Sabinus.

Mais un fait ne peut être stipulé

mortis tempus conferri non potest : veluti, CUM MORIERIS, ALEXANDRIAM VENIRE SPONDES?

pour le moment de la mort : par exemple, *promettez-vous de venir à Alexandrie lorsque vous mourrez?*

On ne pouvait, ainsi que nous le dit notre paragraphe, 13, stipuler pour après la mort ou pour la veille de la mort de la personne sous la puissance de laquelle on se trouvait, parce que lorsque le fils ou l'esclave stipulent, c'est le père ou le maître qui acquièrent, et que dès lors c'est dans leur personne que doit exister la possibilité d'intenter de leur vivant l'action résultant de la stipulation. Mais on pourrait stipuler pour après la mort d'un tiers et promettre de même. Ce serait une stipulation affectée d'un *dies incertus*, mais du reste parfaitement valable.

16. Item post mortem alterius recte stipulamur.

De même nous stipulons valablement pour après la mort d'un tiers.

La stipulation POST MORTEM MEAM DARI SPONDES? la stipulation *pridie quam moriar*, ou encore les stipulations *post mortem promittentis* ou *pridie quam morieris*, étant nulles, on se servait, pour éviter les effets de cette nullité, d'une *adstipulatio*. Justinien ayant déclaré valables les stipulations dont nous venons de parler, l'*adstipulatio* perdit ainsi la seule utilité qui lui restât de son temps. Aussi Justinien a-t-il pris soin de supprimer tous les textes ayant trait à l'adstipulation, laquelle nous serait complétement inconnue aujourd'hui, si l'on n'avait retrouvé le manuscrit des Institutes de Gaïus. Primitivement l'*adstipulatio* présentait un grand nombre d'utilités. On y avait recours toutes les fois qu'il pouvait être utile au stipulant que l'action résultant de la stipulation ne fût pas bornée à sa personne, et qu'un autre que lui ayant toute sa confiance en fût investi, pût l'exercer, exiger et recevoir le payement. Les cas de voyage, d'absence, d'inaptitude aux affaires, ou même le désir de ne pas poursuivre personnellement le débiteur motivaient suffisamment l'utilité de l'adstipulation, surtout en présence du principe primitif, qui défendait de plaider par procureur, et de cet autre principe que nous venons d'étudier : *alteri stipulari nemo potest*. On admit donc que le stipulant principal pouvait employer une autre personne venant stipuler la même chose dans une seconde stipulation considérée comme accessoire de la première. Ce stipulant adjoint fut appelé *adstipulator*. Conformément aux principes, l'*adstipulator* stipule pour lui-même. Dans ses rapports avec le débiteur, il est créancier au même titre que le stipulant principal ; mais dans ses rapports avec le stipulant principal, il n'est qu'un mandataire et doit compte *mandati judicio* au stipulant principal de ce qu'il obtient par l'exercice de l'action contre le débiteur. Aussi certains principes du contrat de mandat sont-ils applicables à l'*adstipulatio*. Il est bien entendu qu'il n'y a ici qu'une seule obligation avec deux créanciers, et que le débiteur ne peut ni être tenu de payer deux fois ni être poursuivi deux fois. Il est bien entendu également que l'*adstipulatio*, n'étant qu'une stipulation accessoire, ne peut pas avoir un objet plus étendu que celui de la stipulation principale. Nous trouvons tous ces principes dans les paragraphes suivants du commentaire III des Institutes de Gaius :

110. Possumus tamen ad id quod stipulamur, alium adhibere, qui idem stipulatur : quem vulgo adstipulatorem vocamus.	Nous pouvons cependant nous adjoindre, quand nous stipulons, une personne qui stipule la même chose que nous. Cette personne est vulgairement appelée adstipulateur.
111. Sed huic proinde actio competit, proindeque ei recte solvitur ac nobis; sed quidquid consecutus erit, mandati judicio nobis restituere cogetur.	Elle a l'action comme nous-mêmes et on lui paye aussi régulièrement qu'à nous; mais l'action de mandat l'oblige à nous restituer tout ce qu'elle a reçu.
112. Ceterum potest etiam aliis verbis uti adstipulator, quam quibus nos usi sumus : itaque si verbi gratia ego ita stipulatus sim, DARI SPONDES? ille sic adstipulari potest, IDEM FIDE TUA PROMITTIS? vel IDEM FIDE JUBES? vel contra.	Toutefois l'adstipulateur peut se servir d'autres termes que ceux dont nous nous sommes servis, c'est pourquoi, si j'ai dit, par exemple, *promettez-vous de donner?* l'adstipulateur pourra dire *promettez-vous la même chose sous votre foi?* ou encore *engagez-vous votre foi pour la même chose ?* même en sens inverse.

113. Idem minus adstipulari potest, plus non potest : itaque si ego sestertia X stipulatus sim, ille sestertia V stipulari potest; contra vero plus non potest. Item si ego pure stipulatus sim, ille sub conditione stipulari potest; contra vero non potest. Non solum autem in quantitate, sed etiam in tempore minus et plus intelligitur ; plus est enim statim aliquid dare, minus est post tempus.

De même l'adstipulateur peut stipuler moins, il ne peut stipuler plus. C'est pourquoi si j'ai stipulé dix sesterces, il pourra stipuler cinq sesterces; mais il ne pourrait stipuler plus. De même si j'ai stipulé purement, il peut stipuler sous condition ; le contraire n'est pas possible. On peut stipuler plus et moins non-seulement quant à la quantité, mais aussi quant au temps; car celui qui est tenu de donner une chose tout de suite est plus strictement obligé que celui qui est tenu de la donner après un certain temps.

114. In hoc autem jure quædam singulari jure observantur; nam adstipulatoris heres non habet actionem. Item servus adstipulando nihil agit, qui exceteris omnibus causis stipulatione domino adquirit. Idem de eo qui in mancipio est, magis prævaluit; nam et is servi loco est. Is autem qui in potestate patris est, agit aliquid; sed parenti non adquirit, quamvis ex omnibus ceteris causis stipulando ei adquirat; ac ne ipsi quidem aliter actio competit, quam si sine capitis deminutione exierit de potestate parentis, veluti morte ejus, aut quod ipse Flamen Dialis inauguratus est. Eadem de filia familias et quæ in manu est, dicta intelligimus.

On observe dans cette matière quelques principes qui lui sont spéciaux : ainsi l'héritier de l'adstipulateur n'a pas d'action. De même l'esclave qui joue le rôle d'adstipulateur fait une stipulation inutile, quoique en toute autre circonstance il acquière pour son maître les créances résultant de ses stipulations. La même décision a prévalu en ce qui touche celui qui est *in mancipio*, car il est assimilé à un esclave. Le fils de famille adstipule régulièrement; mais il n'acquiert pas à son père l'action résultant de cette stipulation, ce qu'il ferait dans toute autre stipulation; et l'action ne lui compète qu'autant qu'il est sorti de la puissance paternelle sans déchéance d'état, comme par la mort de son père, ou parce que lui-même a été élevé à la dignité de Flamine de Jupiter. Il faut en dire autant de la fille de famille et de la femme qui est *in manu*.

On voit, par le dernier paragraphe des Institutes de Gaïus que nous venons de citer, que la matière de l'adstipulation recevait certains principes qui lui étaient propres. Ces principes, inapplicables à toute autre stipulation, sont empruntés à la théorie du mandat et proviennent de ce que, dans ses rapports avec le stipulant principal, l'adstipulateur n'est qu'un mandataire. Or le choix d'un mandataire est absolument personnel; en conséquence l'adstipulateur ne transmet pas son action à son héritier. L'esclave, n'ayant le *jus stipulandi* que *ex persona domini*, fait une stipulation inutile lorsqu'il joue le rôle d'*adstipulator*. Si la stipulation qu'il fait ainsi était utile, l'action qui en résulte appartiendrait à son maître; ce qui ne peut avoir lieu, puisque le stipulant principal n'a pas choisi le maître pour mandataire. Quant au fils de famille, il a par lui-même le *jus stipulandi*, et toutes les fois que la stipulation qu'il fait ne peut profiter à son père, il acquiert, ainsi que nous l'avons déjà fait remarquer, le bénéfice de cette stipulation pour lui personnellement. C'est ce qui aura lieu dans notre espèce; mais, — et c'est là un point qui n'a pas encore pu être expliqué d'une manière satisfaisante, — il n'aura l'action résultant de la stipulation que lorsqu'il sera devenu *sui juris sine capitis deminutione*.

L'adstipulateur est, nous l'avons déjà dit, dans ses rapports avec le stipulant principal un mandataire, dans ses rapports avec le débiteur un véritable créancier. Il pourrait donc disposer de la créance au même titre que le stipulant principal; non-seulement il peut recevoir le payement, mais encore il pourrait faire acceptilation. Aussi est-il tenu de l'*actio mandati directa* envers le stipulant principal et même d'une *actio legis Aquiliæ* lorsqu'il a fait acceptilation pour nuire au stipulant (*in fraudem stipulatoris*). Cette dernière action a été introduite par le second chef de la loi *Aquilia* dont les Institutes de Gaïus nous ont pour la première fois donné l'explication. Cette *actio legis Aquiliæ* n'était donnée, comme l'*actio mandati*, que *quanti eares est*. Elle n'était cependant pas inutile, parce qu'elle était du nombre de celles dans lesquelles la condamnation est prononcée au double contre le défendeur qui a mensongèrement nié, tandis que l'*actio mandati* n'amènera jamais qu'une condamnation au simple.

GAII Institutionum Comm. III.

§ 215. Capite secundo in adstipulatorem qui pecuniam in fraudem stipulatoris acceptam fecerit, quanti ea res esset, tanti actio constituitur.

§ 216. Qua et ipsa parte legis damni nomine actionem introduci manifestum est, sed id caveri non fuit necessarium, cum actio mandati ad eam rem sufficeret, nisi quod ea lege adversus inficiantem in duplum agitur.

GAIUS, Institutes, Comm. III.

Par le second chef une action conduisant à une condamnation égale au dommage causé est introduite contre l'adstipulateur qui a fait acceptatition de la somme due en fraude du stipulant.

Il est évident qu'une action à titre de dommage a été introduite par cette partie de la loi. Mais cette introduction ne paraît pas utile, puisque l'action de mandat y suffirait, si ce n'est qu'en vertu de cette loi on agit au double contre celui qui nie mensongèrement.

Nous avons vu que primitivement l'*adstipulatio* était utile dans un grand nombre de circonstances. Au temps de Gaïus la possibilité de plaider par procureur s'étant introduite dans le droit romain, on n'employait plus guère l'adstipulation que pour éviter les effets de la nullité de la stipulation *post mortem stipulantis*. Evidemment la stipulation accessoire ne rendait pas dans ce cas la stipulation principale valable; mais, l'adstipulateur ayant stipulé pour lui-même *post mortem alterius* (ce qui, avons nous vu, était permis) pouvait après la mort du stipulant principal, c'est-à-dire après l'arrivée du terme, agir contre le débiteur, et il était tenu de rendre compte aux héritiers du stipulant principal, qui étaient à cet effet munis de l'action *mandati directa*, de tout ce qu'il avait obtenu par l'exercice de son action (1).

Il est bon de remarquer que le détour ainsi employé pour éviter les effets de la nullité de la stipulation *post mortem stipulantis* ne réussira pas toujours; il peut en effet arriver que l'*adstipulator*, qui ne transmet pas son action à ses héritiers, vienne à mourir avant le stipulant principal.

(1) Gaïus, Comm. III, § 111.

Ici se place une objection : si le principe est qu'on ne peut transmettre à ses héritiers qu'une action qu'on a pu intenter soi-même de son vivant, si c'est ce principe qui rend inutile la stipulation *post mortem stipulantis*, si le stipulant principal ne peut transmettre l'action qui résulte pour lui de la stipulation, parce qu'il n'a pu se faire qu'il l'exerçât lui-même, comment se fait-il qu'il transmette à ses héritiers l'action *mandati directa* contre l'*adstipulator* ? Il faut répondre que la transmissibilité de cette action *mandati directa* ne présente aucune difficulté, parce qu'il aurait pu arriver que le stipulant principal pût l'intenter lui-même de son vivant. En effet il aurait pu arriver, soit que l'*adstipulator* fît du vivant du stipulant principal acceptilation au débiteur, soit que le débiteur renonçant au bénéfice du terme eût acquitté sa dette entre les mains de l'*adstipulator*. Il faut se garder de dire que l'intransmissibilité de l'action *ex stipulatu* et la transmissibilité de l'*actio mandati* dans le cas qui nous occupe tiennent à une différence entre les actions *stricti juris* et les actions *bonæ fidei*. Le principe qu'on ne transmet que les actions qu'on a pu intenter soi-même s'appliquait à toutes les obligations quelles qu'elles fussent. On a cependant cru pendant longtemps que les Romains avaient fait exception à ce principe en ce qui touche l'action *mandati directa* et qu'ils avaient admis la validité du mandat *post mortem mandantis*. On l'a cru sur la foi de deux textes, qui supposent un pareil mandat et le déclarent valable (1). Mais les deux exemples donnés par ces textes sont tels qu'il est possible de supposer des cas dans lesquels du vivant du mandant l'action aurait pu être exercée par lui contre le mandataire et des cas dans lesquels le mandataire aurait pu exercer contre lui l'action *mandati contraria*, ce qui fait cesser l'application soit du principe qu'on ne peut transmettre une action qu'on n'a pu exercer, soit du principe qu'on ne transmet pas à ses héritiers une obligation pour laquelle on n'a pu être actionné de son vivant. Dans le système qui admet que le mandat *post mortem mandantis* est toujours valable, on est fort embarrassé pour expliquer un texte, qui ne présente au contraire aucune

(1) L. 12, § 17, et L. 13., D., *Mand. vel cont.* (XVII, 1).

difficulté dans le système que nous admettons, lequel consiste à dire que le contrat de mandat obéissait aux principes généraux et ne produisait d'action transmissible aux héritiers du mandant ou contre eux, qu'autant que le mandant avait pu agir lui-même ou être lui-même actionné. Voici ce texte :

L. 108, D., *De solut. et liberat.* (XLVI, 3.)

PAULUS, lib. 2 manualium.

Ei qui mandatu meo post mortem meam stipulatus est, recte solvitur : quia talis est lex obligationis, ideoque etiam invito me recte ei solvitur. Ei autem cui jussi debitorem meum post mortem meam solvere, non recte solvitum : quia mandatum morte dissolvitur.

PAUL, livre 2 de son manuel.

On paye régulièrement à celui qui par mon ordre a stipulé pour après ma mort, parce que telle est la loi du contrat; c'est pourquoi le payement qui est fait entre ses mains est régulier, même lorsqu'il a lieu malgré ma défense. Mais on ne paye pas régulièrement à celui auquel j'ai ordonné à mon débiteur de payer après ma mort; parce que le mandat est dissous par la mort.

Ce texte prévoit deux cas. Le premier de ces cas n'est autre que le mandat donné par le stipulant principal à un *adstipulator*. Il ne présente aucune difficulté ; nous savons en effet déjà pourquoi ce mandat est valable, quoique donné *post mortem mandantis*. Quant au second cas, c'est celui du mandat donné à un tiers de recevoir payement du débiteur d'un mandant après la mort de ce dernier, le jurisconsulte décide que ce mandat n'est pas valable, pas plus que le payement qui serait fait pour l'exécuter. En effet le débiteur n'a le droit, d'après les termes mêmes du mandat, de payer au mandataire qu'après la mort du mandant; d'où il suit qu'on ne peut imaginer aucun cas dans lequel le mandant eût pu exercer une action contre le mandataire. On arrive dès lors à la nullité du mandat avec le double avantage de donner une décision conforme aux principes généraux et de ne faire subir aucune correction au texte de Paul. Dans le système adverse, qui consiste à prétendre que tout mandat *post mortem mandantis* était valable, on est obligé d'admettre la correction de Cujas qui lisait : *Ei autem cui jussi debitorem meum solvere, post mortem meam non recte solvitur : quia mandatum morte dissolvitur.* Le texte s'explique alors tout naturellement : j'ai donné mandat à quelqu'un de recevoir payement de mon débiteur ; il peut recevoir ce payement de mon vivant, il ne le peut plus après ma mort, parce que le mandat cesse après la mort du mandant. Il est évident que ceux qui admettent cette explication décident que si le mandat était donné de recevoir le payement après la mort du mandant, le payement effectué après cette mort serait valable. Nous le repétons, notre système a le double avantage de ne pas faire, en ce qui touche notre théorie, une place à part au contrat de mandat, qui échapperait ainsi à la règle : *inelegans esse visum est ex persona heredis incipere obligationem*, et de pouvoir éviter d'admettre une correction dans le texte de Paul, correction que rien n'autorise.

Ainsi on ne pouvait avant Justinien stipuler ou promettre pour ses héritiers en faisant abstraction de sa propre personne. Cet empereur permit ces sortes de stipulations par une constitution datée du 3 des ides de décembre de l'année 528 (1). Mais aurait-on pu désigner un ou pluseiurs de ses héritiers pour le grever seul de l'obligation que l'on contractait ? Le texte suivant décide négativement cette question :

L. 56, § 1, D., *De verborum obligat.* (XLV, 1).

JULIANUS, lib. 52 Digestorum.

TE ET TITIUM HEREDEM TUUM DECEM DATURUM SPONDES? Titii persona supervacua comprehensa est ; sive enim solus heres exstiterit, in solidum tenebitur : sive pro parte, eodem modo, quo ceteri coheredes ejus obligabitur : et quamvis convenisse videatur, ne ab alio herede quam a Titio peteretur, tamen inutile pactum

JULIEN, livre 52 de son Digeste.

Promets-tu de donner dix toi et Titius, ton héritier? La mention de personne de Titius est superflue ; car, s'il est seul héritier, il sera tenu pour le tout ; s'il est héritier pour partie, il sera tenu comme ses cohéritiers, et quoiqu'il paraisse avoir été convenu que le créancier ne demanderait le payement à aucun autre hé-

(1) L. 11, C., *De contrah. et committ. stipul.* (VIII, 38).

conventum coheredibus ejus erit.

ritier qu'à Titius, cependant ce pacte de remise ne profitera pas aux cohéritiers de Titius.

On a l'habitude d'opposer à ce texte un autre texte que nous allons rapporter :

L. 33, D., *De pactis* (II,14).

CELSUS, lib. 1 Digestorum.

Avus neptis nomine quam ex filio habebat, dotem promisit, et pactus est, ne a se neve a filio suo dos peteretur : si a coherede filii dos petatur, ipse quidem exceptione conventionis tuendus non erit : filius autem exceptione conventionis recte utetur, quippe heredi consuli concessum est, nec quicquam obstat, uni tantum ex heredibus providere, si heres factus sit : ceteris autem non consuli.

CELSE, livre 1er de son Digeste.

Un aïeul a promis une dot pour sa petite fille née de son fils, et il est convenu que cette dot ne serait demandée ni à lui ni à son fils. Si la dot est demandée au cohéritier du fils, ce cohéritier ne sera pas protégé par l'exception née du pacte. Le fils au contraire sera protégé par cette exception, parce qu'il est admis que l'on peut pourvoir à l'intérêt de son héritier, et que rien ne s'oppose à ce qu'on pourvoie à l'intérêt d'un seul de ses héritiers, alors qu'on ne pourvoit pas aux intérêts des autres.

Il n'y a pas antinomie entre ces deux textes. Dans le premier, le jurisconsulte suppose que l'on a promis pour soi et pour un seul de ses héritiers; il décide que la mention de cet héritier dans la stipulation est inutile et qu'il ne sera tenu que de sa part dans la dette. Ses cohéritiers ne pourront pas repousser le créancier par l'*exceptio pacti conventi :* s'ils avaient ce droit, il en résulterait que l'héritier compris dans les termes de la stipulation serait tenu de supporter la dette en entier; car il résulte des termes de la stipulation que le créancier a entendu pouvoir exiger le tout. Les Romains n'admettaient donc pas que l'on pût mettre une dette pour le tout à la charge de l'un de ses héritiers. Dans le second texte, au contraire, on suppose que l'aïeul a promis une dot pour sa petite-fille issue de son fils et qu'ensuite il est convenu avec son petit-gendre que celui-ci ne demanderait la dot ni à lui ni à son fils. Le jurisconsulte supposant que le fils est héritier de son père et a un cohéritier, décide que le fils pourra se défendre à l'aide de l'*exceptio pacti conventi* qu'il opposera à l'action de son gendre. Mais, ajoute-t-il, le cohéritier du fils n'aura pas d'exception à opposer aux poursuites intentées contre lui. Il faut remarquer que le fait que le fils a une exception *pacti conventi*, tandis que son cohéritier ne l'a pas, n'augmente pas la part de ce dernier dans la dette. Le cohéritier ne payera que la moitié de la dot promise; l'autre moitié sera perdue pour le créancier, qui a consenti à cette perte par un pacte postérieur à la stipulation. Or, dit le jurisconsulte, on peut par un pacte pourvoir aux intérêts d'un seul de ses héritiers sans pourvoir aux intérêts des autres. Dans l'espèce prévue par le premier de ces textes, il importe beaucoup à Titius que ses cohéritiers n'aient pas l'*exceptio pacti conventi;* car, s'ils l'avaient, il supporterait, lui Titius, la dette tout entière. Au contraire, dans l'espèce prévue par le second texte, qu'importe au cohéritier du fils, que celui-ci soit muni d'une exception et que le créancier éprouve une perte, puisque cela n'augmente pas sa portion contributoire dans la dette ?

Voyons maintenant si l'on peut stipuler pour un seul de ses hériters alors qu'on stipule pour soi-même.

L. 137, § 8, D., *De verb. oblig.* (XLV, 1).

VENULEIUS, lib. 1 Stipulationum.

Præterea sciendum est, quod dari stipulemur, non posse nos uni ex heredibus adquiri : sed necesse est omnibus adquiri : et cum quid fieri stipulemur, etiam unius personam recte comprehendi.

VENULEIUS, livre 1, des Stipulations.

Il faut savoir que lorsque nous stipulons qu'on nous donnera quelque chose, nous ne pouvons le stipuler pour un seul de nos héritiers, qu'il est nécessaire de le stipuler pour tous : mais lorsque nous stipulons un fait, nous pouvons le stipuler pour un seul de nos héritiers.

Lorsque la stipulation a pour objet une *datio*, on ne peut pas en borner les effets à un seul de ses héritiers. De même qu'on ne peut grever l'un de ses héritiers pour le tout d'une obligation que l'on contracte, de même l'on ne peut attribuer à l'un de ses héritiers la créance tout entière que l'on acquiert lorsqu'il s'agit d'une obligation *ad dandum*. Ce serait là, en effet, modifier la part de chacun de ses héritiers, soit dans le passif, soit dans l'actif de son hérédité, ce qui ne peut se faire que par le testament, loi de l'hérédité. Pourquoi en est-il autrement quand il s'agit d'une obligation de faire ? Les Romains voyaient dans ces sortes d'obligations quelque chose d'absolument personnel, et en conséquence, les déclaraient intransmissibles, soit activement, soit passivement. D'autre part, il était admis qu'en stipulant on pouvait adjoindre à sa personne la personne de son héritier, et l'on admettait que l'obligation de faire serait transmissible dans le cas où le fait aurait été stipulé ou promis pour le stipulant ou le promettant et pour ses héritiers. Il s'agit donc ici d'une obligation qui ne devient transmissible qu'en vertu de la stipulation. Or, cette obligation ne fait pas partie de l'hérédité, et si la créance *ad faciendum* est attribuée pour le tout à l'un des héritiers, les autres n'ont pas à se plaindre et ne peuvent dire que leur part est diminuée autrement que par une disposition testamentaire, puisque leur situation reste par rapport à cette créance ce qu'elle aurait été si le stipulation eût été muette par rapport aux héritiers du stipulant. Ils n'auraient rien pu, dans ce cas, exiger du promettant, ils ne peuvent rien exiger. Que leur importe que leur cohéritier ait ou non le droit d'agir contre le débiteur ?

Il eût été raisonnable de distinguer parmi les obligations de faire pour régler la question de transmissibilité de ces obligations. Il eût fallu distinguer si le fait promis était tel que les héritiers du stipulant eussent aussi bien que lui intérêt à l'exécution de ce fait ou si, au contraire, ce fait était tel qu'il n'y eût intérêt à en exiger l'exécution que pour le stipulant lui-même. Il aurait fallu admettre la transmissibilité active dans le premier cas et la repousser dans le second. De même, au point de vue passif, il eût fallu distinguer selon que le stipulant avait eu ou non en vue la personne même du promettant, son aptitude particulière, et déclarer, selon cette distinction l'obligation transmissible ou intransmissible aux héritiers du promettant. Quoi qu'il en soit, les jurisconsultes romains admettaient que dans tous les cas et quelle que fût la nature du fait promis, l'obligation de faire était intransmissible activement et passivement. En sens contraire, Justinien admet que toutes les obligations de faire, quelles qu'elles soient, seront transmissibles par cette singulière raison : *quum pene similis omnium hominum natura est* (1).

Dès lors, à partir de Justinien, plus de distinction entre les obligations *ad dandum* et les obligations *ad faciendum*. Désormais on ne pourra pas plus stipuler *uni ex heredibus* un fait qu'une dation; on ne pourra stipuler l'un et l'autre que *sibi et omnibus heredibus*.

Continuons à rechercher les causes qui peuvent rendre unn stipulation inutile. Tel sera l'effet de l'adjonction d'une conditioe impossible.

11. Si impossibilis conditio obligationibus adjiciatur, nihil valet stipulatio. Impossibilis autem conditio habetur, cui natura impedimento est quominus existat, veluti si quis ita dixerit, SI DIGITO COELUM ATTIGERO, DARE SPONDES ? At si ita stipuletur, SI DIGITO COELUM NON ATTIGERO DARE SPONDES ? pure facta obligatio intelligitur, ideoque statim petere potest.

Si une condition impossible est ajoutée à l'obligation, la stipulation ne vaut rien. La condition est impossible lorsque les lois de la nature s'opposent à son accomplissement, par exemple si quelqu'un s'est exprimé ainsi : *Promettez-vous de me donner, si je touche le ciel avec le doigt ?* Mais s'il a stipulé en ces termes : *Promettez-vous de me donner si je ne touche pas le ciel avec le doigt ?* l'obligation sera considérée comme pure et simple ; c'est pourquoi le stipulant pourra agir immédiatement.

Notre texte vient de nous le dire, la condition est impossible lorsque les lois de la nature s'opposent à son accomplissement. Ce n'est donc pas, à proprement parler, une condition. Pour

(1) L. 13. C., *De cont. et committ. stip.* (VIII, 38).

qu'il y ait condition, il faut qu'il s'agisse d'un événement sur l'arrivée ou la non-arrivée duquel il y ait incertitude. Or, il est certain que la condition impossible ne se réalisera jamais : il n'y a donc pas là une véritable condition; Proculus dit que ce n'est qu'une *figura conditionis* (1). On doit assimiler aux conditions impossibles naturellement les conditions impossibles juridiquement, par exemple : *si rem sacram Titius vendiderit* (2). Les conditions impossibles annulent par leur présence non-seulement les stipulations, mais tout contrat quel qu'il soit.

L. 31, D., *De oblig. et act.* (XLIV, 7).

MÆCIANUS, lib. 2 Fideicommissorum.	**MÉCIANUS, livre 2, des Fidéicommis.**
Non solum stipulationes impossibili conditione adplicatæ, nullius momenti sunt, sed etiam ceteri quoque contractus veluti emptiones, locationes impossibili conditione interposita æque nullius momenti sunt ; quia in ea re quæ ex duorum pluriumve consentu agitur omnium voluntas spectetur : quorum procul dubio in hujusmodi actu talis congitatio est, ut nihil agi existiment apposita ea conditione quam sciant esse impossibilem.	L'adjonction d'une condition impossible annule non-seulement les stipulations, mais encore les autres contrats tels que les ventes, les louages, parce que dans tout contrat il s'agit d'une opération qui se forme par le consentement de deux ou plusieurs personnes, et que l'on doit dès lors considérer l'intention de tous. Or, sans nul doute, dans un tel acte l'intention des parties contractantes a été de ne rien faire de sérieux, puisqu'elles ajoutaient une condition qu'elles savaient être impossible.

A côté des conditions impossibles et comme obéissant à la même règle générale se placent les conditions immorales. Il s'agit cependant ici d'un fait qui peut se réaliser ou ne pas se réaliser et qui peut dès lors jouer le rôle de condition. On admit cependant que ces sortes de conditions devaient être considérées comme impossibles, parce qu'un fait immoral est impossible pour

(1) L. 69, D., *De heredibus instit.* (XXVIII, 5).
(2) L. 137, § 6, D., *De verb. oblig.* (XLV, 1).

un homme honnête : « *Nam*, nous dit Papinien, *quæ facta lædunt » pietatem, existimationem, verecundiam nostram et (ut generaliter » dixerim) contra bonos mores fiunt nec facere nos posse credendum » est* (1) ». Il ne faut pas cependant assimiler complétement la condition impossible et la condition immorale. La condition impossible positive annule les contrats auxquels elle est ajoutée ; la condition impossible négative est sans effet. On décide que l'obligation à laquelle elle a été ajoutée est pure et simple : c'est ce que nous dit notre paragraphe et il prend pour exemple la stipulation SI DIGITO CŒLUM NON ATTIGERO DARE SPONDES ? Si l'obligation avait été contractée sous la condition qu'un fait impossible ne se produirait pas dans tel délai, on considérerait comme non écrits et le terme et la condition : « *Sed cum eo » qui ita promisit si intra calendas digito cœlum non tetigerit agi » protinus potest* (2). » Si la condition négative au lieu d'être impossible est immorale, le même résultat ne se produira pas. Soit que cette condition concerne la personne du stipulant, soit qu'elle concerne la personne du promettant, l'obligation est nulle ; car autrement, le créancier recevrait *ex turpi causa* : « *Si » maleficium ne fiat promissum sit, nulla est obligatio ex hac conven- » tione* (3). » Il en est de même si quelqu'un a promis une chose pour le cas où il n'accomplirait pas un fait immoral. Si la condition immorale positive concerne la personne du débiteur, ou, en d'autres termes, si une personne s'engage à donner une chose au cas où elle ne commettrait pas tel acte illicite, l'obligation est valable comme conforme aux bonnes mœurs, puisque son but est de détourner le promettant de commettre cet acte illicite.

L. 121, § 1, D., *De verb. obl.* (XLV, 1).

PAPINIANUS, lib. 11 **Responsorum.**	**PAPINIEN,** livre 11 **des Réponses.**
Mulier ab eo, in cujus matrimonium conveniebat, stipulata fuerat	Une femme avait stipulé deux cents de celui avec lequel elle con-

(1) L. 15, D., *De condit. institution.* (XXVIII, 7).
(2) L. 8, D., *De verb. oblig.* (XLV, 1).
(3) L. 7, § 3, D., *De pactis* (II, 14). V. aussi § 24, h. t.

ducenta, si concubinæ tempore matrimonii consuetudinem repetisset : nihil causæ esse respondi, cur ex stipulatu, quæ ex bonis moribus concepta fuerat, mulier impleta conditione, pecuniam adsequi non possit.

tractait mariage sous cette condition, si durant le mariage il a de nouveau des relations habituelles avec sa concubine : j'ai répondu qu'il n'y avait pas de raison pour que, la condition accomplie, la femme ne pût pas exiger la somme promise dans une stipulation conçue dans l'intérêt des bonnes mœurs.

Dans les dispositions testamentaires, les conditions impossibles ou illicites sont considérées comme non écrites. Telle était, du moins, l'opinion des Sabiniens. Cette opinion a prévalu, quoique Gaïus nous avoue qu'il ne voit pas trop par quelle bonne raison elle pourrait être défendue.

GAII Institutionum, Comm. III, § 98.

Item si quis sub ea conditione stipuletur quæ existere non potest, uti si digito cœlum tetigerit, inutilis est stipulatio ; sed legatum sub impossibili conditionne relictum nostri præceptores proinde valere putant, ac si ea conditio adjecta non esset. Diversæ scholæ auctores non minus legatum inutile existimant quam stipulationem et sane vix idonea diversitatis ratio reddi potest.

GAIUS, Institutes, Comm. III, § 98.

De même si quelqu'un stipule sous une condition impossible, par exemple s'il touche le ciel avec le doigt, la stipulation est inutile. Mais nos maîtres pensent que le legs fait sous condition impossible est valable comme si cette condition n'avait pas été ajoutée à la disposition. Les auteurs de l'école adverse estiment au contraire que dans ce cas le legs n'est pas moins inutile que la stipulation, et certes c'est à peine si on peut donner une bonne raison de la différence.

Les Institutes de Justinien et divers textes du Digeste nous prouvent que l'opinion des Sabiniens l'a emporté (1). C'est cependant là une décision difficile à défendre au point de vue législatif. On peut, néanmoins, donner les raisons suivantes: 1° les

(1) L. 1, L. 9 et L. 14, D., *De condit. institution.* (XXVIII, 7) ; L. 3, D., *De condit. et dem.* (XXXV, 1).

Romains tiennent beaucoup à ne pas mourir intestat, ils sont portés à valider autant que possible les institutions d'héritier; en conséquence, ce fut probablement à l'institution d'héritier que fut appliquée en premier lieu la règle que les conditions impossibles sont réputées non écrites ; elle fut ensuite étendue aux autres dispositions testamentaires : *Obtinuit impossibiles conditiones testamento adscriptas pro nullis habendas* (1) ; 2° dans un contrat, il faut considérer l'intention des deux parties contractantes, et, un contrat ayant été conclu sous une condition impossible ou illicite, il est certain que les parties n'ont pas entendu faire un acte sérieux, créer des obligations (2). Au contraire, dans une disposition testamentaire, l'intention de faire une libéralité l'emporte sur toute autre, et la condition n'est qu'un accessoire, une modalité sur laquelle la volonté du défunt ne s'est portée qu'en second lieu. Il suit de là que, par suite de cette volonté accessoire, la volonté principale ne peut être viciée. Il est difficile de croire que le testateur n'ait pas voulu faire un acte sérieux. On ajoute qu'après tout l'héritier institué ou le légataire n'ont pas accepté la condition impossible ou illicite et qu'on ne saurait les punir de ne l'avoir pas accomplie en les privant du bénéfice de l'institution ou du legs.

Il faut remarquer qu'en droit romain les donations étaient annulées comme tout autre contrat par l'adjonction de la condition impossible ou illicite. Les rédacteurs du Code Napoléon traitant dans le même titre des donations et des testaments ont emprunté au droit romain une décision fort critiquable en elle-même ; et non contents de l'appliquer aux testaments, ils l'ont étendue aux donations entre-vifs (art. 900, C. N.).

L'inutilité d'une stipulation pouvait provenir de l'adjonction d'un terme. La nullité des stipulations *quum moriar*, *quum morieris*, *pridie quam moriar* et *pridie quam morieris* nous en a déjà fourni des exemples. Ce que l'on a appelé la stipulation *prépostère* va nous en fournir un nouvel exemple.

(1) L. 3, D., *De condit. et dem.* (XXXV, 1).
(2) L. 31, D., *De oblig. et act.* (XLIV, 7).

14. Item si quis ita stipulatus erat, SI NAVIS EX ASIA VENERIT HODIE DARE SPONDES ? inutilis erit stipulatio, quia præpostere concepta est. Sed cum Leo inclytæ recordationis in dotibus eamdem stipulationem, quæ præpostera nuncupatur, non esse rejiciendam existimavit nobis placuit et huic perfectum robur accommodare, ut non solum in dotibus, sed etiam in omnibus valeat hujusmodi conceptio stipulationis.

De même si quelqu'un a stipulé en ces termes : *si tel navire revient d'Asie promettez-vous de me donner aujourd'hui ?* la stipulation est inutile parce qu'elle est conçue à contre-sens. Mais cette même stipulation qu'on appelle prépostère ayant été admise en matière de dot par l'empereur Léon, de glorieuse mémoire, nous avons jugé à propos de la déclarer valable dans tous les cas, non-seulement quand il s'agit de dot, mais aussi en toute matière.

La stipulation est prépostère lorsque l'on met avant ce qui devrait venir après. Le renversement consiste dans ce que l'on dit que le créancier pourra agir avant l'événement de la condition ou l'arrivée du terme. Inutile d'après les anciens principes, la stipulation prépostère devient, d'après Léon, valable en matière de dot, et c'est ce principe introduit par Léon que Justinien étend à tous les cas. Les stipulations *pridie quam moriar* et *pridie quam morieris* étaient prépostères. En effet, par suite d'une semblable stipulation, l'on deviendrait créancier la veille de sa mort. Or, on ne connaît la veille de la mort d'une personne qu'après son décès ; de telle sorte que l'on suppose que le créancier peut agir avant l'arrivée du terme. C'est bien là le motif que Gaïus indique de l'inutilité de la stipulation *pridie quam moriar* : « *Quia* » *non potest aliter intelligi pridie quam aliquis morietur, quam si* » *mors secuta sit ; rursus, morte secuta, in præteritum reducitur stipulatio* (1). »

Dans le contrat de stipulation le consentement doit se manifester dans la forme d'une demande faite par le créancier et suivie d'une réponse parfaitement adéquate, *congruens*, disent les textes, faite par le débiteur. Aussi avons-nous vu qu'une demande suivie d'une approbation émanée du débiteur par un simple signe de tête, *nutu*, ne produirait même pas d'obligation

(1) Comm. III, § 100.

naturelle (1). Il en serait autrement dans un contrat parfait *solo consensu*. Dans ces sortes de contrats, le consentement, de quelque manière qu'il soit manifesté, produit des obligations civiles.

L. 35, § L. 2, D., *De verb. obligat.* (xv,1).

PAULUS, lib. 12, ad Sabinum.

Si in locando, conducendo, vendendo, emendo, ad interrogationem quis non responderit ; si tamen consentitur in id, quod responsum est : valet quod actum est ; quia hi contractus non tam verbis, quam consensu confirmantur.

PAULUS, livre 12, sur Sabinus.

Si dans un louage ou une vente, l'une des parties ne répond pas à la demande qui lui est adressée et que néanmoins elle adhère à cette demande, le contrat est valable, parce que ces sortes de contrats puisent leur force dans l'accord des volontés et non dans les paroles.

La réponse qui sert de complément à la stipulation doit suivre la demande, sans intervalle, à moins que cet intervalle ne soit très-court (2).

5. Præterea inutilis est stipulatio, si quid ad ea quæ interrogatus erit, non respondeat : veluti, si decem aureos a te dari stipuletur, tu quinque promittas, vel contra ; aut si ille pure stipuletur, tu sub conditione promittas, vel contra, si modo scilicet id exprimas, id est, si cui sub conditione vel in diem stipulanti tu respondeas, PRÆSENTI DIE SPONDEO ; nam si hoc solum respondeas, PROMITTO, breviter videris in eamdem diem vel conditionem spopondisse ; neque enim necesse est in respondendo eadem omnia repeti, quæ stipulator expresserit.

En outre la stipulation est inutile lorsque l'on ne répond pas directement à la question qui vous est adressée ; par exemple, si l'on stipule de vous dix pièces d'or et que vous en prometticz cinq, ou en sens inverse, si on en stipule cinq et que vous en promettiez dix ; ou si l'on stipule purement et que vous promettiez sous condition, ou réciproquement. Toutefois cela n'est vrai qu'autant que vous exprimez cette contrariété entre la réponse et la demande ; par exemple : si à celui qui stipule de vous sous condition ou à terme vous répondez,

(1) L. 1, § 2, D., *De verb. obligat.* (XLV, 1). Ce texte a été cité et traduit *supra*, page 112.

(2) L. 1, § 1, et L. 137, pr., D., *De verb. oblig.* (XLV, 1).

je promets pour aujourd'hui ; car si vous vous contentez de répondre *je promets*, vous serez considéré comme ayant promis d'une manière brève avec le terme ou la condition compris dans la demande : il n'est pas en effet nécessaire de répéter dans la réponse tout ce qui a été inséré dans la demande.

Le commencement de ce paragraphe contient une decison rigoureuse et qui n'était plus suivie depuis longtemps à l'époque de Justinien. Nous la trouvons aux Institutes de cet empereur, parce que les rédacteurs copiaient les Institutes de Gaïus (1). Mais des textes du Digeste que nous allons citer prouvent que cette décision n'était plus suivie dès le temps d'Ulpien.

L. 1, § 4, D., *De verb. obligat.* (XLV, 1).

ULPIANUS, lib. 48, ad Edictum.

Si stipulanti mihi decem, tu viginti respondeas : non esse contractam obligationem, nisi in decem, constat. Ex contrario quoque si me viginti interrogante, tu decem respondeas, obligatio nisi in decem non erit contracta : licet enim oportet congruere summam, attamen manifestissimum est viginti et decem inesse.

ULPIEN, livre 48, sur l'Edit.

Si je stipule dix, et que vous me promettiez vingt, il est certain qu'il n'y aura d'obligation contractée que pour dix. En sens inverse, si je stipule vingt et que vous me promettiez dix, il n'y aura d'obligation que pour dix, car quoique en principe la somme promise doive être la somme stipulée, il est cependant manifeste que dix sont contenus dans vingt.

L. 83, § 2 et 3, D., *De verb. obligat.* (XLV, 1),

PAULUS, lib. 72, ad Edictum.

§ 2. Si stipulante me Stichum aut Pamphilum, tu unum daturum te spoponderis constat non tener, te nec ad interrogatum esse responsum.

PAUL, liv. 72, sur l'Edit.

Si je stipule Stichus ou Pamphile et que vous promettiez de me donner l'un d'eux, il est certain que vous n'êtes pas engagé, et qu'il n'a

(1) Comm. III, § 102.

pas été répondu convenablement à la demande.

§ 3. Diversa causa est summarum : veluti, DECEM AUT VIGINTI DARI SPONDES? hic enim, etsi decem spoponderis, recte responsum est : quia semper in summis id, quod minus est, sponderi videtur.

Il en est autrement en matière de sommes d'argent: par exemple, PROMETTEZ-VOUS DE ME DONNER DIX OU VINGT? Dans ce cas, alors même que vous promettriez dix, la réponse serait régulière, parce que, en matière de sommes, c'est toujours la plus petite qui est considérée comme ayant été promise.

Notre paragraphe 5 déclare encore inutile la stipulation lorsque, l'interrogation étant pure et simple, le promettant a répondu en ajoutant une condition, et réciproquement lorsque l'interrogation ayant été faite sous condition, la réponse a été pure et simple. Nous savons déjà qu'au temps d'Ulpien on décidait que dans ce cas la stipulation était valable, si immédiatement le stipulant avait adhéré à la modification contenue dans la réponse : *Nisi stipulatori diversitas responsionis illico placuerit* (1).

§ 18. Quotiens plures res una stipulatione comprehenduntur, si quidem promissor simpliciter respondeat DARE SPONDEO, propter omnes tenetur. Si vero unam ex his vel quasdam daturum se responderit, obligatio in iis pro quibus spoponderit, contrahitur : ex pluribus enim stipulationibus una vel quædam videntur esse perfectæ ; singulas enim res stipulari, et ad singulas respondere debemus.

Toutes les fois que plusieurs choses sont comprises dans une seule stipulation, le promettant est tenu de les donner toutes, si toutefois il a répondu simplement : *Je promets de donner*. Si, au contraire, il a répondu qu'il donnerait l'une, ou quelques-unes d'entre elles, l'obligation ne naît que pour celles qu'il a promises ; on considère qu'il y a eu plusieurs stipulations et qu'il n'y en a qu'une ou quelques-unes de parfaites ; régulièrement, en effet, il devrait y avoir une demande et une réponse pour chaque chose.

On peut comprendre plusieurs objets dans une stipulation et

(1) L. 1, § 3, D., *De verb. obl.* (XLV, 1). Ce texte a été traduit *supra*, page 43.

le promettant peut s'obliger par une seule réponse ; mais ce n'est là qu'un moyen abrégé de contracter plusieurs obligations. Si le promettant ne veut s'obliger à donner que quelques-uns des objets stipulés, il ne comprendra que ces objets dans sa réponse, et la stipulation sera valable en ce qui les concerne. Ceci nous montre bien qu'il y a là plusieurs obligations. S'il en était autrement, si l'on partait de l'idée d'une seule obligation, il devrait y avoir nullité de la stipulation pour le tout à cause du défaut de concordance entre la demande et la réponse.

Pour que l'explication de notre titre soit complète, nous devons nous occuper de la preuve des stipulations, matière à laquelle sont consacrés deux paragraphes. Quand un écrit intervient, il ne sert qu'à la preuve, il n'est pas essentiel, les formes exigées en matière de stipulation se bornant à la formalité de la demande et de la réponse concordantes entre elles. Justinien décide que si le débiteur allègue un alibi, il ne faut pas trop s'y attacher, qu'il ne faut l'admettre que lorsque le débiteur prouve par des témoins dignes de foi qu'il n'a pas été présent pendant le jour entier que l'on prétend être celui où la stipulation est intervenue dans le lieu où le demandeur affirme que cette stipulation a été faite (1).

Si un écrit constate une promesse sans mentionner la question, on présuppose cette dernière, sauf la preuve contraire.

§ 17. Si scriptum in instrumenta fuerit promisisse aliquem, perinde habetur atque si interrogatione præcedente responsum sit.

Lorsqu'il est écrit dans un acte qu'une personne a promis, elle est réputée avoir répondu à une interrogation préalable.

(1) § 12, h. t., déjà expliqué, et L. 14, C., *De cont. et comm. stip.* (VIII, 38).

APPENDICE

DU CONSENTEMENT CONSIDÉRÉ COMME ÉLÉMENT ESSENTIEL DE TOUT CONTRAT, ET DES VICES QUI PEUVENT SOIT LE SUPPRIMER, SOIT LE VICIER.

Nous avons déjà vu que le consentement des parties est l'élément essentiel de tout contrat, nous devrions dire de tout pacte et de tout contrat, en un mot de toute convention : « *Adeo* » *autem*, nous dit Ulpien, *conventionis nomen generale est, ut ele-* » *ganter dicat Pedius, nullum esse contractum, nullam obligationem,* » *quæ non habeat in se conventionem : sive re, sive verbis fiat ; nam* » *et stipulatio quæ verbis fit, nisi habeat consensum nulla est* (1). » Il y a deux espèces de conventions : le pacte nu, *nudum pactum*, qui produit des obligations naturelles, et le contrat qui produit des obligations civiles. Le consentement des parties *in idem placitum* suffit pour qu'il y ait pacte. Si l'on y ajoute une *causa civilis obligationis*, l'on aura un contrat. Ce sont là des points élémentaires déjà étudiés et sur lesquels il est inutile de revenir. L'idée sur laquelle nous croyons devoir insister en ce moment, c'est que le consentement est toujours un élément essentiel d'un contrat quel qu'il soit, et quelle que soit la *causa civilis obligationis* nécessaire pour sa perfection. Indépendamment du texte que nous venons de citer, bien d'autres passages du *Corpus juris* témoignent de l'existence incontestable de ce principe. Ainsi, pour nous en tenir au contrat de stipulation, Venuleius nous dit : *Stipulatio ex utriusque consensu perficitur* (2). Ainsi encore Paul

(1) L. 1, § 3, D., *De pactis* (II, 14). Ce texte a été cité et traduit *supra*, page 6.

(2) L. 137, § 1, D., *De verb. obl.* (XLV, 1.)

nous dit qu'il est possible qu'extérieurement une opération ait les apparences d'un contrat *verbis*, et que les parties n'aient cependant pas entendu s'obliger ; il décide que dans ce cas il n'y aura pas d'obligation quoiqu'il y ait eu demande et réponse concordantes entre elles.

L. 3, § 2, D., *De obligat. et act.* (XLIV, 7).

PAULUS, lib. 2 Institutionum.

Verborum quoque obligatio constat, si inter contrahentes id agatur : nec enim si per jocum puta, vel demonstrandi intellectus causa ego tibi dixero, SPONDES ? et tu responderis, SPONDEO, nascetur obligatio.

PAUL, livre 2, Institutes.

L'obligation verbale ne prend naissance qu'autant que telle est l'intention des parties contractantes : car, si par pure plaisanterie ou pour vous faire comprendre ce que c'est qu'une stipulation, je vous ai dit : PROMETTEZ-VOUS ? et que vous m'ayez répondu : JE PROMETS, il ne naîtra pas d'obligation.

Le consentement étant donc l'élément essentiel de tout contrat, il est nécessaire d'examiner de quels vices il peut être affecté, de voir quels sont parmi ces vices ceux qui le suppriment complétement, de telle sorte qu'il n'y ait pas de contrat, et quels sont ceux qui au contraire n'empêchent pas le contrat de subsister et ne donnent lieu qu'à des remèdes prétoriens.

Les vices qui peuvent affecter le consentement sont au nombre de trois : l'erreur, le dol et la violence.

De l'erreur. — L'erreur est une opinion contraire à la vérité, opinion existant chez l'une des parties qui n'aurait pas contracté si elle eût connu la vérité. Bien des textes disent que *non videntur consentire qui errant*, et il semblerait dès lors que là où il y a erreur, il n'y a pas de consentement et par suite de contrat.

Tel est en effet le principe général ; mais ce principe reçoit des exceptions et il est dès lors nécessaire de distinguer. D'après les textes, l'erreur est tantôt *essentialis*, cas dans lequel elle infirme complétement le contrat, et tantôt *concomitans*, cas dans lequel elle ne détruit pas le contrat. L'erreur est *essentialis* dans les deux cas suivants : 1° lorsque les parties ne se sont pas entendues sur la nature de la convention qu'elles concluaient. Le texte suivant nous fournira un exemple de cette espèce d'erreur :

L. 18, pr., D., *De rebus creditis* (XII, 1).

ULPIANUS, lib. 7 Disputationum.

Si ego pecuniam tibi quasi donaturus dedero, tu quasi mutuam accipias : Julianus scribit, donationem non esse : sed an mutua sit, videndum. Et puto, nec mutuam esse : magisque nummos accipientis non fieri, cum alia opinione acceperit. Quare, si eos consumpserit, licet condictione teneatur, tamen doli exceptione uti poterit : quia secundum voluntatem dantis nummi sunt consumpti.

ULPIEN, livre 7 Des disputes.

Si je vous ai livré de l'argent dans l'intention de vous le donner, et que vous l'ayez reçu comme prêté, Julien écrit qu'il n'y a pas donation. Mais voyons s'il y a prêt. Je pense qu'il n'y a pas non plus prêt, et j'incline à admettre que les écus ne deviennent pas la propriété de celui qui les reçoit, puisqu'il les a reçus dans une autre intention. Par conséquent, s'il les a consommés, bien qu'il soit tenu de la condiction, cependant, il pourra user de l'exception de dol, parce que les écus ont été consommés selon la volonté de celui qui les donnait.

On le voit, l'une des parties transférant la propriété d'une somme d'argent à l'autre, celle qui transfère la propriété croyant faire une donation et l'autre recevoir à titre de *mutuum*, il n'y aura, vu l'erreur, ni donation, ni *mutuum* (1).

(1) Sur ce texte s'élève une difficulté totalement étrangère au sujet que nous traitons actuellement. Il s'agit de savoir si l'erreur des parties sur la nature de la convention qu'elles concluent s'oppose ou non au transfert de propriété des écus. Sur ce point, dissidence entre Ulpien qui, dans notre texte, se décide pour la non-translation de propriété, et Julien qui, dans la L. 36, D., *De adquir. rer. domin.* (XLI, 1), se décide, au contraire, pour la translation de propriété. C'est là évidemment une question qui rentre dans la théorie des droits réels et non dans la théorie des obligations. Notre savant et illustre doyen, M. Pellat, dans ses *Textes choisis des Pandectes* (pp. 115 à 122), a commenté ces deux textes oppo-

2° Lorsque les parties se trompent *in ipso corpore rei*, sur l'individualité même de la chose qui forme l'objet du contrat, l'une croyant contracter à propos d'une chose, et l'autre à propos d'une autre chose.

Just. Institutionum, lib. III, tit. XIX.

§ 23. Si de alia re stipulator senserit, de alia promissor, perinde nulla contrahitur obligatio, ac si ad interrogatum responsum non esset : veluti si hominem Stichum a te quis stipulatus fuerit, tu de Pamphilo senseris quem Stichum vocari credideris.

Si le stipulant a eu en vue une chose et le promettant une autre, aucune obligation n'est créée, tout comme si l'on n'avait pas répondu à l'interrogation. Il en sera, par exemple, ainsi si quelqu'un stipule de vous l'esclave Stichus, et que vous ayez en vue Pamphile que vous pensez avoir nom Stichus.

L. 137, § 1, D., *De verb. obligat.* (XLV, 1).

VENULEIUS, lib. 1 Stipulationum.

Si hominem stipulatus sim, et ego de alio sensero, tu de alio : nihil acti erit ; nam stipulatio ex utriusque consensu perficitur.

VENULEIUS, liv. 1, Des stipulations.

Si j'ai stipulé un esclave, et que j'aie eu en vue un homme, tandis que vous pensiez à un autre, il n'y aura rien de fait, car la stipulation reçoit sa perfection du consentement des deux parties contractantes.

Cependant le contrat subsistera malgré l'erreur si elle ne porte que sur des choses accessoires et non sur l'objet principal du contrat.

L. 34, pr., D., *De contrah. empt.* (XVIII, 1).

PAULUS, lib. 23, ad Edictum.

Si in emptione fundi dictum sit, accedere Stichum servum, neque

PAUL, liv. 23, sur l'Edit.

Si dans la vente d'un fonds il a été dit que l'esclave Stichus était

sés avec la précision et l'exactitude qui caractérisent ses travaux exégétiques.

intelligatur, quis ex pluribus accesserit, cum de alio emptor, de alio venditor senscrit, nihilominus fundi venditionem valere constat: sed Labeo ait, eum Stichum deberi, quem venditor intellexerit : nec refert, quanti sit accessio, sive plus in eo sit, quam in ipsa re, cui accedat, an minus : plerasque enim res aliquando propter accessiones emimus, sicut cum domus propter marmora, et statuas, et tabulas pictas ematur.

comme accessoire vendu avec le fonds et qu'on ne puisse parvenir à savoir lequel de plusieurs esclaves nommés Stichus a été ainsi vendu, l'acheteur en ayant eu un en vue tandis que le vendeur pensait à un autre, il est certain que néanmoins la vente du fonds tient. Labéon ajoute que c'est l'esclave que le vendeur a eu en vue qui est dû : et peu importe que la chose accessoire soit de plus grande ou de moins grande valeur que la chose principale, quoiqu'il arrive quelquefois que nous achetions certaines choses à raison de leurs accessoires : par exemple, une maison à cause des marbres, des statues ou des tableaux qui s'y trouvent.

Nous avons vu tout à l'heure quel était dans les stipulations et par suite dans les contrats unilatéraux l'effet de l'erreur sur la quantité de la chose promise ; voyons maintenant quel est l'effet de cette erreur dans les contrats synallagmatiques ou bilatéraux. Dans un contrat de cette espèce, il y a deux obligations en présence, et nous ne maintiendrons l'une qu'autant que l'autre subsistera. J'ai cru vous vendre une chose pour le prix de cent, tandis que vous pensiez l'acheter moyennant cinquante, il n'y a pas accord de volontés, partant pas de contrat ; mais si nous supposons l'espèce inverse, nous ne pourrons pas annuler le contrat, car il y a évidemment accord de volontés ; seulement le prix restera fixé à la somme la plus petite. En effet le vendeur n'a pas à se plaindre, puisqu'il consentait à vendre moyennant cinquante, et quant à l'acheteur qui consentait à payer cent pour avoir la chose, *a fortiori* a-t-il consenti à la payer cinquante.

L. 52, D., *Locati conducti* (XIX, 2).

POMPONIUS, livre 31, ad Quintum Mucium.

Si decem tibi locem fundum, tu autem existimes quinque te conducere, nihil agitur. Sed et si ego minoris me locare sensero, tu pluris te conducere, utique non pluris erit conductio, quam quanti ego putavi.

POMPONIUS, lib. 31, sur Quintus Mucius.

Si je vous loue un fonds moyennant dix alors que vous pensez le prendre à bail moyennant cinq, le contrat est nul. Mais si je crois le louer moins tandis que vous pensez le prendre à bail pour plus, il y aura louage, mais pas pour une somme plus élevée que celle que j'ai pensée.

Nous avons vu que l'erreur est *essentialis* et entraîne la nullité du contrat, lorsqu'elle porte sur l'identité même de l'objet, *in ipso corpore rei ;* c'est là un principe qui s'applique à tous les contrats, qu'ils soient synallagmatiques ou unilatéraux. Supposons maintenant qu'il y a accord de volontés *in ipso corpore rei :* les parties ont eu en vue la même chose, mais elle n'est pas telle que les parties la croyaient; ici se présentent de grandes difficultés. En droit français le contrat est annulable aux termes de l'art. 1110 du Code Napoléon, lorsque l'erreur a porté sur la substance de la chose qui faisait l'objet du contrat; il est au contraire valable lorsque l'erreur a porté sur des qualités accessoires. Le droit romain paraît avoir admis pour les contrats synallagmatiques la même théorie que le droit français, avec cette différence qu'en droit romain l'erreur sur la substance dans les contrats synallagmatiques entraîne une nullité de plein droit, et non une annulabilité. Mais que doit-on entendre par la substance d'une chose? Le mot substance, *substantia*, lequel, d'après certains textes, a pour synonyme le mot *materia*, vient de *sub stare*. Pour les métaphysiciens la substance d'une chose est *id quod sub modis stat* ou, en d'autres termes, c'est le support des qualités, c'est la chose abstraction faite de ses qualités, de ses attributs. Il est évident que les hommes ne contractant que dans des vues d'intérêt pécuniaire et à raison des qualités mêmes des choses, qui du reste ne tombent sous nos sens que par ces qualités, la substance juridique d'une chose ne saurait être sa substance dans le sens des métaphysiciens. Tout le monde est d'accord sur ce point, et l'on reconnaît unanimement que la substance juridique d'une chose consiste dans certaines qualités de cette chose ; mais quelles sont les qualités qui forment la substance de la chose ? Comment les distinguer de celles qui sont purement accessoires? Là commence la difficulté. Il paraît résulter des textes que contient le Digeste sur ce point que la substance d'une chose était pour les jurisconsultes romains la qualité que les parties avaient eue principalement en vue en contractant (1). De ces textes ne résulte pas une théorie bien assise. Quelques-uns d'entre eux se contredisent ; et, dans tous les cas, admettre que la substance d'une chose est la qualité que les parties ont eue principalement en vue en contractant, c'est prêter à une confusion entre l'erreur sur la substance de la chose objet du contrat et l'erreur sur le motif qui a porté l'une des parties à contracter, erreur qui, ainsi que nous le verrons tout à l'heure, laisse subsister le contrat. De plus les jurisconsultes romains confondent souvent *materia* et *substantia*. Pour les jurisconsultes modernes, la substance est l'ensemble des qualités essentiellement constitutives des corps, de ces qualités qui font que les choses ont une certaine forme et un certain nom, qu'elles acquièrent sous cette forme et sous ce nom, s'il était permis de s'exprimer ainsi, une personnification, qu'elles appartiennent sous ce nom et sous cette forme à un genre déterminé que l'on désigne par un substantif caractéristique, qu'elles sont enfin sous cette forme et sous ce nom spécialement propres à remplir telle ou telle destination, à rendre tel ou tel genre de services dans l'ordre des besoins de l'homme. Voilà dans le droit moderne la substance des choses, qui se classent ainsi, à raison surtout de leur forme et de la destination qui en résulte, dans un genre ou dans un autre. Des qualités accessoires ou accidentelles peuvent s'ajouter en bien ou en mal aux choses

(1) L. 9, § 2, L. 11, § 1, L. 14, L. 41, § 1, D., *De cont. empt.* (XVIII, 1) ; L. 11, § 5 et L. 21, § 2, D., *De act. empt. et vend.* (XIX, 1).

ainsi considérées, et c'est en effet par des adjectifs que la grammaire nous enseigne que l'on marque les différentes qualités du substantif : une maison grande ou petite, un habit neuf ou usé, un cheval blanc ou noir ; les adjectifs produisent ainsi les différentes espèces que l'on distingue dans chaque genre désigné par un substantif. Ces adjectifs n'affectent pas la forme substantielle de la chose, ils n'en changent ni le nom ni la destination. Ainsi en résumé, et c'est là la doctrine qu'eût dû admettre le droit romain, la substance juridique d'une chose est l'ensemble des qualités sans lesquelles elle ne saurait être désignée par le substantif dont on se sert pour la nommer, qualités qui en conséquence ne sont susceptibles ni de plus ni de moins. Au contraire les qualités adjectives qui ne sont comprises ni dans la substance de la chose ni dans le substantif qui la désigne sont toutes susceptibles de plus ou de moins : aussi sont-elles exprimées à l'aide d'adjectifs, qui sont susceptibles de positif, de comparatif et de superlatif.

L'erreur sur la substance de la chose objet du contrat rendait le contrat nul s'il était synallagmatique. Il en était autrement dans les contrats unilatéraux. Celui qui a joué le rôle de créancier préférera toujours être créancier pour peu plutôt que de ne l'être pour rien.

L. 22, D., *De verb. obl.* (XLV, 1).

PAULUS, lib. 9, ad Sabinum.

Si id quod aurum putabam, cum æs esset, stipulatus de te fuero, teneberis mihi hujus æris nomine : quoniam in corpore consenserimus; sed ex doli mali clausula tecum agam si sciens me fefelleris.

PAUL, livre 9, sur Sabinus.

Si j'ai stipulé de vous ce que je pensais être de l'or tandis que c'était du cuivre, vous serez tenu envers moi pour ce cuivre, car il y a eu accord de volontés sur le même objet, mais si vous m'avez trompé sciemment, j'aurai action contre vous en vertu de la clause de dol.

De même si un débiteur a donné à son créancier une chose en

gage croyant qu'elle était en or tandis qu'elle était en cuivre, le gage sera valablement constitué, et le créancier aura contre le débiteur l'*actio pigneratitia contraria*, à moins qu'il ne sût que la chose était en cuivre, et il obtiendra par cette action une somme équivalente à l'intérêt qu'il avait à avoir pour gage une chose en or (1).

Renversons maintenant l'espèce de la loi 22, D., *De verb. oblig.* (XLV, 1) que nous venons de citer ; supposons que l'erreur ait été commise par le promettant qui pensait promettre un objet en cuivre tandis qu'il promettait un objet en or ; il s'agit ici d'un contrat *stricti juris*, et dès lors nous pensons que *jure civili* il reste valable ; mais le débiteur aurait pour repousser le créancier l'exception *doli mali*. S'il avait payé, il aurait la *condictio indebiti*; car celui qui paye par erreur étant protégé par une exception perpétuelle peut répéter l'indu (2).

L'erreur sur la personne n'est en droit français (art. 1110, C. N.) une cause de nullité qu'autant que la considération de la personne est la cause principale de la convention ; en d'autres termes, s'agit-il d'un contrat que l'on aurait conclu aux mêmes conditions avec quelque personne que ce fût, il reste valable nonobstant l'erreur sur la personne avec laquelle on l'a conclu. S'agit-il au contraire d'un contrat que l'on n'eût conclu qu'avec une personne déterminée comme la donation, ou encore comme le *mutuum*, dans lequel la solvabilité de l'emprunteur est prise en considération par le prêteur, dans ce cas le contrat est annulable. Nous rencontrons la même théorie en droit romain, si ce n'est qu'au lieu d'annulabilité il faudra dire nullité complète (3).

Nous avons vu *suprà* quel était l'effet de l'erreur sur la cause de l'obligation ou, ce qui revient au même, l'effet de l'absence de cause. Il ne faut pas appliquer les mêmes décisions au cas où l'erreur n'est tombée que sur le motif qui a porté l'une des

(1) L. 1, § 2, et L. 16, § 1, D., *De pign. act* (XIII, 7).

(2) L. 40, pr., D., *De cond. ind.* (XII, 6) ; *Frag. vat.* § 266a.

(3) L. 32, D., *De rebus cred.* (XII, 1) ; L. 52, § 21 et L. 66, § 4, D., *De furtis* (XLVII, 2).

parties à contracter; dans ce cas le contrat reste parfaitement valable. Exemple : J'ai acheté un cheval parce que je croyais le mien mort, il ne l'est pas si je n'avais pas été dans l'erreur, je n'aurais pas contracté, je n'aurais pas acheté un autre cheval, je me suis obligé à payer un prix pour obtenir l'obligation que vous contractez de me faire avoir un cheval ; mon obligation ne manque pas de cause et l'erreur sur le motif laissera subsister le contrat (1).

Du dol. — Le dol est un vice du consentement, qui l'altère sans l'anéantir complétement. *Lato sensu*, il y a dol toutes les fois qu'il y a mauvaise foi ; pris dans ce sens général, le dol était divisé par nos anciens auteurs en dol positif et dol négatif. Le dol négatif consiste dans le fait de voir que celui avec lequel on contracte est dans l'erreur et de profiter sciemment de cette erreur; c'est le dol par dissimulation, par réticence. Le dol positif au contraire demande des manœuvres frauduleuses, des mensonges tendant à tromper autrui et à l'amener à contracter alors qu'il ne l'eût pas fait sans ces manœuvres. Ce fut longtemps un sujet de discussion chez les Romains que le point de savoir si la dissimulation de mauvaise foi ne devait pas former une cause de restitution en entier et servir de base à l'action *de dolo*. Ulpien exige des manœuvres frauduleuses; il nous donne d'après Labéon la définition suivante du dol : « *Omnem calliditatem, fallaciam, machinationem ad circumveniendum, fallendum, decipiendum alterum adhibitam ;* » et il ajoute : *Labeonis definitio vera est* (2). Le dol négatif, la réticence intentionnelle et de mauvaise foi ne pouvait donc servir de base ni à l'*actio de dolo*, ni à la *restitutio in integrum*. Mais nous verrons tout à l'heure que le dol négatif suffisait pour que l'*exceptio doli* fût accordée à la victime du dol contre celui qui l'avait commis, et que les contrats *bonæ fidei* étaient rescindables pour cause de dol négatif à l'aide de l'action même née de ces contrats.

Nous n'avons à examiner ici que l'effet du dol en matière de

(1) L. 65, § 2, D., *De cond. indeb.* (XIII, 6).
(2) L. 1, § 2, D., *De dolo malo* (IV, 3).

contrats. Le premier principe en cette matière est qu'on ne peut opposer à son cocontractant, soit pour obtenir la rescision du contrat, soit pour obtenir des dommages-intérêts, qu'un dol émané de lui ou d'une personne dont il soit le complice, et qu'on ne peut lui opposer le dol émané d'un tiers, sauf, dans ce dernier cas, le droit pour la victime du dol d'intenter contre le tiers l'*actio de dolo* (1).

Pour déterminer les effets du dol emané de l'un des contractants, il faut avant tout distinguer le *dolus dans causam contractui* et le *dolus incidens* : le premier donne à la partie trompée le droit de faire rescinder le contrat ; le second ne donne pas ouverture à la rescision mais seulement à des dommages-intérêts. Le *dolus dans causam contractui* est celui sans lequel l'une des parties n'aurait pas consenti au contrat. Le *dolus incidens*, au contraire, est celui qui n'a pas eu pour effet de faire naître dans une des parties l'intention de contracter, mais seulement de l'amener à accepter des conditions auxquelles elle n'aurait pas souscrit si elle n'avait pas été circonvenue. Ulpien nous donne l'exemple suivant de *dolus incidens* : Un vendeur a usé de dol, non pas pour engager l'acheteur à acheter, mais pour obtenir un prix plus élevé ; il a préconisé dans l'esclave vendu des qualités qu'à sa connaissance il n'avait pas ; il a prétendu mensongèrement que cet esclave avait tel talent ou tel pécule, l'acheteur aura droit à une réduction du prix, et s'il a payé le prix entier, il pourra se faire restituer par l'*actio empti* la somme qu'il a payée de trop, mais il ne pourra dans ce cas obtenir la rescision du contrat (2).

Voyons maintenant par quels moyens on obtient la rescision

(1) A moins que par suite du contrat lui-même et sans qu'il soit nécessaire d'argumenter du dol, celui qui en a été victime ne puisse se faire indemniser par son cocontractant. L. 18, § 3, D., *De dolo malo* (IV, 3). Cette exception tient à ce principe que l'*actio de dolo* ne se donne qu'à défaut de toute autre action. L. 1, §§ 1 et 4, D., *eod. tit.* Encore l'action *de dolo* serait-elle donnée contre le tiers auteur du dol, si le cocontractant contre lequel existerait une autre action était insolvable. L. 6, D., *eod. tit.* Même théorie en droit français (art. 1116, C. N.).

(2) L. 13, § 4, D., *De act. empt. et vend.* (XIX, 1). V. un autre exemple de *dolus incidens* dans la L. 45, D., *De contr. empt.* (XVIII, 1).

d'un contrat pour cause de dol. Il faut ici distinguer entre les contrats *stricti juris* et les contrats *bonæ fidei*. Dans les contrats *stricti juris*, le débiteur, victime du dol du créancier, est, tant qu'il n'a pas exécuté son obligation, garanti par l'*exceptio doli* (1). A-t-il au contraire exécuté son obligation, si c'est en connaissance de cause qu'il l'a exécutée, il est consideré comme ayant fait une libéralité. Dans le cas contraire il a la *condictio indebiti* (2), à moins que le créancier ne se soit pas enrichi par suite de ce payement, auquel cas il y aurait lieu à l'*actio de dolo*. Contre les héritiers du créancier il n'y aura jamais lieu qu'à la *condictio indebiti*, puisqu'ils ne sont tenus du dol de leur auteur que *quatenus ad eos ex dolo defuncti pervenerit* (3). Dans les contrats *bonæ fidei*, il y a lieu en cas de dol de l'une des parties avant toute exécution à l'*exceptio doli* sous-entendue dans toutes les actions de bonne foi, et en cas d'exécution de la part de la victime du dol avant qu'elle eût connaissance du dol, la partie ainsi trompée pourra obtenir par l'action même du contrat la rescision de ce contrat, la restitution de ce qu'elle a payé et au besoin des dommages-intérêts, à la charge de rendre ce qu'elle aurait reçu de son côté (4).

Certains interprètes ont soutenu que les contrats *bonæ fidei* étaient *ipso jure* annulés par le dol de l'une des parties. Ces auteurs se fondent sur des textes qu'il est facile d'expliquer dans l'opinion adverse que nous partageons (5). En effet les jurisconsultes auteurs de ces textes veulent simplement dire que pour obtenir la rescision des contrats de bonne foi entachés du dol de l'une

(1) L. 36, D., *De verb. obl.* (XLV, 1).

(2) Avant le payement, il était *tutus exceptione perpetua*. et nous avons déjà vu que celui qui, par erreur, payait étant protégé par une exception perpétuelle avait la *condictio indebiti*. L. 40, pr., D., *De cond. ind.* (XII, 6), et *Frag. vat.*, § 266 ᵃ. C'est donc à tort que Molitor, *Traité des obligations*, t. I, n° 114, donne ici, sans distinction et dans tous les cas, l'*actio de dolo*.

(3) L. 26, D., *De dolo malo* (IV, 3).

(4) L. 11, § 5, D., *De act. empt. et vend.* (XIX, 1).

(5) L. 7, pr., D., *De dolo malo* (IV, 3); L. 3, § 3, D., *Pro socio* (XVIII, 2); L. 57, § 3, D., *De cont. empt.* (XVIII, 1); L. 5, § 2, D., *De auct. et cons. tut. vel cur.* (XXVI, 8).

des parties il n'est pas nécessaire d'avoir recours à une *in integrum restitutio* ni à aucun moyen autre que l'action de bonne foi née du contrat lui-même ; laquelle est un remède suffisant. Il est fort important de ne pas partager l'erreur des auteurs que nous combattons en ce moment, parce que la nullité de plein droit qu'ils admettent pourrait dans certains cas nuire à la victime du dol. Il peut en effet arriver qu'elle ait intérêt à ce que le contrat soit maintenu. Ce contrat est seulement rescindable, et la victime du dol peut seule demander cette rescision ; seulement, et les textes cités par nos adversaires ne veulent pas dire autre chose, l'action du contrat suffit pour obtenir ce résultat. Il est tellement vrai que ces contrats sont seulement rescindables et que la victime du dol a seule le droit de demander la rescision que, afin de ne pas laisser l'auteur du dol indéfiniment exposé à l'alternative qui appartient à la partie lésée, on accorde à cet auteur du dol le droit d'intenter l'action du contrat pour obliger son adversaire à faire son choix (1). De plus, et c'est encore ce qui prouve qu'il n'y a ici qu'un contrat rescindable, le contrat devra être exécuté si la victime du dol, après en avoir eu connaissance, confirme le contrat : *sane si comrobaverit contractus valet* (2).

Nous avons dit plus haut que le dol négatif suffisait pour amener la rescision des contrats *bonæ fidei*, même par voie d'action, c'est-à-dire par l'action même du contrat. Deux textes le prouvent d'une manière irréfragable (3).

Une dernière observation est nécessaire. Le dol implique toujours une erreur, mais erreur d'une part, soutenue par la mauvaise foi d'autre part. En conséquence il rend le contrat rescin-

(1) L. 13, §§ 27 et 28, D., *De act. empt. et vend.* (XIX, 1).

(2) L. 5, § 2, D., *De auct. et cons. tut.* (XXVI, 8). Même théorie en droit français, où tous les contrats sont de bonne foi (art. 1117, 1304, 1338, C. N.).

(3) L. 45, D., *De cont. empt.* (XVIII, 1) ; L. 11, § 5, D., *De act. empt. et vend.* (XIX, 1). — Nous rencontrons une autre théorie dans notre droit français. Les contrats y sont tous de bonne foi (art. 1134, alin. 3), et néanmoins ils ne sont rescindables que pour cause de dol positif commis par l'une des parties (art. 1116, C. N.), sauf une exception relative au contrat d'assurance (art. 348, C. com.).

dable dans les cas mêmes où l'erreur d'après les principes ci-dessus exposés le laisserait subsister. Lorsque l'erreur réunit les caractères nécessaires pour que le contrat soit nul *ipso jure*, elle entraîne cette nullité par elle-même et sans qu'il soit nécessaire de prouver aucun dol; il en est de même lorsqu'elle n'entraîne qu'une nullité *exceptionis ope*. En sens inverse le dol est une cause de rescision, alors même que l'erreur qu'il a produite n'est pas par elle-même de nature à vicier ou supprimer le consentement.

De la violence. — La violence et le dol ont entre eux ce point de ressemblance qu'ils laissent subsister le consentement et n'entraînent que l'annulabilité du contrat. Mais, dira-t-on, lorsque le consentement de l'une des parties est entaché de violence, il y a absence complète de consentement, et le contrat devrait être nul *ipso jure*, considéré comme inexistant. Les jurisconsultes romains admettaient — et c'était une décision due à l'influence de la philosophie stoïcienne sur la jurisprudence romaine — que, dans ce cas, le contrat n'était que vicié, *quia*, nous dit Paul, *quamvis si liberum esset, noluissem, tamen coactus volui* (1); et les glossateurs ajoutent en note *qui mavult vult*, celui qui préfère veut. On vous a saisi, et le poignard sur la gorge on vous a fait consentir à la conclusion d'un contrat : vous aviez, vous dit-on, le choix entre la perte de votre existence ou l'adhésion à donner au contrat qu'on vous proposait ; vous avez préféré ce dernier parti ; or, qui préfère veut. Il y a donc consentement, il est profondément vicié, il est vrai, mais il y a consentement ; le contrat est donc simplement rescindable. Aux yeux du droit philosophique, ce raisonnement ne nous semble nullement concluant ; car celui qui, en pareille circonstance, fait un choix, choisit évidemment entre deux choses également éloignées de ses désirs ; il ne voudrait ni l'une ni l'autre, et venir dire qu'il a voulu puisqu'il a préféré ressemble fort à une plaisanterie. Cependant cette théorie romaine peut se défendre par cette considération qu'elle a l'avantage de ne permettre d'argumenter de la violence qu'à celle des par-

(1) L. 21, § 5, D., *Quod met. causa* (IV, 2).

ties qui en a été victime (1). Le contrat dans lequel le consentement de l'une des parties a été le résultat de la violence est donc valable *jure civili;* mais la partie victime de cette violence peut demander la nullité de ce contrat, si elle n'aime mieux en exiger l'exécution. Dans les contrats *bonæ fidei*, la partie lésée a, pour obtenir l'un ou l'autre de ces résultats, l'action du contrat même. Dans les contrats *stricti juris*, elle a l'action *quod metus causa*, si elle a exécuté, et, avant toute exécution, elle a l'exception *quod metus causa;* elle a même l'action *quod metus causa* avant toute exécution pour se faire libérer.

L. 9, § 3, D., *Quod metus causa* (IV, 2).

ULPIANUS, lib. 11, ad Edictum.

Pomponius scribit in negotiis quidem perfectis et exceptionem interdum et actionem competere: in imperfectis autem solam exceptionem. Sed ex facto scio: cum Campani, metu cuidam illato extorsissent cautionem pollicitationis, rescriptum esse ab imperatore nostro posse eum a prætore in integrum restitutionem postulare : et prætorem me adsistente interlocutum esse; ut sive actione vellet adversus Campanos experiri, esse propositam; sive exceptione adversus petentes, non deesse exceptionem. Ex qua constitutione colligitur: ut, sive perfecta, sive imperfecta res sit, et actio, et exceptio detur.

ULPIEN, livre 11, sur l'Edit.

Pomponius a écrit que l'action et l'exception *quod metus causa* compétaient dans les opérations parfaites; dans le cas contraire, l'exception seule. Mais voici un fait qui est parvenu à ma connaissance : les habitants de la Campanie ayant extorqué par violence à une personne un écrit constatant un engagement par stipulation, notre empereur a décidé par un rescrit que la victime de cette violence pourrait demander au préteur la restitution en entier, et le préteur, dont j'étais l'assesseur, a décidé que si la victime de la violence voulait agir contre les Campaniens, elle avait droit à l'action *quod metus causa*, et que si elle préférait attendre que les Campaniens agissent contre elle, l'exception ne lui ferait pas défaut. De là, il résulte que, soit qu'il s'agisse d'une opération parfaite, soit qu'il s'agisse d'une

(1) Même théorie en droit français. Voir C. N., art. 1111, 1115, 1117 et 1304.

opération imparfaite, on accorde à la victime de la violence et l'action et l'exception *quod metus causa*.

Ce qu'Ulpien vient de nous dire nous montre qu'on était, en matière de violence, plus sévère qu'en matière de dol. Nous savons, en effet, qu'on ne donnait l'action *de dolo* que lorsque tout autre moyen de protection faisait défaut.

L'action *quod metus causa* était arbitraire, et lorsque le défendeur n'obéissait pas à *l'arbitrium judicis*, il y avait lieu à une condamnation au quadruple de tout l'intérêt qu'aurait eu le demandeur à ne pas souffrir de la violence.

Une autre différence entre le dol et la violence consistait en ce que le contrat n'était annulable pour cause de dol qu'autant que l'adversaire cocontractant était lui-même auteur ou du moins complice du dol, tandis que l'on pouvait opposer à son cocontractant la violence qui avait vicié le consentement, alors même qu'elle provenait d'un tiers et que celui contre lequel on l'invoquait n'en avait été nullement le complice.

L. 9, § 1, D., *Quod metus causa* (IV, 2).

ULPIANUS, lib. 11, ad Edictum.

Animadvertendum autem quod prætor hoc edicto generaliter et in rem loquitur nec adjicit *a quo gestum* : et ideo sive singularis sit persona quæ metum intulit, vel populus, vel curia, vel collegium, vel corpus : huic edicto locus erit.

ULPIEN, livre 11, sur l'Edit.

Il faut remarquer que dans cet édit le préteur parle en général, *in rem*, et ne s'occupe pas de la question de savoir quel est l'auteur de la violence : c'est pourquoi il y aura lieu à l'application de l'édit, que l'auteur de la violence soit un simple particulier, ou le peuple, ou la curie, ou un collége ou tout autre corps.

Aussi disait-on que l'action *quod metus causa* était *in rem scripta*, c'est-à-dire que, quoique personnelle, elle était donnée non-seulement contre l'auteur de la violence, mais aussi contre toute personne qui avait profité de cette violence. Le défendeur à l'action *quod metus causa*, étranger à la violence commise, n'était tenu que de ce dont il s'était enrichi par suite de la violence (1), et si pour défaut d'obéissance à l'*arbitrium judicis* il était condamné au quadruple, il n'y avait à cela aucune iniquité, puisqu'il aurait pu éviter cette condamnation au quadruple en effectuant la restitution ordonnée par le juge.

L. 14, § 3, D., *Quod metus causa* (IV, 2).

ULPIANUS, lib. 11, ad Edictum.

In hac actione non quæritur utrum is qui convenitur an alius metum fecit : sufficit enim hoc docere, metum sibi illatum, vel vim : et ex hac re eum qui convenitur, etsi crimine caret lucrum tamen sensisse : nam cum metus habeat in se ignorantiam, merito quis non adstringitur ut designet, quis ei metum vel vim adhibuit : et ideo ad hoc tantum actor adstringitur, ut doceat metum in causa fuisse, ut alicui acceptam pecuniam faceret vel rem traderet, vel quid aliud faceret. Nec cuiquam iniquum videtur ex alieno facto alium in quadruplum condemnari : quia non statim quadrupli est actio, sed si res non restituatur.

ULPIEN, livre 11, sur l'Edit.

Dans l'action *quod metus causa* on ne recherche pas si le défendeur a commis la violence ou si c'est une autre personne qui en est l'auteur, il suffit que le demandeur prouve qu'il a été victime d'une violence et que le défendeur, bien qu'innocent, en a retiré profit : car la violence entraîne après elle une ignorance à raison de laquelle il est rationnel que le demandeur ne soit pas astreint à désigner l'auteur de cette violence, et c'est pourquoi il n'a à prouver que le fait même de la violence qui l'a porté à faire acceptilation ou tradition, ou tout autre acte juridique. Il n'est pas inique qu'une personne soit condamnée au quadruple pour le fait d'autrui, parce que l'action n'est au quadruple qu'autant que la restitution n'est pas opérée.

On voit que dans le texte que nous venons de citer, Ulpien cherche à expliquer la raison de la différence existant entre le dol et la violence au point de vue de la question de savoir quel doit

(1) De même l'héritier de l'auteur de la violence n'était tenu que *quatenus ad eum ex vi illata pervenisset* (L. 16, § 2, D., *quod metus causa*, (IV, 2), et n'était condamné au quadruple qu'au cas de désobéissance à l'*arbitrium judicis*.

être l'auteur du dol ou de la violence pour que ce dol ou cette violence entraînent la nullité du contrat. *Metus*, dit-il, *habet in se ignorantiam*. Développons cette raison de différence. La violence nous frappe de stupeur et ne nous laisse pas la liberté d'esprit nécessaire pour bien remarquer et bien retenir ce qui pourrait nous mettre à même de prouver que notre cocontractant est auteur ou complice de cette violence; d'autre part, on ne viendra pas commettre une violence en plein jour sur la place publique; on agira nuitamment, dans des lieux éloignés de toute habitation. Les auteurs de cette violence se déguiseront, de telle sorte qu'il sera presque toujours très-difficile, sinon impossible, de désigner l'auteur de la violence. Subordonner l'annulation du contrat entaché de violence à la preuve à faire que le cocontractant est l'auteur ou le complice de la violence, ce serait donc, pour ainsi dire, rendre cette annulation impossible. Au contraire, en matière de dol, la victime de ce dol aura en son pouvoir tous les moyens possibles de preuve. Sa mémoire lui retracera toutes les circonstances dans lesquelles le dol aura été commis, tous les mensonges qu'on lui aura faits, toutes le manœuvres frauduleuses qu'on aura employées. On n'aura pu commettre ce dol sans se mettre directement en rapport avec lui. Il pourra donc en désigner l'auteur et prouver quel il est. Telle est, d'après Ulpien, la raison de la différence qui nous occupe. Cette raison ne nous semble pas suffisante. Pour qu'elle le fût, il faudrait admettre qu'en principe, pour qu'il y ait lieu à annulation du contrat entaché de violence, la partie adverse devrait être l'auteur de cette violence, mais que néanmoins, vu la presque impossibilité de le prouver, la victime de la violence serait dispensée de faire cette preuve. En un mot, si le motif donné par Ulpien était la véritable raison de cette différence entre le dol et la violence, on devrait se borner à admettre, par voie de présomption légale, que la personne avec qui a contracté la victime de la violence est auteur ou complice de cette violence; mais on devrait lui réserver la preuve contraire et ne pas annuler le contrat, si cette preuve contraire était faite. Or, les jurisconsultes romains vont

(1) Même théorie en droit français, art. 1111, C. N.

plus loin; ils prononcent l'annulation, alors même qu'il serait bien établi que l'auteur de la violence n'est pas le cocontractant de la victime, et que ce cocontractant n'en est pas le complice (1). Pour notre compte, nous préférons voir la raison de la différence qui nous occupe entre la violence et le dol dans la nature même de ces vices. La question principale est ici de savoir avant toute chose s'il y a ou non consentement. La violence, d'où qu'elle provienne, vicie profondément le consentement, à tel point qu'ainsi que nous l'avons déjà fait remarquer, on pourrait soutenir, au point de vue philosophique, qu'il y a absence complète de consentement. Le dol, au contraire, n'empêche pas qu'il n'y ait consentement; il le vicie, il est vrai, mais moins profondément que la violence et il est dès lors équitable d'admettre qu'on ne pourra pas opposer ce dol à un cocontractant qui ne serait ni auteur ni complice de ce dol et qui pourrait répondre avec raison : Ce n'est pas à moi à souffrir de la trop grande confiance que vous aviez placée en une personne qui ne le méritait pas; agissez contre elle par l'action *de dolo*

TABLE DES MATIÈRES.

TABLE

DES TEXTES CITÉS, TRADUITS ET COMMENTÉS.

Nota. Les textes, empruntés aux quatre titres des Institutes, dont l'explication éxégétique forme la base de cet ouvrage, ne sont indiqués dans cette table que par leur numérotage.

LIB. III, TIT. XIII.

LIB. III, TIT. XIV.

LIB. III. TITRE XV.

LIB. III, TITRE XIX.

APPENDICE.

www.ingramcontent.com/pod-product-compliance
Lightning Source LLC
Chambersburg PA
CBHW060347200326
41519CB00011BA/2059

* 9 7 8 2 0 1 3 7 1 3 2 3 8 *